本书为安徽省教育厅"工程管理专业学位案例库和教学案例推广中心建设"项目(皖教秘科〔2015〕49号)的阶段性成果

比较视野中的管理案例研究

陈　莉　著

合肥工业大学出版社

图书在版编目(CIP)数据

比较视野中的管理案例研究/陈莉著.—合肥:合肥工业大学出版社,
2018.11

ISBN 978 - 7 - 5650 - 4287 - 4

Ⅰ.①比…　Ⅱ.①陈…　Ⅲ.①管理学—案例　Ⅳ.①C93

中国版本图书馆 CIP 数据核字(2018)第 263762 号

比较视野中的管理案例研究

陈　莉　著	责任编辑　汤礼广
出　　版　合肥工业大学出版社	版　次　2018 年 11 月第 1 版
地　　址　合肥市屯溪路 193 号	印　次　2019 年 11 月第 1 次印刷
邮　　编　230009	开　本　710 毫米×1000 毫米　1/16
电　　话　理工编辑部:0551 - 62903087	印　张　16.5
市场营销部:0551 - 62903198	字　数　252 千字
网　　址　www.hfutpress.com.cn	印　刷　合肥现代印务有限公司
E-mail　hfutpress@163.com	发　行　全国新华书店

ISBN 978 - 7 - 5650 - 4287 - 4　　　　　　　　　　定价:45.00 元

如果有影响阅读的印装质量问题,请与出版社市场营销部联系调换。

前　言

　　"案例"是用已发生或被记载的事情来帮助说明或证明某种道理。《辞海》解释："案"即考察，考据，查究；"例"即例子，例证。《词源》记载："案"为已成之旧案，"例"为确定之成例，合而称之为"案例"。美国教育专家劳伦斯说："案例是对一个复杂情境或事件的记录，一个好的案例是把部分真实的生活引入到课堂，从而使教师和学生对之能够进行分析和学习，它可以使课堂讨论围绕真实生活中所存在的问题而进行。但是一个好的案例，首先必须是一篇好的报道。"美国学者理查特认为："教学案例所描述的是教学实践，以丰富的叙述形式，向人们展示一些包含教师和学习者的思想、感情、行为在内的故事。"管理案例则是对特定管理情景问题的客观描述，真实地提供决策所需的各类管理问题、各种相关事实和背景资料，再现管理者面临的实际管理情景和决策环境。对管理案例的研究有着十分重要的意义。

　　《比较视野中的管理案例研究》从比较视野的角度对中外管理案例及案例教学进行深入研究，该书是安徽省教育厅"工程管理专业学位案例库和教学案例推广中心建设"项目的阶段性成果。该项目于 2015 年 11 月由安徽建筑大学陈莉教授主持申报并获安徽省教育厅批准立项（皖教秘科〔2015〕49 号）。

　　陈莉教授曾为企业工程师（在企业工作 10 年），2015 年获得"安徽省教学名师"称号，2016 年获批成立安徽省陈莉名师工作室（2016msgzs018），所带领的研究团队在 2017 年被评为安徽省省级优秀教学团队（2017jxtd029），因此其教学和管理经验较为丰富。本项目课题组在陈莉教授带领下围绕教学案例开展探索和研究，并多次参加教育部工程管理教学指导委员会主办的案例教学培训会：2017 年 5 月参加南京大学主办的中国专业学位教学案例中心第 27 期案例教学与写作培训会，2017 年 7 月参加北京航空航天大学主办的第一届案例教学高端论坛暨案例开发与教学创新方法研讨会，2017 年

12 月参加福州大学主办的"全国工程管理案例教学研讨会"。其间，他们还接受了加拿大西安大略大学毅伟商学院陈时奋教授、澳大利亚新南威尔士大学澳洲商学院潘善琳教授案例开发的培训。

中国传统的案例研究往往是由理论导入的，管理案例研究的逻辑流程一般被规范化为"理论回顾——案例研究设计——数据收集——数据分析——案例研究报告撰写"，因此案例教学与举例教学容易被混淆。实际上，管理学的案例教学与举例教学是不同的：案例教学的基本步骤是"展示案例——互动讨论——发表结论——归纳总结"；举例教学的步骤则是"给出问题——讲授知识——举例——应用"。举例教学是辅助教师说明某一观点、原理，案例教学则是注重培养学生学习的主动性。案例教学是不能混同于举例教学的。

与中国传统的案例研究不同的是，哈佛大学、加拿大毅伟商学院案例研究则以有吸引力的人物和事件开头，沿着背景材料和故事情节展开，结尾留下一个思考和讨论的空间。也就是说，哈佛案例、毅伟案例的管理理论是隐含在故事之中，对管理理论需要学生自己进行提炼和总结。

编写管理案例必须避免下面两种做法：一是主题先行，即首先将管理理论呈现出来，然后举例演绎说明。其实，案例分析是学生的任务，对案例进行管理理论上的总结是学生的事，因此案例编写者只需要提供原始材料，不需要提供观点分析。二是虚构案例。管理案例不能主观臆造，而应来自实践，来自一线，来自管理。只有来自实际的案例才客观真实；只有客观真实的案例才可信可行。

总结中国传统案例研究的经验，吸收国外案例研究的优秀成果，促进我国案例研究和案例教学的进步，这是作者撰写本书的目的。

本书力求体现"三个特性"：（1）研究理念体现"时代特性"。全书紧紧围绕"教育部、人社部关于深入推进专业学位研究生培养模式改革的意见"，呈现改革开放时期与新时代管理案例实践案例，突出新时代管理案例实践案例的"时代特征"。（2）案例研究体现"比较特性"。本书探索已有的国内外管理案例经验的共性、差异性，比较中国式管理案例发展与沿革、中国式管理案例库建构、欧式管理案例、美式管理案例、加拿大毅伟管理案例，并在改革开放与新时代管理案例实践中加以比较。（3）教学案例体现"本土特性"。本书安排的四个案例与中国实践紧密结合，突出实

2

践的总结和推广。管理案例本土化是对中国情境下的某些现象进行剖析，并加以提炼总结，是扎根中国本土国情，用全方位思维和从多角度去认识并阐述本土管理实践中的现象和行为。

最后，要特别感谢安徽建筑大学主管研究生教育的副校长丁克伟教授对本项目研究给予的重要指导，感谢安徽建筑大学研究生处张红亚处长对本项目研究给予的大力支持。另外，本书在撰写过程中参阅了一些中外参考文献、国内外许多著名专家学者的研究成果和案例，李姣姣、许莹、董兆丰、谌苏靓、张海侠、任睿、王辰璇参与了本书的案例整理和书稿校对工作，在此，对上述有关人员一并表示感谢。由于作者水平有限，加之时间仓促，本书中难免存在不妥之处，欢迎读者批评指正。

作　者

2018 年 10 月于合肥

目　　录

第1章　中国管理案例研究

管理案例与案例教学一直是管理学领域的重要研究课题，人们可以通过对相关案例进行规范性和系统性研究来找寻管理规律、构建新的管理理论。当前我国经济的高速发展，给管理理论的发展提供了良好的契机，同时也对我国管理案例研究和案例教学提出了新的挑战。中国管理案例研究起步较晚，是在借鉴西方国家管理案例研究的基础上并以企业管理案例研究为起点开始的。近年来，在克服制约研究发展的几大因素后，专家学者、企业管理人员、高校教师等各方力量正力求在开发和撰写具有本土性、普适性和深远影响力的经典案例。构建高质量的管理案例库是提升管理案例研究水平的重要因素，我国管理案例库的建设源于企业管理案例库的建设。伴随着各类管理案例不断地问世，我国各高校为促进管理案例研究的进步，推动案例教学的快速发展，于是开始集中自身优势，收录结合各企业实际管理情景和管理经验来撰写的高品质案例作品，以此构建科目齐全、质量上佳且与国际水平接轨的本土化案例库。

1.1　中国管理案例的发展及沿革

"管理案例"一词，由英文单词"Business Case"翻译而来，它是指以一个管理组织的人员行动、事件及背景环境为介绍对象，通过对有疑惑或存在问题的真实情况进行描述及数据、图标等形式内容来表现。管理案例基本上是写实的，是对已发生过的管理事例的记录，它不是杜撰、虚构与主观臆想的产物。同时，管理案例有明确的目的，是为适应特定的教学目的而编写的。典型案例可为学生提供真实的管理模型和情境，通过对这些典型事例进行分析，提出解决问题的办法和思路，可使学生获得相关的专业知识及提高他们分辨信息、分析问题与解决问题的能力。

　　20 世纪 50 年代，管理案例教学法已经遍及美国，其影响也早已波及美国以外的国家，英国、法国、德国、意大利、加拿大、日本以及东南亚等国家陆续引进了案例教学法。改革开放初期。我国兴起对企业管理案例的研究，但受限于西方企业管理理论占主导的环境，我国企业在管理理论研究长期处于学习、借鉴、模仿的阶段。我国的管理案例研究是在教学案例基础上逐步开展起来的，20 世纪 80 年代，案例教学法由中美大连国际合作项目引入中国，但受限于当时教育水平及教育资源，案例教学法并不被多数高校教师学生理解与接受，虽然国内有少部分专家学者及高校教师已对相关典型案例进行了关注和研究并设法运用到教学上，但教学效果不够理想，影响也不够大。进入 90 年代，随着我国工商管理教育特别是MBA 教育的蓬勃兴起，以及以哈佛商学院为代表的欧美商学院对我国管理教育市场的培育开发，管理案例教学及研究在我国开始逐渐受到关注，国内部分高校教师及学者开始投入到管理案例教学及案例研究中，有些研究者在国外案例教学方法的基础上，结合我国国情，对案例的编写和教学方法进行一定程度的改进，但学术主流还多以介绍国外管理案例研究方法、流程为主。2004 年，北京大学企业管理案例研究中心主任何志毅以问卷调查形式对我国六所工商管理学院 2002 年至 2004 年的案例教学情况进行调查研究，调查结果发现 MBA 课程满意度与案例教学满意度密切相关，我国 MBA 学生对案例教学的期望值普遍较高，但对 MBA 教学总体满意度和案例教学满意度都较低。调查数据显示大部分学生在学习过程中，对案例教学的需求远远没有得到满足。通过调查发现，许多院校教师对案例教学的理解还局限于举例子、做习题的水平，根本谈不上真正的案例教学；教学方法在很大程度上还依赖于以教授单向讲授为主的形式，缺乏教师与学生之间的互动，用于教学的案例还依赖国外商学院的案例。21 世纪初，我国的管理案例教学效果及案例研究成果并没有太大起色，总的来说案例教学远非主流，其教学效果也是微乎其微。

　　自 2005 年以来，案例研究作为管理理论创建与升华的重要研究方法，在国内学术界重视程度越来越高，国内顶尖高校的商学院开始致力于我国本土案例库的建设，各类型的管理教育机构——国内顶尖高校的商学院、社会上的培训公司等纷纷推出案例教学班，积极探索案例教学模式。市场上随处可见各种形式的案例研究及案例教学的书籍。高校相互联合举办专业的案例研究研讨活动，利用已有的学术期刊和创办专门的案例研究学术期刊作为提供交流平台，管理案例研究及教学进入了比较快的发展阶段，相关研究成果在数量和质量方面都有所提高。

我国整体实力显著提升推动了管理学研究不断向前发展。中国特色管理理论研究已经不仅是我国国内的研究需要，也成为国际管理学领域对中国管理学界的期待。为了更好促进我国管理案例的研究及教学，在相关企业、高校、学者等社会各界的共同努力下，我国两大管理案例论坛相继问世：

一是中国企业管理案例论坛（研讨会）。2005 年，北京大学、《管理世界》杂志社和《北大商业评论》编辑部联合发起召开了中国第一届管理案例研讨会，此次会议主要探讨案例研究的价值和规范化问题。2006 年 11 月 25 日，第二届中国管理案例学术研讨会在中国人民大学召开，此次会议旨在提高我国管理学科案例研究水平，促进高校案例研究平台——教学案例库建设。2007 年 12 月 8 日至 9 日，中国人民大学商学院和《管理世界》杂志联合举办了"中国企业管理案例论坛（2007）"。此次会议旨在推动我国本土企业原创性案例的开发，同时进一步提升中国管理学案例研究和案例教学水平。本次论坛继承了第二届中国管理案例学术研讨会的主旨，着重强调中国本土企业的原创性案例的开发。2008 年 11 月 15 日至 16 日，中国人民大学商学院与《管理世界》杂志再次合作，举行"中国企业管理案例论坛（2008）"，此次论坛以"改革开放 30 年中国企业管理经验总结与理论创新"为主题。2009 年 11 月 14 日至 15 日，中国人民大学商学院与《管理世界》杂志再次合作，举行了"中国企业管理案例论坛（2009）"，此次论坛以"中国企业管理经验、方法与理论创新"为主题，主要是对本土企业管理经验、方法与理论进行总结。此论坛已成为探索中国特色企业管理模式的重要学术平台。2010 年 11 月 6 日至 7 日，在北京举办了"中国企业管理案例与理论构建研究论坛（2010）"。此次论坛主题为"本土理论构建：路径探索"。这届论坛凸显了对国内本土理论构建的重视，为此新增了理论构建研究分论坛。至此，该论坛每年会定期举办，至 2017 年已经连续举办了 13 届。此论坛极大地推动了我国本土企业管理案例的开发与利用，进一步带动基于案例的实证研究和高质量教学案例的开发，成为提炼中国特色管理理论和挖掘本土管理案例的重要学术平台。该论坛独树一帜，在我国管理学界获得了良好的口碑，已在国内成为企业管理案例研究和教学的形象品牌。

二是中国管理案例共享国际论坛。2007 年 5 月，在全国 MBA 教育指导委员会的支持下，中国管理案例共享中心在大连理工大学成立。2008 年 1 月，该中心获准出版了我国第一本以案例研究为主题的专业学术期刊——《管理案例研究与评论》（双月刊），至今发行了 60 余期，为各方进行案例教学与研究搭建了良好的学术交流平台。2010 年全国 MBA 教育指导委员会、中国管理现代化研究会管理案例研究专业委员会、中国管理案例共享中心在云南大学联合举办首届"中国管理案例共享国际论坛"，自此开始每年举办一届"中国管理案例共享国际论坛"（自 2015 年开始更名为"中国管理案例学术年会"，简称"学术年会"），目前已连续在云南大学、深圳清华大学研究院、上海外国语大学、海南大学、大连理工大学、西安工业大学、江南大学、桂林理工大学等成功举办了八届。八届学术年会分别收到投稿 131 篇、162 篇、186 篇、147 篇、151 篇、160 篇、163 篇、182 篇，共计 1282 篇，论文集收录文章共计 936 篇，累计到会交流的专家学者两千余人，参与投稿的院校 300 余所，会议主题分别是"中国管理案例教学与研究工作的梳理"、"建立适应中国国情的本土案例教学体系"、"发掘中国企业的成功商业实践"、"探索结合中国国情的案例研究方法"、"案例数据共享平台的建设与运行"、"转型时期中国企业的战略管理"、"技术、管理与制度创新"、"领导力以及人力资源管理"、"互联网背景下中国企业的管理理论研究"。中国管理案例学术年会已成为国内管理案例研究交流的重要平台，是国内高校商学院与企业对话的重要窗口，受到了国内学术界的高度关注。

近年来，通过举办专业的案例研究研讨活动，并利用已有学术期刊和创办专业案例研究学术期刊搭建交流平台，以及翻译或出版案例研究专门著作，我国案例研究和案例教学的质量和数量都有了大幅度的提高，一些案例选题更具代表性和本土性，案例的开发和写作也达到了较高水平，极大地推动了我国管理案例研究的发展。同时，案例教学质量的提升对我国高校管理教育思想和教学方法的改革起到全面启发和积极推动的重要作用。但毋庸讳言，我国管理案例研究与国外情况相比还有一定差距。现有研究成果大多数是在学习和借鉴国外管理案例研究的开发利用、数据获取及处理方法、理论构建等基础上获得的，尤其是在新理论构建以及研究方法、研究深度方面的差距还比较明显。其他方面，诸如经费问题、人们的认知问题、案例企业的配合问题、高校教师的水平及经验问题、案例开发时间的投入问题以及案例在教学研究中的实际地位问题等因素仍然制约着我国管理案例研究与教学的进一步发展。下面对一些制约我国管理案例研究与教学的主要因素进行深入探讨。

第一，我国案例研究数据来源还不够丰富。案例的开发是需要得到企业的配合的，只有通过收集我国企业提供的关于市场、财务、销售、企业内部结构等真实数据，与企业内部管理层或员工进行实际交谈，才能保证案例研究的真实性与可利用性。就目前情况而言，部分企业常常是出于宣传的考虑才会接受案例采写，很多企业还是不愿公开自身的真实情况，不接受外界对其客观案例进行写作。而且部分企业对案例理解错位，只愿将本企业的优势和好的方面显现，不愿意透露企业中存在矛盾和问题的地方。有的企业对案例采写信任不够。有价值的数据对于案例的开发是至关重要。研究即使采用数据掩饰手段，企业仍然不愿意透露极其敏感的商业数据。撰写管理案例论文的对象大多数都是国内有知名度的大型上市公司，虽然这些上市公司的信息披露程度较高且数据获取相对容易，但这也导致撰写的案例论文数据单一、内容看上去千篇一律。缺少有价值、可利用的数据填充，使得目前国内案例研究框架看起来十分单薄。数据来源是否可靠、数据是否丰富是否有利用价值，直接决定了案例开发的质量。

第二，案例撰写的规范性有待进一步提高。在案例撰写前期的研究设计阶段，有些撰写者只是为了完成任务而找到一个出发点来进行研究，因此导致很多案例论文出现论点不明确、论点是否重要等问题。在案例撰写期间，很多案例论文在数据分析章节对数据来源的说明比较粗略，对数据收集程序、数据收集方法表述也不清晰。撰写者对某理论模式的基本适用条件提出修正时，缺少严谨的求证过程和方法便直接定下结论。同时，因为研究方法、数据分析撰写目的不明确，论文的论点与论据之间逻辑关系混乱，使得结论回避了对研究的局限和可靠性解释，选取的效标缺少清晰的区分和紧密的逻辑联系，这也直接导致研究结果失去了典型意义。可以说，案例撰写整体规范性不高是阻碍我国管理案例研究领域进一步发展的最主要瓶颈之一。

第三，案例研究贡献值和有效性不够理想。我国案例研究开发期间在缺乏较丰富及可利用价值的数据的情况下，部分案例研究存在对写作后的信度及效度检验不够重视的问题。可以说，信度和效度的有效检验直接影响案例研究结果是否具有可信度和可推广度。缺乏信度、效度的检验及反复迭代的过程将会导致案例研究内容贫乏，研究结论的可靠性和有效性大大降低，案例开发的贡献值难以得到广泛认可，这也就使开发的案例失去了学术贡献能力，失去了对企业的管理和实践的意义。

第四，国内高校案例教学中缺乏高质量的本土管理案例。现阶段，虽然我国本土的管理案例在数量和质量上都相比以前有了很大的提升，但高质量本土案例的积累远远不够；同时，这种高质量本土案例的开发还面临着一系列困难。首先，本土案例开发成本较大。案例开发期间要大量资金的投入。案例开发费用包括案例写作费、专家学者指导费、差旅费等很多内容。由于案例采写对人员素质要求较高，因此在人工成本这方面费用支出比较高。一般情况下，案例写作者都具有一定理论素养和实践经验，这类人才的市场价格在我国人才市场上比较高。一个优秀案例需要反复修改，时间也是相当长的，这也导致案例采写成本的增加。其次，我国高校目前在案例教学方面更多引入国外案例，但部分国外案例不适合我国学生使用，由于东西方文化差异和社会与企业制度的截然不同，对大多数中国学生来说，讲授国外案例是很难引人进入情景的，尤其是突出当地化的国外中小型管理案例，我国学生既不了解这个案例主体所在的外部环境，也无从查找案例主体的相关资料，分析起来常常无从下手，教学效果大打折扣。

第五，部分高校教师案例教学水平不高。研究发现，教师案例教学水平的提升滞后于案例质量的提高，主要原因是案例教学本身存在的困难和教师在主观上应用案例教学的动力不足。首先，采写案例耗时费力，不能作为研究成果，并且，撰写案例对教师的职称评定毫无帮助，因此教师更愿意花时间去做学术研究、发表论文；其次，目前国内管理教育学界对教师的考核激励体系与教师上课质量的好坏关系不大；最后，一种新的教学理念和方法是由教师主导转向以学生为中心的讨论式教学逐渐普及，但这对教师自身提出了更高的要求，教师不仅要有知识，还要有一定的实践经验和领导课堂讨论的能力，一些教师有畏难情绪，一些高校本身也缺乏对教师的案例教学能力进行培养的计划。

第六，缺乏构建理论实现的发展与创新。案例研究是构建及升华管理理论的有效手段，有助于在获得第一手材料时来检验理论假说，进一步推动研究的发展。目前，很多案例研究只是对案例给予程序性的分析或简单的描述说明，或是对以往学者所著的论文成果进行总结及归纳，针对某一个论点提出一个宏观的解决方案，但忽视了对解决方案是否有效进行的检验。案例研究者在案例总结方面，缺乏对内在规律的挖掘，即便是解释性案例研究，也很难形成系统地向理论构建及创新方面拓展。

我国管理案例的题材搜集、数据的整理与结论的分析相对于企业管理的深化、国内管理学教育迅速发展的需要，还是存在一定滞后性。我们要明确一个观点：一个好的案例背后需要一整套支持系统。首先，案例要有明确的研究目的及教学目的，要与一个或数个理论点对应，案例研究及教学要基于本国真实环境；其次，企业数据务必要丰富真实，行业背景要齐全，需要与案例中的角色和情景相关；最后，案例使用者需要经过深入的讨论才能得到答案，并且，案例要能得到采写企业的授权，才可以广泛地使用和传播。

不可否认，我国经济的快速发展，给我国的管理理论发展提供了良好的契机，也对我国管理案例研究和案例教学提出了新的挑战。我国管理案例研究的各方面内容，特别是构建本土化管理理论和管理案例日益受到关注。我国管理案例研究未来发展需要更多关注以下几点：

第一，进一步学习和借鉴国外管理案例研究的方式方法、案例撰写规范化等经验。尽管我国管理案例研究至今已有 20 年以上的学习、交流和研讨的历史，且已与国外案例研究接轨，但要实现赶超仍需努力。

第二，我国高校应加强鼓励案例研究和案例教学。因为长期主导性的研究是量化的，高校要建设考评、晋升的标准和机制，也要营造一种更宽容的气氛。各高校对探索型和创新型以及不同范式的案例研究，案例研究和案例教学要更注重实践，更关注于中国本土实际情况。高校应倡导理论联系实际，而不是单单从文献里找问题，要推动基于实践的研究，特别是对跨学科案例的开发。

第三，撰写具有本国特色的管理案例。基于管理案例研究的价值，有特色和本土化是案例研究和教学发展的未来趋势，管理学界提出了如何运用案例研究构建新的管理理论，尤其是构建"中国本土化管理理论"或"中国情境下的管理理论"等新课题，清华大学、中国人民大学等国内知名高校也都在对其进行积极有益的尝试。我国管理案例研究在今后的发展中将更注重实践基础，在学习国外案例前瞻性的同时，要扎根本土情境，梳理富含深厚的本土特质的管理脉络。

第四，多案例研究是未来案例研究的方向。尽管单案例研究有其自身的适用范围和优势，但国内外专家已经达成共识，即多案例研究更有利于构建新的理论，研究结论的信度和效度更高。基于此，多案例研究必然成为案例研究者的首选。目前，国内的案例研究论文说明型案例所占的比重十分高，数量接近一半，而描述型案例因撰写过于简单、探索型案例因对理论挖掘需要过于复杂，这两种案例论文类型所占比例比较小，这也是今后案例研究人员可以注重探索发展的内容。

第五，案例研究学科范畴要扩大。目前国内的案例研究多集中在工商管理领域，未来的案例研究可拓展到公共管理、管理科学与工程领域，尤其是在公共管理领域，管理案例研究大有可为。目前研究领域已出现团队合作研究倾向，未来可能还会出现跨文化、跨组织、跨行业间合作研究。

未来我国管理案例研究将向案例研究的深度进军，将制定各类案例研究的流程、评价体系和指标，进一步提高案例研究结论的信度和效度，构建具有本土性、普适性、实践指导性和深远影响力的管理理论。

我国管理案例研究未来的定向发展需要高校教师、专家学者、企业、科研主管单位、学术机构和期刊等多方力量共同探讨、长期努力，这也将是我国管理学界未来最值得探讨研究的课题之一。

1.2 中国管理案例库的构建

我国管理案例研究和教学发展如火如荼，管理案例库的构建是提升我国管理案例研究和教学质的飞跃的重要因素。西方的案例研究和教学之所以这样普及，是因为其已经发展了近 100 年，案例库对案例教学的积极推动作用在美国等管理教育发展比较早的国家得到了很好的印证。世界上有三个较具规模的案例库：哈佛案例库、加拿大毅伟商学院案例库和欧洲案例交流中心。尤其是哈佛案例库，其建立距今有 80 多年。这三个案例库，形成了一个以哈佛案例库为核心，以毅伟案例库、欧洲案例交流中心等为补充的案例库体系。在英文工商管理教育领域，它已经形成一统天下的地位，健全的法律制度也使其有稳定的收入得以持续建设案例库。任何一个国家如果没有这样一个在学科类别、企业规模类别、企业性质类别、行业类别、区域类别、案例功能类别等齐全的案例库，则不可能进行高质量、高水平的案例研究和教学。

中国管理案例库的建设源于企业管理案例库的建设，中国企业管理案例库的建设是从 20 世纪 80 年代改革开放初期国家教委引进的"三大"国际合作项目之一"中美大连项目"开始的。1980 年，美国商务部与我国教育部、经贸委联合举办"袖珍 MBA"培训班，并将中美合作培养 MBA 的项目执行基地设在大连理工大学，项目名称为"中国工业科技管理大连培训中心"。该项目进行过程中，第一次系统介绍了西方工商管理教育的课程和案例教学。中美双方教师组成案例开发小组到我国若干企业进行调研，编写了《案例教学法介绍》和首批用于教学的 83 篇中国管理案例。此后，部分高校及管理干部培训机构陆续开始试用案例教学，一些国家级考试也开始有了案例题。1986 年春，在国家经委的支持下，大连培训中心首次举办了为期两周的案例培训班。1987 年，大连理工大学管理学院在余凯成教授的主持下开始建设案例库，收录英文案例 300 多篇，编译成中文的外国案例约 100 篇，还有少量的中国企业案例，并出版了一系列案例书籍推广案例教学法。这就是我国最早的案例库的构建情况。

1991 年，我国开始试办工商管理硕士教育，案例教学法得到更大范围的普及，全国 MBA 教育指导委员会也在其 1997 年制订的工商管理硕士培养过程基本要求中规定，每门课程都要采用一定数量的案例。随后，相关 MBA 培养院校不断增加，对中国本土案例的需求越来越迫切。随着案例教学的发展，规范性案例研究受到了国家基金委和国务院学位办等多方的重视和支持，这也在一定程度上加大了对本土案例的需求。建立一个覆盖性强、规范性和原创性俱佳的优质本土管理案例库，可以解决国外案例指导性不强的问题，为案例教学和研究提供有力的支持，通过探讨我国本土企业案例，更好指导我国企业管理实践，创新中国企业管理理论。目前，大连理工大学管理学院案例研究中心、清华大学经济管理学院案例中心与北京大学管理案例研究中心并列为中国三大案例研究中心。

大连理工大学是最早在国内推广案例教学法和进行案例库建设的高校，它于 1999 年在原来案例库基础上成立了大连理工大学管理学院案例研究中心。基于大连理工大学 20 年的案例库建设的科学化、系列化的分编体系，2007 年 5 月在全国工商管理专业学位研究生教育指导委员会的支持下成立中国案例共享中心，同年底，该中心开通门户网站。中国管理案例共享中心以"统一规范、分散建设、共同参与、资源共享"为宗旨，致力于提高我国管理案例教学与研究水平，实现中国 MBA 培养院校间案例资源共享、师资共享、学术成果共享和国际合作资源共享。该中心实行会员制，各批次 MBA 培养院校均为会员，现有高校会员单位 257 所。自 2011 年开始，共享中心案例库年增长量在 400 篇左右，是世界第一大案例库哈佛商学院案例库年增长量的三倍。其入库案例的质量逐步与国际接轨，实现了案例信息的检索、下载和传播。截至 2017 年 12 月 31 日，库中有授权案例 3150 篇及视频案例 29 个，覆盖了市场营销、战略管理、人力资源管理、项目管理、公司治理等二十多门管理课程，实现了案例教学的成果转化，为本校和全国高校万名教师提供案例教学服务，案例库网站使用量达3099675 次。网站点击率已达 679 万次，日最大点击率近万次。

中国管理案例共享中心以《管理案例研究与评论》期刊为学术阵地，以"中国管理案例学术年会"营造案例研究氛围，推动案例研究良性发展。《管理案例研究与评论》（双月刊）期刊于 2008 年创刊，作为全国MBA 教育指导委员会会刊、中国管理现代化研究会管理案例研究专业委员会会刊，由教育部主管，大连理工大学主办，以推进本土化管理理论研究为宗旨，主要刊发以案例研究为主的中国情境化管理理论等研究成果。该期刊目前设有工商管理案例研究和案例教学与研究方法论两个栏目。《管理案例研究与评论》期刊现已入选 CSSCI 来源期刊（2014－2015）扩展版，列入中国期刊网、中国学术期刊（光盘版）、万方数据—数字化期刊群、《中文科技期刊数据库》（维普网）全文收录期刊，现已出版发行 60期期刊，收录各类案例文章 452 篇，其中受到国家自然科学基金和社会科学基金项目资助的文章占 40%，多篇文章被《新华文摘》、人大复印资料全文转载。中国管理案例共享中心以培养更多"会写案例、会教案例"的教师为任务，现已成为我国案例开发与教学的"肥沃土壤"。中国管理案例共享中心从 2007 年起到现在，共举办 25 届形式多样的案例教学与案例开发案例师资培训班，参加培训的教师近 3000 人。中国管理案例共享中心成立十年来，成功构建了国际商学院案例生态系统，建成国际第三大单一管理案例库，创办世界第一份全国性管理案例学术期刊，建立世界第一个全国性管理案例学术组织，举办世界第一个全国性案例评选活动以及世界第一个面向全国商学院学生的案例赛事，已经成为全国 MBA 培养院校的案例资源共享中心、案例师资培训中心、案例科学研究中心、案例学术交流中心、案例国际合作中心。

清华大学案例库建设起步也比较早，其投入量和投入决心很大，目前有个两个案例库在运营中，一是清华大学经管学院的中国工商管理案例库中心，二是清华大学公共管理学院的中国公共管理案例中心。

清华大学经管学院的案例开发始于 1999 年的"985 工程"，是国内最早开展工商管理案例教学的学院之一。2001 年，教育部"现代远程教育资源建设委员会""新世纪网络课程建设工程"和清华大学校级"985 工程"投资共同建设"清华经管中国工商管理案例中心"，该管理案例中心是从事工商管理案例研究、案例开发、案例库建设的专业研究和教学服务机构，采取招标形式面向全国高校收购案例，现已收录的案例 300 余个，包括创新类、创业类、会计与控制、金融、信息化与生产管理、人力资源、项目管理、营销管理、一般管理与其他和战略管理与执行等工商管理教学的全学科领域，覆盖各个行业。哈佛商学院、香港公开大学、复旦大学、浙江大学、上海财经大学、北京科技大学等 20 多所院校将中国工商管理案例中心所收录案例应用于课程教学。中国工商管理案例中心周期性主办的"清华案例论坛"，旨在成为与企业沟通的渠道，发掘商业内涵，发现管理学科的新知识，开发更多有潜质的案例，建立服务于教学的交流平台，更好推进案例中心与学院内部教学资源的互动。论坛定期邀请企业领袖阐述商业实践，与清华经管学院教师共同剖析商业智慧，两者一起分享最新管理思想。

中国工商管理案例中心以清华大学经管学院的学术资源作为为坚强后盾，以造就未来中国乃至世界范围的商业领袖为宗旨，搭建起专家学者与我国本土运营的主流企业、各类商业机构之间建立互动的信息交流平台；以先进方法论为指导，建立起案例开发的专业团队，提供素材搜集、题目构建、内容撰写、案例发布、教学培训等以案例为主体的全流程服务,致力于推动教学创新;以网络和多元化信息发布平台为基础,建立案例快速订阅和应用通道,向各商学院提供案例教学服务,推动案例价值最大化;另一方面,积极拓展与哈佛大学、毅伟商学院等国际顶级商学院案例中心进行深度合作与交流,并开展长期教学和研究项目合作,大力推进案例教学,促成实现案例教学成果。中国工商管理案例中心为商学院教师和学生提供基于商业事件的更加整合和直观的信息服务开发出的案例教学产品——专题研究,其中主要包括"商业事件"专题、"案例延伸"专题。"商业事件"专题瞄准社会关注度高,具有深刻商业的内涵,或者案例开发潜质的典型性商业事件,进行整合性信息发布,既梳理商业事件脉络,集中商业事件主体和相关利益者的信息,又包含专业研究机构报告和评论,通过知识链明晰商业事件的学科本源,为案例研发和教学思路启迪方向;"案例延伸"专题以中国工商案例库已有案例为基础,对案例相关信息进行更新和补充,如提供图表、新闻报道、研究报告等,帮助教师节省背景资料检索时间,更全面地理解案例,更高效地准备案例教学。中国工商管理案例中心建立起工商管理教学与企业沟通的桥梁,发掘更多有潜质的案例开发对象,并逐步形成以案例为主体的多种知识产品的运营体系。

清华大学公共管理学院中国公共管理案例中心历时九年精心研究、自主开发。中国公共管理案例库是具有时效性、本土性和典型性的高品质教学案例库,主要用于公共管理领域的教学、培训和研究,亦可作为政府部门和机构的智库,服务于中国公共管理教育事业的发展。案例库中的每一篇案例均由清华大学公共管理学院教师指导,硕士和博士研究生等专业的案例写作人员基于实地调研和各类参考文献开发写成,具有真实性、典型性和冲突性等特点。经过清华大学公共管理学院教师长期实践证明,案例库的课堂教学效果非常显著,能够帮助培养 MPA 学生在公共管理理论框架下分析、解决问题的能力,实现了理论与实践的有效结合。

北京大学管理案例研究中心成立于 2000 年 4 月,承担着"北大案例库"的建设工作。北大案例中心前身立项于 1998 年 1 月,由光华管理学院院长厉以宁教授和曹凤岐教授承担的教育部人文社科"九五"重大科研项目"中国企业管理案例库组建工程"。该项目是我国教育史上第一次以教学案例研究为对象而设立的科研项目,于 2002 年 5 月结项,得到国内教学专家组高度评价。依托北京大学光华管理学院在工商管理众多相关学科领域雄厚的师资力量，该案例中心已组织开发并收录了一系列具有代表性的企业案例，在企业管理方面积累了丰富的实践资料和研究成果。目前北大案例库已建成包含 A、B、C 三个层次的案例库体系，出版多套涵盖多个管理学科的案例丛书和案例集。但该案例中心没有出版案例集，与案例相关的其他出版物也比较少。北大管理案例研究中心与哈佛商学院、毅伟商学院以及中国管理案例共享中心等国内外案例平台在案例开发和案例推广等领域开展积极合作，致力于以案例为载体的管理知识的构建及传播。该案例研究中心以"提升中国管理教育，提炼中国管理思想"为使命，搭建理论联系实际的研究平台，以建设"全球第一中文管理案例库，构筑中国企业发展博物馆"为目标，依托北京大学光华管理学院一流的教学、科研力量，联合海内外著名院校和杰出的专家学者，动员和协调国内外企业、媒体的各种资源，利用市场化运作模式，已形成了一个案例库建设的资源平台。从 2010 年开始北京大学管理案例研究中心主办"北大案例大讲堂"系列活动，邀请国内外著名企业的精英企业家来到北大与师生交流分享其自身和企业管理的实践心得，截至 2017 年底已经成功举办了六十五期。此系列活动为北大各个学院的师生提供与优秀企业家直接见面交流的宝贵机会，为北大的案例开发提供条件，也为企业提供一个交流经验、碰撞思想和自我展示的平台。

除了以上三大案例库之外，由我国政府与欧洲联盟共同创办的中欧工商管理学院更是极为重视案例教学，每一间教室都安装了多媒体装置，固定学生座位，配有名字和照片，可以用作案例教室，而且已成立案例发展中心，由学院支付教授采写案例的费用，鼓励教授采写和使用案例。学院在 2001 年成立中欧案例中心，前期主要为中欧课堂教学与管理研究提供服务。2013 年以来，中欧案例中心的角色与功能得到全面提升，现阶段工作主要体现在三大方面：第一是支持中欧教授开发更多中国案例，提高中欧教学质量，支持教学与研究创新；第二是承担"上海 MBA 课程案例库开发共享平台"项目建设任务，实现平台资源共建、共享，促进上海地区管理教育发展；第三是开通"中国工商管理国际案例库"，聚焦中国问题、坚持国际标准，形成全球独一无二的中国主题案例库。中欧案例中心中英文双语案例库，客户涵盖企业和国内外商学院，已经开发超过 200 个高质量本土案例，是目前国际化程度最高的国内本土案例库。中欧案例中心出版刊物《中欧商业评论》是关注我国本土管理创新的商业评论杂志，第一年发行量超过 10 万份；《中欧案例经典》是从中欧国际工商学院在 1994—2006 年间开发的案例中精选 25 篇，结集出版以飨读者，全书共 30 余万字，分为五大部分，涵盖综合管理、公司战略、市场营销、人力资源和创业管理等领域。2015 年 6 月 10 日，中欧国际工商学院案例中心与清华大学经济管理学院中国工商管理案例中心正式签署清华-中欧案例库建设推广合作协议，将两家案例中心各自开发的工商管理教学案例分别收入对方案例库，联合打造和推广收录双方案例的中国企业案例库。

中国人民大学商学院于 2006 年 4 月成立案例研究中心，该中心并于 2011 年更名为管理案例与教学创新研究中心，负责学院案例开发与教学创新等事宜。管理案例与教学创新研究中心的任务包括：第一，建设商学院工商管理本土原创案例库。关注社会经济热点，整合企业资源，开发适合各课程需要的案例，并积极探索开发新型案例，如粗案例、微案例和跨学科案例。第二，推动案例教学，将案例开发与各教学项目以及课程组的教学要求相结合，通过微信平台、案例工作坊、案例教学公开课、案例论坛等平台，促进教师案例教学经验的交流、营造案例教学氛围。第三，接受校友企业及相关企业委托，总结企业成功经验，为企业量身定制个性化精品管理案例。第四，将本土原创案例推向国际知名案例中心，向世界传播中国管理经验。截至 2017 年 12 月底，商学院案例中心已收入案例达 272 篇，其中：与耶鲁合作的英文粗案例 1 项；中文在线多媒体案例（Raw Case）2 项；学校学院资助开发的传统大案例 139 项，英文案例 7 篇；其他单案例 26 项；微案例 51 篇，英文版微案例 47 篇。案例中心还组织教师参加全国工商管理专业学位研究生教育指导委员会百优案例评选活动，截至 2017 年已有 23 篇获得"全国百篇优秀管理案例"殊荣，另有"全国MPAcc 优秀教学案例"2 篇。中国人民大学商学院承办多项案例大赛活动，例如中国企业管理案例论坛、企业管理校友案例大赛、MPAcc 学生案例大赛等，其中以中国企业管理案例论坛在学界影响最大。"中国企业管理案例论坛"创办于 2005 年，自 2007 年起由中国人民大学商学院与《管理世界》杂志共同主办。论坛以案例研究为依托，深度发掘本土企业管理的优秀实践、构建有中国特色的本土管理理论，在我国管理学界获得了良好的口碑。论坛吸引了来自美国、日本、中国台湾、中国香港、新加坡等地的著名管理学者及案例研究专家,以及北京大学、清华大学、浙江大学、南开大学、中欧国际工商学院等全国多所高校的代表参会。前七届论坛共收到来自海内外 290 余所高校及科研机构的论文 850 篇,其中研究型案例 715 篇,教学型案例 135 篇。从 2014 年开始,案例论坛与教学案例相关的活动独立了出来,由案例中心负责组织。案例论坛组委会安排专门的力量来组织教学案例相关事宜,意在提高今后案例论坛中教学案例内容的比重,唤起学者们对教学案例的重视。应该说,在多数情况下,进行案例研究的同时,可产出相关的教学案例,很多学者在这方面也已经积累了丰富的经验。案例论坛鼓励更多的学者将案例研究和教学案例开发结合起来,既可以丰硕自己每次的科研成果,更助于将我国独特的管理经验以更加丰富的形式展现出来,让更多的人去了解和学习这些经验。

北京航空航天大学经管学院的中国企业案例中心成立于 2010 年 9 月,旨在记录我国企业所经历的经验,并以教学案例和案例研究的形式为学术界与企业界提供洞见。案例中心定位于案例教学与案例研究并举,与高水平国际学术机构合作来推动案例研究和案例教学。案例中心自创立以来通过持续的案例开发不断推动案例教学发展,同时通过国际合作和加强本土研究团队的建设不断提升案例研究水平。其推动北京航空航天大学经管学院形成了"四案一化"的特色,即案例开发、案例教学、案例论文、案例比赛与国际化,显著提升了师生教师教学和学生学习的能力,取得了丰硕成果。具体来说:案例开发就是学院师生共同积极参与案例开发;案例教学就是学院教师大多有自行开发案例的经验,并普遍使用自己开发的案例进行教学;案例论文就是建立结构合理的案例研究团队,以学术领军人物为团队带头人,同时获得了国家自然科学基金大力支持;案例比赛就是为各种案例比赛提供强有力的教练团队;国际化就是与国际一流研究人才建立强有力的合作关系,学习借鉴国际先进实践经验,提升国际化水平。案例开发与教学方面,案例中心在全国"百优"案例奖评比中获奖篇数连续六年都是最高的,获奖总篇数为 36 篇,居全国第二。各类专业硕士教学案例获奖篇数居全国第一,其中两篇案例获 F. Warren McFarlan 案例奖,两篇进入哈佛案例库,2 篇进入毅伟案例库。据调查,仅 2015 年全国就有来自 50 多所高校的 180 多名教师在案例中心接受案例教学培训。在案例研究方面，案例中心长期与澳洲新南威尔士大学合作，已连续多年举办 SPS 案例研究方法研讨会，参会教师来自国内 60 余所高校，显著推动我国案例研究的发展。另一方面，案例中心形成了高水平的国际合作案例研究团队，成果在国内外高水平期刊上发表，两篇案例研究获"中国企业管理案例与质性研究论坛"最佳论文奖，连续四年获"中国·实践·管理（管理学报主办）"论坛最佳案例研究论文奖。基于案例开发的优秀成绩，案例中心也为全国案例教学师资培训提供有力支持。时至今日，该案例中心不仅是开发高水平教学案例与案例研究的知名机构，也是全国有名的案例教学与案例研究培养平台。

长江商学院案例研究中心成立于 2003 年，专业从事案例研究与开发。该案例研究中心以多方位的视角对我国公司的商业竞合、全球化以及跨国公司的本土化进行了深入的研究与分析，这些案例与研究已成为长江商学院的核心竞争力之一，开发的案例涵盖战略及管理、全球化、经济学、金融与财务、创新与创业等主要商业管理领域，目前已开发近 400 个商业案例，为超过近万位校友和学员提供源源不绝的中国洞见。案例中心的研究方向主要包括以下 8 个方面：传统企业转型、公益探索、互联网与科技创新、金融创新与资本运作、经济与行业研究、品牌塑造、人力资源与企业文化、文化创意。其中开发案例最多的领域为战略及管理板块，占比近38%，其次分别为全球化、经济学、市场营销、生产运营管理、金融与财务等。案例研究中心立足我国企业经营现状，深入研究我国商业面临的重大机遇与现实挑战，把西方管理学的最新成果与具有本土特色的原创性案例融合，指导我国企业和跨国公司的实践活动，指导我国企业在本土市场及全球化运营过程中的商业实践，帮助跨国公司寻找在中国及新兴市场展开竞合策略的独特规律与经验。现阶段，案例研究中心的案例库规模较大，网络平台较完善，同时有专门的案例开发助理，形成了教授主导的案例开发团队，提高了案例开发的效率；通过案例研究中心出版的《案例快讯》，有意识地引导和推动案例开发团队开发案例。

我国其他顶尖高校也都加入到案例库建设的队伍中。南京大学商学院案例研究与教学中心成立于 2009 年 7 月，依托南京大学商学院丰富的学术资源和社会资源，以专业化视角和严谨的态度，联结商学院的 EMBA、MBA、MPAcc 和 EDP 等各个中心的纽带与"案例开发与研讨"的综合平台，案例中心每年进行案例征集和评审，组织开展企业调研活动，以此进一步推动案例开发；积极推荐中心收录的案例参加"百优评选"以提升入库案例数量质量；通过定期出版案例中心通讯，并在此基础上出版案例集，不断提升其影响力；上海交通大学安泰经济与管理学院也成立了案例中心；南开大学商学院案例中心也在建设自身的案例库，将案例按学科、专业学位、系所与研究基地及科研项目进行分类；在华南和西南地区，华南理工大学成立了华南管理案例研究中心；中山大学成立了亚太案例开发与研究中心，购买引进了 IVEY 商学院的案例库，与哈佛商学院签订了案例引进协议，自主开发出我国本土案例库和亚太案例库，并出版教学案例集；四川大学案例库的建设目标是以开发具有自主知识产权的原始本土管理案例为主，同时以购买案例及相关专业组织免费共享案例为补充。

　　2013 年 5 月，在教育部和财政部的支持下，正式启动"中国专业学位教学案例中心"建设工作。案例中心建设工作由国务院学位委员会办公室和教育部指导，教育部学位与研究生教育发展中心牵头，各相关专业教育指导委员会共同参与。案例中心根据我国专业学位案例教学现状，确定了"统筹规划、分步实施，整合资源、共建共享"的建设原则，以期通过多方共同努力，将案例中心建设成为我国专业类别最全、案例数量最多、特色明显、获得广泛认可的国家级案例中心，从而有效支撑我国相关专业学位课程案例教学，促进我国专业学位案例教学的普及和提高，推动专业学位研究生培养模式改革创新。2013 年 6 月，学位中心与工商管理、公共管理、会计、教育、法律、医学六个教指委达成合作共建意向，启动第一批案例库建设；2013 年 12 月，与税务、出版、兽医、工程管理、汉语国际教育、体育等六个专业学位教指委达成合作共建意向；2014 年 7 月与风景园林、国际商务等两个教指委达成合作共建意向。截至 2017 年底，案例中心已初步建成工商管理、公共管理、会计、教育、法律、工程管理等 24 专业学位案例库，接收案例共计 3079 个，其中会计入库案例 1215 个，公共管理入库案例 860 个，工商管理入库案例 285 个，教育入库案例 228 个，法律入库案例 138 个。文物博物馆和口腔医学两个学位案例板块还在建设当中。案例中心采用会员制方式向国内高校（院、系）及其师生提供案例资源的上传、检索、浏览以及案例教学培训、经验推广等服务。案例中心围绕案例编写和案例应用，积极研究、探索适合我国国情的激励机制及运行机制。在国家政策引导下，除了向案例编写教师提供经费支持、举办优秀案例评选活动、召开案例编写研讨会、出版优秀案例集、开展与国外知名案例机构合作等活动外，逐步推进在专业学位评估指标体系和专业学位认证体系中纳入优秀案例编写指标，以此提高案例编写的积极性和入库案例质量；同时，案例中心通过开展案例教学师资培训与研讨、组织案例教学现场观摩、开发优秀案例课程视频、举办学生案例大赛等活动，提升案例教学水平，推动案例教学的开展，遵循"广泛征集，资源共享，公益为主，成本分担"的原则，致力于建设我国相关专业学位类别最全、特色明显、被广泛认可并具有一定国际知名度的国家级专业学位教学案例中心，有效支撑我国相关专业学位课程案例教学。该案例中心职责主要有：①统筹规划相关专业学位案例库建设方案和案例教学推广工作，分步实施相关专业学位案例库建设；②制定相关专业学位案例库教学案例的编写规范、入库标准和入库流程，构建多渠道、全方位的教学案例征集体系；③在专业学位研究生的培养过程中推广案例教学；④组织案例编写培训、案例教学研讨、案例教学现场观摩等相关活动，促进教学案例的编写和案例教学水平的提高；⑤通过举办案例研究论坛、编辑出版案例研究论文集和专著等方式，鼓励案例作者、案例教学者广泛开展案例研究；⑥与国际知名案例教学研究机构开展师资培训、案例研究、案例互换等方面的合作；⑦开展与专业学位教学案例研发、征集、推广、应用相关的其他工作。中国专业学位教学案例中心的建设适应我国专业学位教育发展的客观需求，提高了我国专业学位教学案例质量，满足了我国专业学位案例教学需求，推动了专业学位研究生培养模式的改革与创新，促进了专业学位研究生培养质量的提升。

现阶段我国各高校、各机构构建的案例库是提高我国管理学领域研究和教学的重要途径，但大多数案例库建设相对于企业管理的深化、管理学界迅速发展的需要来说，存在着明显的滞后性。国内各高校、各机构构建的案例库实现从收集国外大型企业作为研究对象和收集国外经典案例作为研究目标的初始阶段，发展到如今经编译收录案例和自主开发本土案例为主的阶段，这一重大的跨越，是令人欣喜的。然而，国内高校、各学术机构数量众多，研究水平参差不齐，每个案例库受到资金、研究者能力等条件限制，使得建设规模化、投入量的情况大相径庭，具体问题表现如下：

　　第一，案例库素材来源比较缺乏。在我国高校所构建的案例库中，颇具规模的案例库实属凤毛麟角，大部分案例库还是存在案例资源贫乏，供给不足的问题。用作案例教学的改编型案例基本上是基于对互利网媒体上公开的资料和相关信息文件或通过其他途径收集的资料，按照所需要的教学目标进行组织加工而成，大多数案例内容较为陈旧，与教学内容和教学目的脱节，没有撰写者自己的思考和总结，这也就失去了较强的现实实践意义；要对案例进行采编，就需要撰写者去实地考察相关企业，而这就需要得到企业的配合。总的来说，以上两部分原因导致大部分案例库可收录的素材区域变得很狭小，使案例库成型的资源变得有限。

　　第二，案例采编水平有限。目前多数案例库都以收集国内原创本土案例为主，但收录的原创案例水准与相应标准还有一定距离，主要原因是案例采编的质量不高。由于目前国内案例库收录的案例缺乏较统一的入库评审指标和准则，导致收录的案例鱼龙混杂，质量参差不齐，很多采编案例仅仅停留在对企业进行宣传报道的层面，并没有挖掘出可供探讨的深层次管理问题。例如，有的案例直接从互联网和报刊中转载而来；有的内容不全，如没有案例使用说明；有些案例虽然有案例使用说明，但实际指导意义缺乏等等。另一方面，案例采编激励机制和案例知识产权保护机制的缺乏，导致案例采编工作者积极性不高，阻碍了案例的采编工作。案例教学效果的好坏，很大程度受案例编写质量的影响。单纯拿来现成案例而不经过编辑、加工和提炼，其适用性必然有局限。教学中，大多教师直接从互联网、报纸期刊上拷贝相关教学资料，并未根据学科专业的特点对背景、主题、细节、问题等环节进行完善，并不符合学生们的认知程度。案例采编水平较低直接导致部分案例核心内容不全和案例使用说明、数据分析缺少、结论无贡献性等问题出现。

　　第三，高校重视程度不够。目前，我国一些顶尖高校的案例教学开展情况良好，部分高校也意识到了案例研究和教学的重要性，但针对案例库的构建，大部分高校重视程度远不及顶尖高校。案例研究和案例教学的经费是一笔不小的开销，很多学校没有专门的经费投入，绝大多数教师都是自己收集教学所需案例，这样既不利于案例资源共享，也让很多教师花费许多宝贵的时间重复劳动。由于没有专门的经费支持或其他相关的激励措施，教师只能是根据自己的偏好来开发案例，案例的数量和质量都受到极大的限制；有些进行案例研究或开发的教师受到来自各方面条件的约束，无法开发高水平、适用于教学的经典案例；各高校之间针对同一学科专业的教学目标和教学方式大相径庭，所用的教学素材也参差不齐，针对本校所用教材开发出的教学案例难以被其他院校的教师运用到课堂教学中，这样就会导致教师把自己开发的案例进行出版的意愿大大降低，从而使教师失去开发高水平案例的动力。再加上案例库的构建需要收录的案例科目和种类不同，还有案例库需要系统进行有序调配和不定期维护，这又是一项耗时耗力的工作。案例库的构建是一件严谨和专业的工作，需要先进的构建流程和方法。总体来说，国内大部分高校重视程度低、教师缺少专业系统的培训，致使案例库构建的进展速度较慢。

第四，案例库使用程度不高、推广力度尚不足。近年来，案例教学法在国内虽然得到一定程度的普及和推广，但各高校教育水平、教师和学生个人能力有较大差别，国内很多高校教师对案例教学法认识不够，很少考虑从真实教学目的、学生受用程度和管理实践方法的角度进行专业性的案例选择。另外，案例库中案例质量参差不齐，导致教师和学生在案例交流中，因缺乏统一的背景知识，从而无法共同探讨所研究的案例问题。这些因素都导致案例库的使用程度不高。目前，国内缺少一个统一编选、制作，覆盖管理学科目课程的案例库，很多高校学院建设案例库的初衷都只是为了满足本学院案例教学和研究的需要，因此整体覆盖面极为有限。如今案例库获取案例变得方便快捷，但信息技术的发展给案例资源的共享带来了新的机遇和挑战，即如何组织整理这些纷繁的案例资源，合理利用案例资源，更好将案例资源推广出去。

可以说，我国各高校案例库构建面临的最主要问题是缺乏高质量、符合国内教学需要的本土案例以及无法实现对案例库资源的调配和再整合。国内很多高校先期投入很可观，但之后的发展却都呈现出疲软的态势，究其原因，是案例库建设是一项浩大、持久的工程，各方面的投入都非常大，仅靠国内几所顶尖高校难以建设一个完备的中国管理案例库。

随着案例研究的深入和案例教学的发展，案例库建设的重要性和特殊性已经受到国内顶尖高校的重视，管理案例库的建设也对我国管理教育质量的提升及案例研究的开展具有重要的现实意义。第一，案例库是案例教学的基本条件，缺乏符合教学的好案例，案例教学就实现不了本身的价值。第二，引进的很多国外案例很难让我国学生进入情景，找到真实感。对于大多数我国学生来说，学习和使用国外案例依旧存在对案例背景理解和语言文化差异等问题，这就使得我国学生不能够透彻深入地理解案例所携带的知识体系。国外知名跨国公司的案例和大型组织、国际化问题等还能引起学生的兴趣，但国外中小企业案例则使学生兴趣索然。第三，中国从计划经济向市场经济转变，这种深刻变化的内涵是非常丰富的，转型期遇到的许多情况是外国没有的。与欧美国家数百年的市场经济历史相比，我国的市场经济环境还不够成熟，各企业常常在企业制度、治理结构和经营理念等基础方面出现问题。而国外的企业在成熟的市场环境中成长，这些问题的出现已经是基本常识，企业问题多集中在常规的经营和管理技术层面。很多案例库中收录的经典案例是关于大型上市企业的，而撰写的案例使相关企业不够满意，因为没有很好地表现其企业的文化、组织机制和企业当时所处环境的复杂性。第四，高校、学术机构等通过构建案例库，可以具有知识存储和知识管理的能力。案例库对案例进行统一编选、制作，对入库案例进行及时更新，能够更大范围地收集本土的各类管理案例，使入库案例具有良好的覆盖性、本土性和系统性，形成大量的企业素材积累，从而使高校教师和学生们可以更方便地使用案例和进行企业研究。第五，案例库具有交流功能和资源整合功能，案例库之间、案例库与高校商学院、培训机构间可以进行案例的交流和共享，从而扩大案例的使用范围。通过组合教师、学生、企业等资源，案例不断地得到教学检验和市场检验，使案例的质量和数量不断提高。随着教师和学生对案例教学认识的提高，高校商学院对案例教学的重视程度加大，我国自身构建的案例库将成为管理案例教学的重要推动力量。

我国管理案例库建设的首要任务是通过一个有效的机制改善目前各高校、各商学院分散开发案例、资源利用率低的现状，同时将它们的学科优势、区位优势整合起来，共同建设一个服务全国科研与教学的管理案例库。要实现这一目标，首先投入的资金需要保障，其次要行而有效的组织及制度配置，并从应用交流层、数据分析层及功能管理层三方面进行案例库的构建。应用交流层直接面向用户，通过建设案例库网站给用户提供案例查询与检索、案例教学与研究方面的新知识及合作交流平台；数据分析层主要是案例库里各类资源的建立；功能管理层主要面向案例库管理人员，包括案例管理、用户管理等。具体来说，对案例库的建设要做好以下工作：

第一，我们要考虑到资金及认识的保障。案例库的建设需要大量的资金投入，如案例开发费、案例储存费、案例网站建设及维护费、研究资料的收集整理费以及外部联系费、办公费等。建设案例库的庞大的资金投入不能单靠学校支持，还需要国家和其他组织的资助。构建案例库要尽可能挖掘一切的合法合理的资金来源，并将资金进行合理分配。

第二，提高高校教师和培训机构、企业等案例使用对象对案例教学的认知水平。通过案例师资培训，进一步明确案例教学对我国管理教育和我国企业经营的重要性，将案例库的使用方式和预期成效展现给他们，提高案例的使用率。建立案例的使用反馈机制，将好案例的课堂演练以视频等各种方式予以宣传报道，进一步推广案例的使用。

第三，完善案例库构建的规范性和制度保障。例如国外知名案例库哈佛、毅伟等在案例库建设方面都具有极强的规范性和制度保障，在人员配置方面也十分完善，如哈佛案例中心拥有近百名的专职案例编写人员。在案例库建设中，要注意完善相关的建设规范和制度，例如案例入库的标准、案例入库的流程、案例的评审制度、案例的采编激励制度及案例的使用反馈制度等。同时，为推动案例库的建设，必须要有一个稳定进取的组织，该组织的相关人员不仅要进行案例采写、编辑与整理、案例库网站的维护和管理，还要与其他高校、相关机构及企业等进行日常联络和交流。只有形成组织，并配备一定的制度，才能推动案例库的持续发展。

第四，尽快形成一个持续性的案例来源系统。首先，要建立一支案例编写队伍，通过案例师资培训等形式，将案例的采编撰写过程具体化，培养一批熟练掌握案例采编方法的教师。案例来源既可以利用各高校商学院学生们的资源，将其论文进行改编，也可以由案例作者通过企业咨询或访谈调研以及与企业人员进行沟通来撰写原创案例。其次，要采取适当的激励政策。除了资金方面的回报之外，还要为优秀案例作品提供结集成书或者刊登于期刊的机会，并予以学术认可。在案例采编的过程中，要注重争取案例采编企业的支持和配合，让他们意识到案例采写是一个帮助企业分析形势、理清思路、提高经营管理水平的过程，从而愿意公开企业真实的情况，配合和协助进行客观中立的案例采写和调研工作。通过对一批具有管理特色、富有创新能力和社会责任感的中国标杆企业进行长期跟踪研究，做好与企业的沟通工作，建设一批高质量的企业基地，提高案例采编及研究的水平。最后，还可以与国内外其他案例库、培训机构及企业建立合作关系，通过互相引用、网站链接，互通有无，扩充案例来源。

第五，案例库网站要有严谨的构建流程。首先，案例库网站功能设计应遵循实用、便捷的原则，注重功能的可扩展性和可移植性。网站首先要方便用户对案例进行查询和检索。可以根据案例适用对象、案例类型、案例所属学科等对案例进行分类和整理，方便用户通过不同途径查询所需案例。其次，案例库网站还可以介绍案例教学与研究方面的前沿知识，给用户提供一个案例教学与研究的共享平台。最后，案例库作为一个交流的窗口，要有一个简洁友好的用户界面，易于用户的操作，从而有效地实现案例方面的沟通与合作。其次，为了保证案例库的质量，案例库的管理人员要对案例（包括文档及多媒体）及网站其他信息进行定期维护和更新。对案例的维护和更新有两种方式：一种是对经典案例的相关数据做适应时代背景的改动，如对工资水平、产量等数据进行更新。另一种是按照一定的比例直接从库中剔除过时案例，以新换旧。在保证案例数量和质量的同时，还应充分利用多媒体技术对案例进行组织加工，丰富视频案例库。此外，还要进行案例库的用户管理，因为并不是任何一个登录案例库网站的用户都可以免费获取案例正文及案例使用说明，这就需要进行用户的身份认证和权限管理等；对案例库网站收到的邮件要定期进行回复和管理。

就目前来说，我国各个案例库的建设必须以市场为导向，如果不能找到市场运作的模式，任何的院校或机构都不可能向案例库进行投资；而案例库如果建到一定规模就停止了，也就成了一个不为教师和学生所用的死库。另外，如果没有市场需求，案例库存在的价值也就不够大。对于案例库，最重要的检验标准不是库里案例的数量、获奖状况、门类是否齐全等，而是市场的需求量。

我国高校学院的本土案例库建设虽然已经初具规模，但与国外一流案例库相比，符合国内案例研究和教学的良好本土案例的积累远远不够。但我们相信，我国管理教育市场的巨大需求和我国所具有良好潜质学生群体，会推动教育管理部门和高校商学院对案例教学的重视和投入量，调动教师的积极性，克服资金不足等困难。我们要清楚和明白，案例教学是要反映教学主要内容和目标，要与实践教学环节相对应，要密切联系当前阶段国家经济发展趋势及社会热点问题，通过来源于真实的生活和实践的案例，学生可以更直接近距离地接触社会，将自己所学的理论知识运用到实践当中，同时不断提高自身学习及创新能力。通过采写我国本土企业管理案例，将分散的资源适度整合，发挥各高校商学院的优势并汇集我国企业管理案例库建设的各种力量，利用分散开发、资源共享的形式，以较小的投入获得最大的产出，建设一个科目齐全、质量上乘的具有我国特色的管理案例库，从而推动我国案例教学的开展，促进我国管理教育的进步。

第2章　国外经典管理案例范式

案例法作为时下流行的教学手段，一直备受各界学者推崇。那么，案例及案例教学法从何而来？依据历史发展趋势，又有哪些经典的管理案例及范式应运而生？本章将以美式管理案例为对象，探寻几种经典管理案例范式的起源、内涵、特点及意义。另外，本章也将阐述范式的概念，并比较几种经典案例范式，找出其共同特点和各自的独到之处。

2.1　美式管理案例

美式管理案例作为经典管理案例范式之一，一直被视为案例发展的起点。美式管理案例以其独特的案例特色，在美国各大高校及世界学术和商业领域内起到举足轻重的作用。下面将首先介绍美式管理案例的起源、发展及内涵特点，并以哈佛大学案例研究及案例教学为例，详细阐述美国管理案例的发展及意义。

2.1.1　美式管理案例起源与发展

（1）案例法的思想来源

案例法的思想来源从形式上看可以追溯到古希腊哲学家苏格拉底（Socrates，前469－399）所倡导的"讨论法"——师生之间就现实生活中的具体问题展开讨论、相互诘难并由此发现思想上的谬误，寻求真理。

苏格拉底的方法被称为"辩证法"，即主要采取对话式、讨论式、启发式的教育方法，通过对学生不断提问，不断揭露对方回答问题过程中存在的矛盾，迫使对方不得不承认错误，从而否定自己已经肯定的东西，求得一般性的概念以引导学生总结出一般性的结论。因此，案例法又被称为"苏格拉底教学法"。这种方法是一种逻辑推理和辩证思考的过程，它要求对任何问题都要做进一步的思考和分析，而不是人云亦云或只重复前人说过的话。实践证明，该方法能够调动学生思维的积极性及学生的主观能动性，提高其逻辑推理能力，对于他们毕业之后的职业技能发挥有着积极的作用。因此，基于该思想，案例库的汇编和案例教学法逐渐被社会各领域重视和接受。

（2）美式案例法的起源

案例法诞生于 19 世纪 70 年代，正值美国判例制度成型时期。普通的法系判例制度也正在经历变迁。在 19 世纪之前，美国还没有完全形成严格的"遵循先例原则"。1825 年，一些成立时间较长的州开始强调个别先前判例的约束效力。1850 年，这一原则得以牢固树立。此后，判例开始爆发性增长。例如 1810 年出版了 18 卷美国判例汇编，1848 年判例约有 800 卷，到 1885 年判例增长到了 3798 卷。案例数量的增多，导致了部分案例杂乱无章。之后，各大高校开始对案例进行整理、研究和分类，终于形成了各领域不同类别的参考案例。

1870 年兰戴尔教授（哈佛大学法学院教授）通过研究形成一套案例体系，并将其运用于哈佛大学法学院的教学当中。该方法在被运用之后，迅速成为美国法学教育中"一统天下"的教学方法。

案例法的另一位重要探索者是哈佛医学院的教授亚伯拉罕·弗莱克纳斯，他改变了传统医学教学中"学徒制"的桎梏，开始基于病例观察和记录操作程序，在借助具体病例的基础上研究更加具有科学性、实践性和规范性的教学和管理体系。自此之后，案例法在美国医学教育中也蔓延开来。由于法学界与医学界本来就有研究案例的传统，所以上述两位教授的做法尽管是创新，但创新色彩并不是十分浓烈。

（3）美式管理案例的诞生与发展

作为一种具有强大影响力的教学模式，案例法的最终成型要归功于哈佛商学院的教学实践。工商管理在当时是一个新的教学与研究科目。在工商管理类课程中引进案例来教学并取得重大成功，无疑是引人注目且具有借鉴意义的。1908 年，哈佛商学院成立。在成立后的两任院长先后倡导下，哈佛商学院开始进行案例的搜集。

早期的案例是非常简单的，凡是教授能够找到的，可以拿来作为课堂讨论的素材都被当作案例，如新闻报道、法律文件、业务报告等。另外，为了能够更好地教授学生如何在未来的经营管理工作中解决实际问题，哈佛商学院早期会邀请一些企业家把该企业经营管理中遇到的问题和解决过程写下来，然后组织相应的管理案例讨论课程。在类似的活动和课程组织中不断地总结和积累，哈佛大学商学院的教授及团队成员开始整理和编写案例，并筹集巨资专门进行案例开发。1921 年，在商学院院长的推动下，第一部成文案例书籍问世。同年，哈佛商学院正式将本学院编撰的案例书籍投入于日常教学中。

20 世纪 40 年代中期起，哈佛商学院在各大知名财团的支持下进一步研发案例，并向外界宣传案例汇编及案例教学方法。从此，案例汇编和案例教学法开始成为教学的主要素材和模式。时至今日，它仍然作为一种强势的教学方法，在世界各国、各领域内广泛流行。

2.1.2　美式管理案例的特点

（1）美式管理案例的一般性特点

案例作为教学的重要素材不是杂乱无章的，而是必须要遵循一定的原则，做到上下有序，即能够由底层的案例逐渐升华为高水平案例的原则，在逻辑上要做到一以贯之。因此案例需要具备科学性、实践性、时效性和典型性等特点。

① 科学性

案例教学最早运用于法律和医学教学。作为必须以科学和理性的思维来解决和判断问题的研究领域，案例也被要求具有相应的特点。案例分析和研究的最终目的是要总结出一般性的理论，来指导相应问题的解决。在严谨的美国医学和法学领域内，从案例中所得的一般性规律必须能够理性地指导律师或者医生的思维和判断，令其做出正确的决策。因此，学者认为案例必须具备科学性，否则运用案例时，会出现偏差从而带来无法估量的后果。在管理学领域内，企业的经营管理同样需要理性的原则作为指导方针。因此由管理案例升华而来的作为理论指导的原则也被要求是理性的、科学的，这样它才能够指导企业经营管理者站在理性的角度去思考和判断，进而做出有利于企业经营和管理的决策。

② 实践性

案例的选取需要具备实践性。作为案例教学而言，其主要的教学过程是以学生为主导，教师为辅助，案例为素材，相互讨论为方法。对一般性的理论原则不会像传统教学模式那样直接给予学生，而是通过对一个个案例的研究和分析，让学生自己去体会和总结出一般性的原则和结论，了解如何将这些理论原则运用到今后的实践中去。作为素材的案例，除了能够让学生从中分析出一般的科学性规律，还必须能切实地作为理论依据指导学生的实际操作，否则，案例也只是案例，无法为学生今后的职业发展提供任何帮助。因此，实践性是案例最重要的特点之一。

③ 时效性

案例法从起源至今，由于受政治、经济、社会、文化等多种因素的影响，案例法模式已经发生了诸多变化，过去的案例已经无法对解决当代的问题给予任何指导。案例必须具备时效性，即要记录每个时代发生的重大事件并将其作为代表性的案例，这种记录和收集是不能间断的。例如，美国 "9.11事件" 作为美国危机公关的重要案例对当时美国和世界其他国家的危机公关都有着重要的借鉴意义。但如今它已不能作为代表性案例进行研究和教学，因为美国的政治、经济等方面已经发生了转变，世界的格局也发生了变化，因此要求有新的案例来代替过去的案例给当今时代问题的解决加以理论指导。具有时效性的案例保证当下发生的问题，能够有最新的理论指导可以借鉴，而不是每个领域都仅依靠个别案例，达到一劳永逸的效果。

④ 典型性

案例需要具备典型性。美国哈佛大学成立了专门的案例研发和研究小组，定期更新哈佛大学的案例库并做好案例分类工作，以确保每个领域都有相应的案例可以借鉴。例如，美国哈佛大学各个学域都有专属的案例库。哈佛商学院的管理学案例库，为解决管理学领域内的难题提供了许多相应的指导。在法律领域和医学领域，也有专门的案例库供学生或者相关从业人员借鉴来解决实际问题。案例法沿袭至今，美国乃至世界各国的高校都有自己的案例库。案例库的建立，是依据不同国家的政治、经济和人文背景创立的。因此，各国、各高校的案例库的案例选择不尽相同。风格各异的案例库和丰富多彩的案例，可以给予在不同背景和实际条件下发生的具体问题的解决以更加准确的指导。综上所述，典型性是案例的一个重要特征。

作为教学的重要素材，案例的选择或汇编是非常重要的。在进行该项工作时，必须确保所选用或者构思的案例具备科学性、时效性、实践性和典型性等特点。

（2）美式管理案例的代表——芝加哥式案例和哈佛式案例

实际上，案例及案例运用的教学方法是多种类型的。有描述型案例、分析型案例；有简单案例，也有复杂案例。有站在当事人立场分析的案例，也有站在局外人角度分析的案例。作为案例研究及案例教学的起源和推广国，美国的案例研究及案例教学法逐渐形成了不同的类别。其中，芝加哥式案例和哈佛式案例被称之为美国 MBA 案例的泰山北斗。

① 芝加哥式案例

芝加哥式案例被称之为"简单案例"，也有人称之为"案例研究"。此案例研究模式因为是芝加哥大学首先开发使用的，所以也被称之为"芝加哥式"。这种案例模式一般是在授课的过程中给学生分发案例，让他们一起进行讨论研究。学生和教师一起站在客观的、局外人的角度上来讨论企业为什么会出现这样的问题，应该怎样来分析该问题，并从中找出管理的一般原则和原理。一般而言，这种案例的选取是比较简单易懂的，案例的研究也是比较简单的，所花的时间也较少，所以这种模式的案例，组织起来非常随意，没有特别的规律和程序，学生不需要花大量的时间来分析案例发生的背景和内容。

② 哈佛式案例

哈佛式案例与芝加哥式案例教学内容相反，美国哈佛大学式的案例被称之为"复杂案例"，也有人称之为"案例分析"。案例分析按照一定的程序进行。比如要找出"案例中的问题是什么""事实和原因在哪里""对策是什么"等。从类型来看，哈佛的案例一般分为三种：一是问题评审型，也就是给出问题和解决问题的方案，让参与者去评价该方案可行与否。二是分析决策型，即不给出方案，让参与者通过分析自己推敲出一套解决方案。三是发展理论型，也就是通过案例发现新的理论生长点，不断完善理论体系。案例分析的目的是为了提高学生解决问题的能力和判断力，其重点多是放在解决问题的过程上。因此，案例的使用较之于芝加哥式而言，更多为现实发生的相当复杂的管理问题，所花在分析上的时间一般为 4～8 小时。另外，哈佛式案例同芝加哥式案例的一个重要区别在于，它不是以客观的、局外人的立场来分析。参加者本身要把自己当成案例中的总经理、制造部长或者财务科长之类的角色，身临其境地进行实际的分析和决策。哈佛对案例分析参与者的要求更高，哈佛学者认为案例分析法更能够帮助参与者成为未来相关领域的成功人士。因此，美国哈佛大学各大院系都沿袭着这一案例学习方法。

除此之外，美国各大高校都有其独特的案例模式。不论是哪一种模式，都有其独有特点和方法，堪称经典。诸多案例模式构成了美国案例研究和案例教学五彩斑斓的篇章，也为世界其他国家进行案例汇编及案例教学提供了良好的范式。

2.1.3 哈佛大学管理案例库和案例教学发展及意义

（1）哈佛大学管理案例的发展

哈佛商学院 1908 年成立时，运用案例来进行教学还只是学院第一任院长 Ediwin. F. Gay 的一个想法。他想设计一种能够围绕商业管理中的现实问题来进行讨论的课堂教学方法。1911 年，Arch Wilkinson Shaw 开始教授经营策略这门课，在上这门课期间，他给学生提出了商业经理们所遇到的现实问题。这次尝试可以说是哈佛商学院历史上第一次将案例作为素材进行教学。哈佛商学院在 1921 年出版了第一本案例集《通用鞋业公司》，由院长助理 Dean Clinton 编写。这些年来，案例的构思和编写方式都发生了很多的变化，内容也逐渐覆盖了整个商业领域。主管案例编写的高级讲师 Michael J Roberts 表示，作为教授，必须对复杂的商业问题进行提炼，并将其引进课堂，这样一来，学生就可以借助这些提炼的经验进行推断。所以，在编写案例时一定要保证其实用性。

哈佛商学院每年大约编写 350 个案例，涉及各种科目。案例覆盖了商业问题中大部分区域，并紧跟时代潮流，例如电子商务等。与课程中的问题相吻合是案例编写的一个重要参考因素。Roberts 列举了案例编写最开始要考虑的四个因素——案例体现的问题、使用该案例需要做的分析、案例具有足够的数据方便进行分析及数据从哪里获得。案例的编写可以由问题来驱动，例如想要通过案例来说明一个问题，则需要找到一个公司的案例来阐明或强调这一问题。案例研究也可以通过公司、产业或管理者来驱动。对某家公司的研究、某件事情或某个人的研究所得到的体会也可以作为案例的驱动。Roberts 认为，案例编写的关键是能够从一个片段中引出所要研究探讨的核心问题。

（2）美国哈佛大学管理案例的基本内涵

哈佛大学认为案例是对现实生活中某个事件的真实记录和客观叙述。它既是管理情景的描写也是展开实用培训的有效载体。案例都是以描述的方式重现以往发生的事件以及对事件做出的决策、解决办法和得到的结果。而这些重现方式出现的记录，对于人们处理现在或者是未来发生的类似事件有很高的参考价值。案例的类型是多样的，有些是从纯粹的描述到细致的分析，有些可能是决策导向或者问题式，而有些则是评估性或者描述性的。从学习角度来看，一个案例是人们为解决问题而精心设计的一个具体的、应用的和控制的练习。

如图 2-1 所示，哈佛大学的管理案例内容主要包括问题的描述、行动者及其角色、背景和限制、决策过程和解决问题的方法、决策或解决问题之道。其中，问题的描述是指就某一个管理学领域内遇到的具体案例，针对性地列出需要解决的问题。行动者及角色则是参与解决问题的人及他的身份、定位。在案例中，公司和企业的环境、背景不同，所具有的优势和限制条件，例如时间、资源等因素限制也不尽相同。在解决案例的过程中，决策者需要关注这些限制因素和条件。此外，决策的过程是决定应该采取怎样的办法来解决案例中遇到的问题，在经过讨论和筛选比对后，最终会得出相应的解决问题的方案。

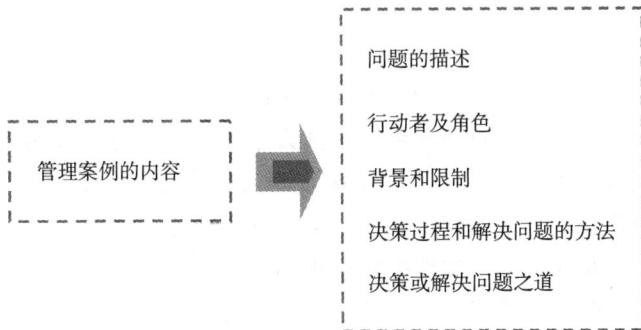

图 2-1　管理案例的基本内容

（3）美国哈佛大学管理案例的意义

哈佛大学的管理案例库是该校师生的宝贵财富，更被称之为哈佛大学商学院的"传家宝"，所描写的每个案例都是工商企业遇到的真实问题，为学生在今后的工作中解决实际问题提供宝贵的经验。从统计数据来看，美国许多大企业家和政治家都在哈佛求过学。在美国 500 家最大公司里担任最高职位的人中，有五分之一毕业于哈佛大学。因此，哈佛大学被称为资本主义的西点军校，是美国培养企业管理人才最为著名的学校。哈佛商学院的工商管理学位成了权力和金钱的象征，也成为许多有志青年梦寐以求的学位。

在哈佛商学院，每个学生平均两年要学习和研究 800 多个案例。在制作和设计这些经营案例的团队中，既有哈佛大学的教授也有哈佛大学的毕业生以及其他领域的研究者。为了保证案例的多样性和全面性，在案例正式进入案例库前都要进行反复认真的讨论。每次讨论时间为 80 分钟，一个案例通常要讨论 2～3 次。这种严谨的态度，使得哈佛案例库里的每一个案例都被称之为经典。哈佛案例库成为世界上最为著名的案例库之一，受到世界各国各个领域的关注。

哈佛案例库的影响已经超出了校园。哈佛商学院出版社专门为使用案例的校外人员建立了一个网站。网站的负责人表示，超过两万名的网站会员在这里搜索案例。2001 年，免费案例下载就已经达到了 50 万次，卖出的案例超过 600 个。这表明哈佛商学院的案例库为整个世界的商业领域做出了深远的贡献。

在第一个案例诞生 80 年之后，案例库和案例教学已经成为哈佛商学院教与学的中心。相关学者认为，案例教学因为显示管理问题的适用性而成为最有效的学习方法。对于学习商科的人来说，他们将在现实世界中做决策并将得到现实世界中的结果。案例教学对提高学生综合能力非常有效，因为其能够用知识、技术和工具来解决实际生活中的各种问题。这些解决问题的方法都是通过案例理性推导过来的，这种方法的学习对学生将来解决工作中的实际问题是很有帮助的。

美国哈佛大学认为，一个商业界的成功人士必须是一个全才。这所学校是这样要求学生的，同时也是这样要求学校自身的。哈佛大学案例库作为世界著名的案例库之一，在学术界及其他领域有着无可替代的地位。

2.2　欧式管理案例

受美式管理案例的辐射影响，欧洲也逐渐发展出带有本土特色的管理案例范式——欧式管理案例。本节将详细阐述欧式管理案例的起源发展、内涵和意义。

2.2.1　欧式管理案例起源与发展

（1）欧式案例法的思想来源

根据对美式案例的介绍，案例法最早可以追溯到著名的哲学家、教育学家苏格拉底对于自己学生的教育。但就案例法的精神实质而言，案例研究需要将其与启蒙运动后盛行于欧洲的经验主义哲学联系在一起。欧式的管理案例，就是依托于这样的环境下逐渐成长起来，然后自成一派并与其他范式的案例相互借鉴、融合。

19 世纪初，著名的瑞士教育家和教育改革家佩斯特拉齐尝试将启蒙运动的哲学思想——经验主义哲学应用于自然科学学习中，提出以实物观察为导向的现代学习观念。19 世纪 60 年代，该教学思想在美国被普遍运用，引起强烈的反响。而后爆发了一场"实物教学学习革命"的教学改革运动。这场运动蔓延欧洲等其他国家，案例法逐渐成形。

起初，案例法偏重于实践，在理论教学上并无过多的陈述。直到 20 世纪，才在著名的实效主义哲学家和教育改革家杜威的理论体系中得到充分的诠释。实效主义是经验主义激进的分支。案例法的创造者和使用者都偏重于实践，理论表述不系统。而杜威思想却是庞大而有系统性的。因此，结合杜威的理论与实践，后人对案例法也有了进一步探索和理解。

（2）管理案例在欧洲的诞生与发展

苏格拉底带领自己的学生就现实生活中的事例展开讨论，通过"问答法"来探寻问题背后的真理。这些事例在当时饱受推崇，但他所列举的实际问题有时是根据自己的所见所闻，有时是凭空杜撰。由于当时的条件限制，苏格拉底所描述的案例并没有被记录下来，在苏格拉底案例陈述的基础上，柏拉图将问答累积的内容编辑成书，这些例子就是最早欧洲案例库的雏形。1829 年，英国学者贝雷思率先将案例法运用到高校学习之中。与美国相同，作为欧洲的代表性国家之一，英国同样也将案例法最早运用在了法学和医学领域的学习与教学当中。之后，欧洲各国也开始案例法的探索。由于各国法律在形式上的特点及法律文化历史传统方面的差异，案例法在不同法系的国家的地位不尽相同。但英国和美国两国文化具有同源性的特点，因此美国人发明创造的案例法可以在英国的土壤上生根开花。在案例法流行之时，英美的案例法在世界法律的教育和学习上占据了主导地位。

第二次世界大战以后，联邦德国（当时的西德）为了消除希特勒法西斯的侵略战争对学校教育带来的创伤，为了跟上科学技术迅猛发展的时代步伐，为了适应社会高速发展和连锁式反应带来的变化，政府提出了提高学生学习质量和教师教学质量的要求。然而，这种"跟得上科学技术迅猛发展"的口号在当时被错误地理解了。学校教育部门开始采取不断扩充学生学习内容、增加课时的办法，搞百科全书式的教育来实现学校面临的"新任务"，结果，各级学校的课程变得臃肿、庞杂。为了应对学校之间的竞争，学生为了取得更高的学分开始死记硬背书本上的碎片知识，使得学生的学习负担越来越重，学生学习的主观能动性受到了抑制。教学质量在那个时期不升反降，学校呈现出一片混乱无序的状态。

面对这种情况，1951 年联邦德国高级中学与高等院校的代表们在蒂宾根会议上通过了一项决议，对上述情况进行了尖锐的批评。在这次会议中，他们提出了新的主张，即为了培养出具有真才实学的有教养的人，首先要改革目前的教材，通过与"案例"进行接触来训练学生独立思考的能力和判断能力。早在 30 年代初，德国格林跟教学论学派的代表人物施普兰格、韦尼格、李特等人就开始提出用案例法来代替按照完整体系向学生传授知识的做法。在蒂宾根会议之前，欧洲学者海姆佩尔已经发表了《示范教学原理》，埃贝林发表了《岛屿式教学原理》，瓦根舍因发表了《范例教学原理》，这些论著为建立案例库打下了坚实的基础。蒂宾根会议之后，通过学习案例来学习知识的方法逐步被欧洲等国接受并使用到各个阶层的学校教学和学生学习中去。

受到哈佛大学的案例法在高校的运作模式影响，欧洲各国也纷纷效仿。起初，著名的企业家、经理人、教育家等被邀请到大学主持学生的研讨活动，他们同学生分享自己在实际的管理经验当中遇到的问题，再由学生进行提问或者就问题给予他们各种各样的建议。参加活动的老师和学生将这些问题记录下来，传给其他人，这就是最早的欧洲高校案例收集的方法。这种方法普遍被运用在英国、德国和法国等高校管理专业的学习当中，随后传播到欧洲的其他国家。

在学习实际案例的过程当中，参与的老师和学生被要求最少能够记录500 个实际发生的管理案例，也就是每天他们要参与讨论几个甚至十几个案例。高强度的案例讨论和收集，为后来的欧洲案例库建立打下了基础。

根据哈佛大学的经验，案例的高质量在于案例要贴近实际、准确和及时更新，因此欧洲商学院每年向教授发放案例研究经费，平均开发一个案例所投入的经费为 1 万～5 万欧元。欧洲学者认为，案例的主要开发形式为研讨。因此欧洲各高校会定期举行案例研讨会，以确保高质量案例的开发和收集。

对于管理案例法而言，欧洲管理案例的形成无疑在很大程度上借鉴了美式尤其是哈佛大学管理案例的经验。但是由于两个地区的政治、经济、文化、历史等诸多因素之间存在差异，导致了其在管理案例编撰以及案例教学方面的诸多差异，因此欧洲管理案例的特点和美国管理案例的特点既存在共性又有区别。

2.2.2　欧式管理案例的特点

从管理案例的一般特点来看，欧洲的管理案例与美式的管理案例类似，都具有科学性、实践性、典型性和时效性的特点。但就欧洲和美洲不同国家、不同民族及其不同的思维方式、生活方式、教育学习方式等因素来考量，欧洲管理案例也彰显了自己独特的特点。

欧洲管理案例多具有自由主义特征：在欧洲尤其是英国传统文化当中，自由主义是最受到推崇的。因此教育领域也沾染了自由主义色彩。英国各级学校都盛行着自由主义教育，同时在英国人的价值取向和努力方向上也同时体现了自由主义。这一特征的最主要体现就是创新。例如在剑桥大学的案例库中，不乏可以看到透露着自由主义色彩和创新思想的案例。英国克莱德滨水走廊案例，就是体现创新思想的典型代表。

（1）欧洲管理案例多具有英国的贵族精神——绅士风度

欧洲历史流传至今，从启蒙运动到工业革命无一不体现了欧洲人独特的文化特征。这一文化历史背景积淀下来最具代表性的东西就是英国贵族的绅士风度。绅士风度不仅体现在英国人的待人处事上，更是在英国乃至欧洲的各个学校盛行。所以，绅士教育也是英国甚至是欧洲教育中最具代表性的特点。同样，纵观欧式管理案例，可以明显地体现出英国的绅士文化和贵族精神。这是英国文化的精髓，更是英国管理案例甚至是欧洲管理案例不同于其他地方的案例的一个重要标志。

（2）多样性

以自由主义为基础，欧洲各大高校尤其是英国的高等学府通常都以自我管理为主。英国政府通过高等教育拨款委员会、教育质量保证局、教育科研评审体系，运用法律和经济手段，对高校进行间接管理。因此，高校享有学术自由。在英国高校，对案例的开发不仅有专门的案例开发小组，学生和其他领域内学者、专家同样拥有贡献案例的权利。英国的管理案例开发是自由和大众化的。通过这种运行体制，英国高校的案例开发依旧保持着高质量和高水准。英国的这一做法受到了欧洲其他国家和地区高校的借鉴。由于欧洲各国的历史背景和文化发展不同，各个国家的案例也各不相同。因此，多样性也就成为欧式案例的一个代表性特点。

（3）真实性

由于美国哈佛大学是以案例作为工具来教学和学习的发祥地，哈佛大学的教授和学生对于案例的收集和编撰非常专业。但就欧洲来看，他们的案例发展是从美国哈佛大学沿袭而来，因此独立编写案例能力尚存不足。因此，欧洲的案例大多凸显真实性这一特点，即案例是取材于工作、生活中的实际情况，而非凭借个人的想象力和创造力杜撰出来的产品。由于目前商业界的发展，案例的来源日益丰富。因此，欧洲的案例收集多半是源自生活而高于生活的。

（4）启发性

对于欧洲管理案例来源而言，学生学习的案例是为一定的教学目的服务的。因此，每一个案例都应该是能够跟学习的目标相一致的。每一个学习的案例，也都要求能够引人深思，启迪思路，这样的案例，能够更好地帮助学生深化理解所学的知识。

综上所述，欧式管理案例和美式相比既有共同的特点又有自己的独到之处。总而言之，欧洲的管理案例就是为了一定的教学目的，围绕选定的一个或者几个管理案例，以事实为素材对某一实际情况进行客观的描述，从而引导学生对这些问题进行思考，提出自己的见解，进而更好地理解所学知识。因此，欧洲的管理案例对于案例选择本身而言具有客观性和真实性。

2.2.3　欧式管理案例教学的发展及意义

美式案例在案例库及案例教学发展史上意义非凡，而欧洲在案例学领域内同样有着不可替代的地位。

（1）不同思想角度下的欧式管理案例教学定义

英文中"案例"一词译为"case"，原意为"状态"、"情形"、"情况"、"事例"等。此词运用在医学上，被翻译为"病例"；用在法律领域则被翻译为"案例"、"实例"或者是"判例"。商业或企业管理学将此词翻译为"个案"、"实例"居多。在管理学领域，对于案例的观点，不同的学者从不同的立场、观点出发都会有不同的见解和看法。这些观点大致分为以下几种情况：

一是特定情景说。这种观点认为管理案例教学是关于特定情景的描述，认为"案例"是根据自身的学习目标或者是围绕选定的方向和问题，以事实为素材来对某一特定的问题进行描述。

二是事务记录说。学者认为，管理案例其实就是对商业事务的记录。记录包括管理者面对实际的困境以及做出决策所依赖的事实，其中认识和偏见等因素都会被考虑进去；通过展示这些真实的具体的事例，促使学生对问题进行相当深入地分析和讨论，并考虑最终应该采取什么样的决策和行动才是对企业最有利的。

三是故事说。持有这种观点的学者认为，管理案例是包含多种因素在内的故事，教学案例描述的其实是教学实践。它以丰富的叙述形式，向学生展示了一些包含教师和学生的典型行为、思想、情感在内的故事，从而达到一定的教学和学习目标。

四是多重含义说。也就是学者们认为案例是具有多重含义的。这种观点认为一个出色的案例，是学生和教师就某一个具体的事实互相作用的工具；一个出色的案例，是以实际生活情境中肯定会出现的事实为基础所展开的课堂讨论，它是进行学术探讨的支撑点；它是关于某一种复杂情景的记录。它一般是在让学生理解这个情景和问题之前，首先将其分解成若干个成分然后再将其整合到一起。

虽然每种说法对案例教学的定义不同，但这些说法的某些内在观点较为一致——管理案例作为教学的工具而言，它不能用从抽象的、概括化的理论中演绎出的事实来代替。所以说，单纯地从某个报刊上找出一个特定的行为来进行分析，虽然也会引起学生和教师之间的激烈讨论，但这并不能称之为案例教学。

（2）欧式管理案例教学的基本思想和一般内容

由上文得出，虽然对欧式管理案例教学的定义可谓众说纷纭，但对其内涵的认识趋于一致。下文将依据内涵，具体阐述欧式管理案例教学的基本思想和一般内容。

首先，案例教学法不同于一般教学法那样一味地追求系统知识和面面俱到地讲授某个学科完整的知识体系的做法。从以往的教学实践来看，学校拼命地全方位地给学生灌输知识，要求学生对于学习做到"滴水不漏"。对于越老派的学科，教师越是从头到尾地教授，因为他们认为这些学科的逻辑性强，如果不能够一字不漏地教授就会导致学科体系的缺失和瓦解。而实际上，通过这种方法来学习，学生实际掌握的知识远远达不到知识的系统性要求。这种方法在案例教学法看来，知识一味地强调全面性，学生的智力活动被一大堆的材料所阻塞。学生学习知识是通过教师的讲课，将零散的内容记下来，自己根本不动脑筋去思考，更谈不上及时的消化和吸收。没有人能够毫无遗漏地穷尽整个精神世界，毫无遗漏地掌握某一个学科领域内的全部知识和能力。所以，这种学习方法并不科学。

其次，传统的教学方法一味地崇尚教师高高在上的地位，教师自己对于某一个知识领域的心得是他的学生能够掌握这个学科领域全部知识的唯一途径。对于课堂而言，传统教学方法的课堂就是教师一味地讲解，学生所做的工作只是记录而非理解知识。另外，传统的学习方法会打压学生的主观能动性，使得学生在学习过程中过度依赖教师。

案例教学法则主张把学生视为教学过程中的主体，主张在学习过程中必须要调动学生的主动性和积极性，并且认为案例教学方式就是让学生主动去学习的教学方式。案例教学法不仅把发挥学生学习的主动性作为教学的一种手段，也把培养学生具有主动性和独立性作为目标，这样一来，就可以培养学生独立思考能力和解决问题的意识。另外，案例教学法追求的是深而不是广。它要求将某些重点的知识内容进行加深和强化，使学生在学过之后能在头脑中扎根。这也就意味着教学内容要突出重点、抓住难点，因此每一个案例都要具有代表性，每一个案例都是个体但同时要能够相互联系，就是反映整体的一面镜子。案例教学还讲究开放性，要使教学中的案例反映学科的整体和学习者的整体。教学必须是开放的，而非封闭的。因此，教师在教学中必须充分关注学习者的实际情况，从学生的实际出发去调动学生在学习过程中的主动性和积极性，从而引导学生进行独立思考，鼓动学生去独立学习、学会学习。

　　根据案例教学法的一般运作模式（如图 2-2 所示）可以看出，案例学习是从"个"到"类"，并从中探寻和掌握规律，将规律和解决实际问题相结合的过程。学生可以通过对个别案例的研究，去推导类似案例问题的解决方法，并从中去了解一般性的规律，将这些规律内化为自己的知识经

程序	目的	教师	学生
案例阐明"个"	通过"个别"典型的事例和对象说明事物的本质。	精选设计案例，以具体直观的方法提问学生，激发学生的学习动机，准备一切所需的教学手段。	激发起学习的欲望和动机，主动地进行发现性的学习。
案例阐明"类"	从个案出发去探讨类似的现象，对于本质上相一致的许多事物做出总结。	提供给学生进行独立的、自主的、学习的帮助。把学生从一个发现引导另一个发现上去。	通过对"个"的认识的迁移来把握"类"。
掌握规律和范畴的关系	解释类别背后隐藏的一般性规律。	提供帮助，让学生的探讨一步一步深入。	揭示、发现规律。
获得关于世界和生活的经验	把教学的重点由客观内容转移到开拓学生的精神世界，引导他们把客观认识和知识转化为自己的经验，由基本性过渡到基础性。	帮助学生把获得的规律性的认识转化为自己的经验。	深刻地了解客观世界，加强自己行为的自觉性。

图 2-2　管理案例教学的一般运作模式

验并运用到实践当中。这个过程，将老师从知识传授者的定位中解放出来，使其成为主导者；而学生成为课堂的主体，学生的主观能动性和学习积极性都提高了。这样不仅可以加强学生的创新思维，更能提升他们运用知识解决问题的能力。

（3）欧式管理案例库和案例教学的意义

对欧洲管理学领域而言，案例教学可谓是一股"清流"，改变了欧洲商业教学的传统模式。不只对欧洲而言，对整个世界的管理学领域发展来说，欧式的管理案例及教学也有着极其重要的意义。

通过将案例作为工具进行学习，学习者从中可获得一般性的理论知识。这不仅符合人类认识事物的规律也符合教师的教学规律。运用案例来进行学习，能够开辟一系列认识类似现象的途径。这种现象用心理学解释就是"继续作用原理"，通过这种模式，学习者能够在基于以往的经验基础上进行联想和类比，学习的效果就会更加明显。

欧式案例及教学方法研究学者认为，运用案例库进行学习能够使学生在学习上产生一种"共鸣"。也就是说，使用案例来学习能够让那些在课堂上没有被教师教过的同类内容或潜在学习内容为学生所认识，或者是激发学生自发地去研究和学习它们的兴趣。因此，应用这种方法一方面能够使学习变得少而精，减轻学生的学习负担；另一方面又能够丰富教师上课的课堂活动和教学过程，因为案例使学生开始思考课堂上没有被提及的知识，从而激发他们课外自己去探索的积极性，还能够得到额外的学习收获。因此，这样的课堂教学使学生的学习不再局限在课堂内，也不再受到上课时间的限制。这样一来，学生不仅获得了知识，而且智力还得到了发展和促进，能力得到了进一步的培养，情操得以陶冶。因此，这种学习方法能够丰富学习者的整个精神世界。

欧洲的管理案例及教学方法在英国和德国两地得以发展和壮大，并由这两个地区辐射到其他各国的各个高校和领域。欧洲案例法在司法、医疗、商业和其他领域内的应用，使得各个领域内突出的问题得以解决。同时不同领域内问题的发生，也为各个领域内的案例提供了来源。一方面，欧洲各国受到美式案例库及教学方法的影响，逐步摸索出了一套更加适合自身发展的方法。另一方面，欧洲的案例库及案例法对世界其他国家而言也是可以值得借鉴的优秀模板之一。

2.3　毅伟模式管理案例

作为与美国哈佛大学案例库地位相同的案例产地，毅伟商学院一直以来秉承着自己独特的案例生产模式，备受学术界及商业界的瞩目。本节将以毅伟商学院的案例发展为研究对象，详细探寻其管理案例生产和教学方面独具特色的内涵，进一步说明毅伟商学院管理案例库及教学法在当代学术界及管理领域内的重要影响。

2.3.1　毅伟模式管理案例及案例教学范式

（1）毅伟商学院简介

毅伟商学院（Richard Ivey School of Business，University of Western Ontario）又称加拿大西安大略大学（如图 2 - 3 所示），原名为 Western Business School，1995 年为纪念校友 Richard Ivey 家族而更名。该校位于安大略省伦敦市，是世界一流的商学院。目前，该校在多伦多和中国香港等地设有分校。毅伟商学院创建于 1922 年，其使命是发展具有全球化思维的商业领导人。毅伟商学院在商业管理领域有着巨大的影响力，其案例库和以案例作为工具的教学方法可与哈佛商学院齐名，被称为继哈佛之后世界上第二大案例发源地。

2001 年，毅伟商学院被美国《商业周刊》评为最受欢迎的 MBA 院校；同年被美国《福布斯》评为世界最有价值的 MBA 院校；2002 年被英国《金融时报》评为世界第 18 位最佳 MBA 院校，领先于牛津、剑桥、密歇根等著名大学的商学院。根据泰晤士报对高等教育 QS 北美商学院的排名，毅伟商学院在 2012 年就已经跻身于第 12 位。在商业周刊的当年全球商学院百强排行榜上，毅伟商学院更是名列前十位，在加拿大地区排名第一位。在 2014 年最新的商业周刊国际商学院排名中，毅伟商学院力压牛津、剑桥等名校排名第一位。

（2）毅伟模式管理案例库和案例教学的诞生与发展

哈佛大学的案例库及案例教学一经推出，对美国及世界其他国家和地区产生了深远的影响。各国各地区开始纷纷探索适合自己发展的案例及案

图 2-3 毅伟商学院剪影

例教学的方法，逐渐形成了各个地区和高校独特的案例库和案例教学法。毅伟商学院在北美是第一个重视发展案例的商学院，也是第一个重视亚洲发展的商学院。毅伟商学院的管理案例库的独到之处在于其拥有全世界最大的亚洲案例库。

1922 年，毅伟商学院在加拿大成立了第一个培养本科学生的商学系；1932 年开始出版杂志《毅伟商学院》，发行 25 个国家，发行量达到 10000 册，受到学术界和管理领域多方的欢迎和认可。1948 年，毅伟商学院第一个在加拿大设立行政人员培训计划及工商管理硕士（MBA）课程。1961 年，该学院首创加拿大第一个商学博士课程。1974 年，毅伟商学院被联邦政府正式指定为加拿大第一个国际商业研究中心（CIBS，美国 CIBS 的前身），联邦外交部开始对该中心持续提供财政支持。1975 年毅伟商学院成立了自己的出版社，目前该出版社是哈佛大学最权威的加拿大案例资料交换所。1998 年，毅伟商学院出版社出版的案例已分销到 20 个国家的 100 多所高校和 100 多所企业，是全世界管理案例研究的第二大制作者。毅伟商学院每年向校外读者分销的案例教材超过 100 万册。良好的口碑和财政支持，为毅伟商学院探索其管理案例模式和案例开发提供了保证。优质的管理案例资源，也为毅伟商学院的商学系学生和教师提供了丰富的学习和教学素材。

在毅伟商学院求学的学生，在学习期间大致要分析和讨论近 600 个案例。毅伟商学院的管理案例教学是让学生先进行个人准备，然后是小组讨论，再进入课堂进行正式的教学讨论。由此，让学生掌握思考和分析问题的方法并且鼓励学生在人群中勇敢表达自己的意见。案例库及案例教学在商学院中被视为一种有效的学习方法而广为使用。作为案例法的鼻祖之一，毅伟商学院广泛吸收其他国家商学院的案例库建设和案例教学经验，其中也包括印度商学院和我国清华大学经济管理学院的经验。通过互动交流，毅伟商学院案例库得以充实并更好地服务于学生的学习和教师的教学。

在案例教学法的熏陶下，毅伟商学院涌现出一批优秀的毕业生，例如校友代表——欧洲毅伟同学会 MBA 副会长、北京大学光华管理学院教授王辉耀等。据统计，有相当比例的毕业生进入投资银行及咨询行业担任要职。尤其是学院 MBA 专业毕业的学生，每 6 个人中就有 1 人是 CEO。可见，案例法对于毅伟商学院培养人才来说效果显著。

同时，在案例库及案例教学的发展过程中，毅伟商学院出版和发行了一系列教材用于指导案例的编撰和案例教学的开展。其中，最具代表性的就是路易斯·A. 林德斯、詹姆斯·A. 厄斯金和迈克尔·R. 林德斯共同编著的《毅伟商学院案例学习》（如图 2-4 所示）。这三位加拿大籍毅伟商学院案例编撰组成员基于他们自身和教学的经验撰写了超过 100 个案例，案例涉及不同国家的各个领域，包括非营利性组织。该书是一个全面的、实用的指南，它简洁明了、层层递进地指导学生和教师进行案例学习和教学。它详细地描述了什么是案例、为何要应用案例、案例法培养的主要技能以及在案例法中学生和教师被期望做好哪些工作等。目前，该教材已被翻译成多个版本，在世界多

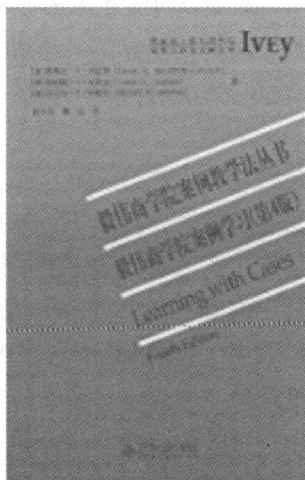

图 2-4　《毅伟商学院
案例学习》教材

个国家和地区出版发行。运用该教材指导和培养的学生和管理者超过了 50000 个，这本教材作为管理案例写作和案例教学的指导用书，已为全世界培养了超过 20000 个案例教育工作者。

2.3.2　毅伟模式管理案例及案例教学的特点

（1）毅伟模式管理案例及案例教学的一般性特点

与哈佛大学案例及案例教学相比，毅伟商学院的案例及案例教学既有与之类似的部分，也有其独特的地方。下文将详细介绍毅伟商学院不同于其他管理案例范式及案例教学的特征。

毅伟商学院通用的案例法主要包括案例开发、案例教学和案例研究三个部分。这三个部分互为条件，相互制约，缺一不可。毅伟商学院对这三方面的研究已取得世界公认的成果和经验，被称为"毅伟经验"。毅伟商学院在案例开发及案例教学运用方面具有开发的成熟性和案例教学经验的丰富性等特点。

① 案例开发的成熟性

作为与哈佛商学院案例库并驾齐驱的案例产地，毅伟商学院在案例开发和撰写方面有自己独到的方法和经验。

第一，案例开发的八步走战略：所谓的八步是寻找案例线索、确定案例计划、取得企业合作、计划的制定与实施、确认案例议题、确定案例故事、写作与修改案例和出版案例。通过这八步，毅伟商学院才能最终确定完成一个案例。

第二，两种数据收集法：毅伟商学院经常采用实地采访和文献检索两种方法收集数据。实地采访包括访谈案例主角和配角，参观工厂、办公室和市场等。实地采访适用于访谈型案例。访谈前必须做好充足的准备，访谈进行中的前 10 分钟的话术是非常关键的，访谈后处理案例素材。文献检索方法适用于文案型案例，这种案例所需要的数据包括事件的导火索、历史和事件的时间表、管理者的媒体言论等。

第三，写作的两个部位和七个部分：毅伟商学院总结出案例写作经验为"三种风格"、"两个部位"和"七个部分"。可根据实际情况选择使用三种风格（作者讲故事风格、记者报道风格、学者分析风格）中的任意一种风格；两个部位的写作即案例撰写和教学提纲撰写；七个部分指完整案例内容结构是由七个部分（起首段、组织历史、背景、公司组织焦点行为、写作延伸、结语、附录）构成。

② 案例教学经验的丰富性

毅伟商学院对案例教学从教师备课、上课到学生考核等方面都有自己独特、多样、全面的经验。

第一，教师备课阶段：这个阶段要求教师撰写教学提纲。毅伟商学院要求教师撰写六个部分的内容，为教师的备课提供了切实的路径和技术指导。这六个部分分别包括故事摘要、制定教学目标、寻找案例逻辑线、拟定案例学习问题、规划板书展示内容和结局如何公开。

第二，教师上课阶段：上课阶段要求教师利用教学规划、智慧和技巧，在教室现场实施和执行教学提纲的过程。这也是教学目标达成的过程，也是将纸上的静态内容转化为动态的过程。在这一过程中，虽然事先准备好的逻辑线不会发生太大的变化，但是在课堂教学过程中，要求教师根据实际情况对教学提纲进行创造性的调整和发挥。

在毅伟商学院，每个学生都有自己的名牌，方便教室管理和成绩管理。学院专门为案例教学配置了 U 型讨论室、四排座位、完整视听设备，黑板和白板也多为移动式，方便学生学习和教师板书。

第三，考核阶段：毅伟商学院对案例教学结果的考核内容包括学生作业、课堂成绩考核。学生作业通常都是以小组案例设计形式展现，如教师选择作业案例、阐明要求、指派小组成员、提交报告、同学之间互评、教师评分。课堂成绩考核与其他学校类似。上课用过的案例都可以作为考试案例（包括学生设计的案例），所选择的案例在考试前一天发给学生，第二天进行 4 个小时的考试并在评分前为学生提供解题纲要和答题思路。

（2）毅伟模式下的"一体化"案例教学

作为世界上著名商学院之一，毅伟商学院与其他商学院一样，都将 MBA 专业作为自己的主打专业。在毅伟的 MBA 学习和教学中最为经典和出彩的，就是其专业的案例研究和教学。经过学者的研究发现，自 2003 年开始，毅伟商学院就逐步发展成为从案例生产、案例培训到案例学习的"一体化"模式。经过长时间的沉淀，目前毅伟商学院的案例研究模式已经形成案例生产多元化、案例培训系统化和案例学习阶梯化的鲜明特色。

① 案例生产多元化

案例教学的重要保证之一就是有数量充足的案例。毅伟商学院在案例开发方面的道路走得非常成功。通俗而言，就是毅伟商学院会动员各方力量，包括教师、博士研究生、职业案例创作人员、业余案例写作者都参与到案例写作的队伍中来。

对教师来说，一方面由于他们对教学目标、案例的相关理论理解得非常透彻，因此由他们执笔编撰案例具有很强的针对性；另一方面，因为教师的教学任务中包括教学和科研两项内容，因此他们不可能将全部精力都投入于案例的开发写作当中。客观上来讲，这就需要其他力量进行补充。所以，博士生就是非常重要的案例编写成员。

作为知识生产者的博士生来说，培养他们的目标就是从基础研究与应用研究的社会需求出发，围绕相关科研项目，不断提高他们从事科研工作的思维创新能力，让他们对丰富的管理实践有深刻的理解。而案例的写作，就是落实上述培养指导思想的具体措施之一。因此，毅伟商学院给博士生规定的一个学习任务，就是让每一个在校博士生必须提供一至两个案例。写作案例的经费，由毅伟商学院负担，包括为此进行的调研费用和出国差旅费等，于是，博士生的案例写作积极性被充分调动起来，这为丰富案例库提供了有力保证。

专业的案例写作者是毅伟商学院案例编写的主力军。与文学创作不同，案例的写作需要强调与教学过程的有机融合，提供既紧密结合管理实际，又符合教学目标的特殊产品。为此，毅伟给专业的案例写作者提供所需案例的教学主题和详细的写作要求。根据上述要求，案例写作者选定目标企业并进行详细调研。当案例递交给毅伟商学院时，会有专家组对案例进行审查，之后才能作为一份合格的案例收入案例库中。

毅伟商学院的案例库中，有少量的案例是出自业余案例编写者之手。毅伟商学院会定期发布有关案例写作的格式和具体要求，只要是符合要求的案例都有可能被收入到案例库当中。这一举措吸引了各行各业人士的投稿，为潜在的案例写作者提供了机会。

② 案例培训的系统化

毅伟商学院案例培训的系统化主要体现在对案例写作者、案例使用者（教师）和案例接受者（学生）进行全方位的培训。

对于案例写作者的培训，毅伟商学院已经形成了一支由固定的知名教授从事这方面工作的队伍。讲课者都是毅伟商学院乃至世界著名的教授学者。他们每年都会在学院内举办定期培训班，并且在世界各地巡回从事这类培训活动。其中也包括在中国北京、上海等地举办培训班。案例的写作培训是很有必要的，因为任何事物的发生和发展都有其客观规律，案例写作也是如此。培训能够帮助案例写作者自觉地运用这些规律，提高案例创作的效率。培训的内容主要包括案例的定位、相关资料的收集、创作核心的确定、计划的制定和实施、敏感信息的伪化处理、教学辅助分析报告的写作、案例效果的试验和案例的正式发布等。除了对以上的内容有所介绍外，教授还会根据特殊案例的主题和要求进行案例写作的演示。同时，参与培训的学员能够尝试就某个企业来编写案例，使在课堂上获得的理论得以实践。

教师在案例教学中起着非常重要的作用，教师扮演着一个从案例制作者到 MBA 案例学员的桥梁角色。因此，要使得案例真正在教学上发挥作用，需要教师具备两种素质：第一，教师需要具备扎实的相关理论知识和方法基础以及娴熟的分析技巧；第二，教师需要能够按照案例教学的客观规律，将相关的理论知识借助于案例这一特定的工具有效地传递给学生。培训活动能够帮助教师对案例教学内在的规律进行整体把握。对于教师的培训重点，主要集中在如何根据教学目标与案例特点合理组织案例教学。具体而言包括对教学现场硬件环境的布置、教学计划的拟定、课堂组织、课后的总结和反馈以及各种特定情况下的变通策略等。在培训过程中，会将教师分成"讲师"和"MBA 学员"以及"观察员"三种角色，作为观察员不需要参与案例讨论。在模拟案例教学结束之后，观察员就课上讲师和学员的互动进行评价，最后再由教授进行点评，指出其互动中的优秀之处和需要改进的部分。

除了对案例写作者和案例讲授者进行培训外，毅伟商学院同样很重视对学生进行相应的案例学习培训。其主要目标是帮助学生借助案例学习，真正地领略工商管理多彩的客观规律，以提高自身适应现实社会的能力。

③ 案例学习的阶梯化

案例学习的阶梯化是指将案例学习分为个人准备、小组交流、课堂讨论、事后总结等几个既相互独立又相互联系的环节，从而使学员逐渐地加深对相关管理规律的认识。

个人准备环节一般是在前一天由每位学生单独完成。学员要针对案例本身的背景进行分析，并将自己设计成案例中的某个人物而不是局外人。案例分析阶段，要对问题进行数据分析并提出待评价的方案，确定评价准则和指标，对方案进行分析和选择并提出实施方案等。

小组讨论是第二个阶段，一般是在每天下午完成。针对商学院学生的特点，每天下午学生可以自由安排小组进行案例讨论。在讨论过程中，主要围绕案例中的问题，每位成员依次发表自己的见解。由于组内各个成员的文化和认知背景不同，因此分析问题的角度、方法甚至结论可能不一致。通过这样的讨论，学生之间可以进行知识上的互通和能力上的互补，这是传统教学方法无法达到的效果。

第三个阶段是课堂讨论。在这一阶段中，教师与学生之间构成多节点"全通道"式知识传输网络。在这一知识传输网中，教师与学员不同。教师在案例讨论中起到穿针引线的作用，去引导学生进行问题的讨论，而学生在讨论当中不仅扮演知识的接受者，还扮演着知识的提供者。这种提供过程，也被国外课堂称为"课内贡献"。

案例教学的最后一个环节是事后总结。这一阶段要求学生以全程参与情况为基础，提供详细的案例分析报告，包括本人在各个学习阶段的体会和收获，以便于在今后的案例学习中不断改进学习方法，提高学习效率。

2.3.3 毅伟模式管理案例及案例教学的启示

毅伟商学院的案例研究及案例教学重新定义了学生、教师之间的角色，对案例教学的认识更是直达本质。首先，毅伟商学院揭示了案例与事例之间的区别、教学所需的案例分类等问题。教学所运用的案例，是基于教学目的设计，是经过筛选、设计、加工过的真实故事和材料，其认识顺序是由故事到实务再到理论或准则。而事例是天然未经过加工的例子，用来使抽象概念具体化，其认知顺序是由准则到事例。按照收集数据的方法，案例分为文献型案例和访谈型案例；按照案例性质分类，案例可分为平台型案例和决策型案例。这些案例并不是独立的，是可以相互交叉使用、相辅相成的。

对于案例教学的观念而言，毅伟商学院的案例教学揭示了案例教学的定义和案例具体结构及本质，还揭示了传统教学与案例教学之间的区别。案例教学是以案例为载体，以学生为主体的互动式学习过程，是教师引导学生去挖掘知识、发展能力的过程。故事、议题、理论构成案例教学的三个主要结构。传统教学则往往是传达定义清楚的问题答案，内容结构固定也缺乏情景展示。毅伟的案例教学应用灵活、情景丰富，非常适用于软科学（如管理学）的教学。

毅伟商学院的管理案例及教学法同样重新定义了教师在教学中的角色。案例教学中教师与传统教学中的教师角色不同，前者是拟定问题、规划讨论路线图、激发学生独立思考、引导学生自己朝教学目标靠拢。在这个过程当中，思考便成为体验式学习的关键。而传统授课是以教师为课堂中心，进行空洞的理论推演。

在选择案例方面，毅伟商学院是案例集大成的代表。它不仅选择了本地区的特色案例，同样还吸收了亚洲以及其他国家和地区的案例。通过不断的融合，毅伟商学院的案例库可谓欣欣向荣。通过接触不同的案例，毅伟的学生无论在哪个国家哪个领域内都能发挥自己的作用。在经过案例搜集之后，毅伟商学院将案例和教学方法汇编成册并与全世界分享，这种做法有助于案例法推广的同时也指导其他国家和地区进行案例库建立及案例教学。

作为北美案例发源地之一，毅伟商学院的案例研究及案例教学法在世界是首屈一指的，其独特的案例特点和案例教学方法被作为榜样模板在世界各地区流行，经久不衰。

2.3.4　美式、欧式、毅伟模式管理案例范式的比较

根据美式管理案例、欧式管理案例及毅伟商学院管理案例描述，可以得出案例范式的基本概念和特点。下文将详细解释案例范式的概念，比较文中提到的管理案例范式的基本特点。

（1）案例范式的基本概念

随着案例研究法在社会学、人类学、教育学、政治学、管理学的广泛运用，范式及案例研究法也日益受到社会科学研究者的关注，案例的研究

论文和专著也日益增多。其研究结果也被越来越多的权威杂志认可，被不同领域的专家学者引用。

"范式"这个概念，最早是由库恩（哲学家、科学家）所提出的，其原本的含义是用来解释某个科学集体的全部规定（科学的形成）。随后，库恩又细化了这一概念，将之分为"专业母体"和"范例"，这也就意味着这一概念有狭义和广义之分。广义的概念认为"范式"指代某个科学集体的全部规定或其子集，狭义的概念则将"范式"解释为一种以案例为导向的案例研究方法，也可以说是案例研究法的各种子集。

目前流行的案例研究主流为 1984 年芝加哥大学社会学院生活史研究及生活环境调查所运用的定性即实证研究范式。该范式主张研究者要勘探现场，并通过各种途径收集各类数据，对具体的现象进行多角度的描述。因为这种方法以文字性资料为主要依据，因此常常被批判缺乏科学性和规范性，研究结果难以被二次检验和概括。有的学者主张以某个典型案例为"样本"，以用它解决其他案例问题。定量法是为补充定性法缺乏科学性的特点应运而生，随之而来各界开始研究运用混合思路法来进行案例分析。经过各界学者对于案例研究方法的摸索和总结，形成了 5 种案例研究范式，它们分别是经典主流派的实地观察范式，正在兴起的问卷调查范式、混合研究范式、文献荟萃分析范式和文献计量范式。这几种研究范式既相互关联又存在差异，其互为辅助和依托，弥补了各自的不足。

对不同的管理案例类型及其特点，案例的研究方法也不相同。美国、欧洲及毅伟商学院都有其独到的案例研究方法及范式，并以其范式影响和辐射本国甚至世界各地的案例研究。

（2）美式、欧式及毅伟模式经典管理案例范式赏析

下文将展示三种经典管理案例范式的具体案例，根据案例的描述可以直观地看出各种案例范式的相同及不同之处。

① 美式经典管理案例范式赏析——潘刚和他的"伊利"

2008 年 3 月 7 日，伊利公司的潘刚受到哈佛商学院的邀请为 MBA 的学生进行了一次关于"伊利"品牌的演讲。在演讲的过程当中，数十位顶尖的哈佛商学院 MBA 的学生和教授，一边品尝着伊利金典奶，一边听着潘刚诉说着"伊利"的故事。在此次邀请潘刚来做演讲之前，哈佛商学院

的教授麦伟略用了一年的时间来探访"伊利"。麦伟略带着自己的团队自2007 年开始就深入中国内蒙古地区对伊利企业进行实地调查。他们先列出了十几条问题，要求伊利的员工进行书面回答。接着，他们在与十几个管理层人员面谈的同时又随机与员工进行交谈。在调查走访之后，伊利坚持品质安全，坚持责任导向的理念让麦伟略教授印象深刻。在调查结束后，麦伟略带着"伊利"的调查结果回到了哈佛大学商学院。在经过团队成员对所收集的资料进行了一系列的整理之后，"伊利"的案例就初步成型了。在案例中，麦伟略教授提到了"伊利"的创新。伊利公司的创新是公司为了提高产品质量，采取了一系列不同凡响的措施保证奶制品原料的可靠性和口感的良好性。最后，麦伟略教授总结"伊利"的生存法则：无论竞争环境怎样变化，企业都应该遵循速度和厚度并重以及以平衡为主、责任为先的发展战略。

这条案例作为中国案例的典型代表，被哈佛商学院的教授运用于自己的课堂教学中。麦伟略教授所采用以走访调查为主收集材料以及采用文献计量的管理案例研究范式，也成为哈佛大学案例开发者编撰、收集案例的常用手法之一。

② 欧式经典管理案例范式赏析——巴黎迪士尼乐园案例

1992 年 4 月，欧洲迪士尼乐园在巴黎郊外开业。迪士尼乐园总投资为44 亿美元，占地 5000 英亩，有 6 家酒店、5200 间客房，配套的商业设施仅次于法国国防部的大型综合办公区。大型的购物中心、公寓和高尔夫球场度假村也错落有致地排列在场地内。起初，由于巴黎人口密集且周围没有同类游乐场，迪士尼乐园变成了"香饽饽"。随着 3 家游乐园的开业，迪士尼乐园的市场受到了冲击。又因为门票价格较贵、淡季客源稀少，迪士尼在一段时间里利润骤降。于是，迪士尼开始重视起自身的问题来，不但修正了营业中出现的问题，还拓宽了业务渠道。最后，迪士尼在游乐园行业取得了巨大的成功且在世界各地开起了分园，游客络绎不绝。在编写案例时，欧洲学者到各处搜集迪士尼的相关资料，利用盈亏平衡法分析迪士尼的利息负担，分析其先前亏损的原因，探讨其后来止损的办法。学者发现迪士尼采用的多股东制度在一定程度上存在较大的风险，还发现企业在面对新的市场冲击时，不能盲目自大，要保持向同行业学习的心态，要勇于改进自己的不足之处。

③ 毅伟模式经典管理案例范式赏析——Burgundy 资产管理公司的投资理念和投资价值

Burgundy 公司是一家知名的红酒生产和销售公司，到目前为止该公司在世界各地拥有数家分公司，例如我国的广州和香港分公司。该公司是一家成功的企业，但在投资领域内，这家公司却鲜被提及。为了分析其中缘由，毅伟商学院将 Burgundy 公司作为一个案例进行分析。对这个案例，毅伟商学院的案例写作者决定定性和定量两方面来分析。第一步，收集大量的材料。为了收集材料，作者搜索了数据库里关于该公司的所有数据并加以分类讨论，然后择其最优者。其中，加拿大的数据和国际市场的数据是作者认为价值最高的。除此之外，他们还关注了各大杂志对于该公司的新闻报道和在线资讯。第二步，评估投资计划。作者对该公司进行了基本的研究分析，目的是更好地理解该公司的历史表现和在所在行业内内表现，针对其表现情况做初步估值分析，评估其当前投资的吸引力及是否符合该公司的要求回报和价值投资的安全边际。第三步，毅伟商学院的案例作者对该公司进行了调查取证，从公司的各个方面（包括员工、供应商、客户等）来了解公司经营发展情况以修正对公司未来的财务估计，了解公司的增长计划以确保公司管理报告的真实度。随后，作者针对公司进行了详细的财务分析和估值。通过市场上公司股票的内在价值，例如，绝对估值法中的现金流贴现法（DFC）、相对估值法中的估值倍数分析、市盈率（PE）、价格现金流比率、公司价值倍数等方法进行定量计算。完成步骤之后，作者开始检验该公司现有组合的合理度。根据上述显示的数据，再给出 Burgundy 公司相应的投资价值。最后学者发现，该公司的投资价值要远远高于目前它在市场上数据所显示出的价值。

（3）美式、欧洲及毅伟管理案例范式比较

图 2-5 所示为美式、欧式、毅伟模式管理案例范式的比较。通过该图对三种不同的经典管理案例范式的比较，可以看出美式、欧式和毅伟模式案例既有相同之处又有各自特征。在处理案例的范式上，三者通常都会采用两个及两个以上的范式，但采用的主要范式不尽相同。美式偏爱以实地调研为主来收集材料，以文献和工具讨论为辅助来处理案例；欧式一般是以在线和实地收集的文献数据为基础，采用定量的方法来分析案例中涉及的问题；而毅伟商学院模式所采用的一般是以实地调研和数据收集相结合

的方法，通过定性和定量的结合法来分析和处理案例。

　　三种经典模式既有相似之处又各有千秋。但无论是哪种范式，都为管理学领域的教学和学习提供了宝贵的素材，也为丰富世界管理案例库留下了浓墨重彩的一笔。

模式	管理案例的一般特点	使用范式类型
美式	具有科学性、时效性、典型性、实践性的特点，以哈佛商学院管理案例库为代表，着重对案例的背景、参与者、问题进行描述。	以实地调查为主，普遍采用两种及两种以上的混合管理案例分析范式。
欧式	具有自由主义和绅士风度特点，兼具启发性和真实性，以法国和德国为案例发源和发展的代表，注重以企业实际问题为案例基础。	主要以线上数据库为依托，从定性和定量两种角度使用混合管理案例分析范式。
毅伟模式	具有案例开发成熟性和教学经验丰富性的特点，注重案例的教学和学习的"一体化"发展，以法国和德国为案例发源和发展的代表，注重以企业实际问题为案例基础。	以线上和实地文献数据为主要依据，混合使用实地调查和定量研究的管理案例分析范式。

图 2-5　美式、欧式、毅伟模式管理案例范式的比较

第3章 中外经典管理案例比较

我国和国外的案例研究经历了不同发展时期。长期以来国内外学者对经典管理案例研究投入了大量精力，然而国内和国外对案例研究的范围、案例内涵的理解还存在着一些差异。从中外经典管理案例比较中发现，国内外经典管理案例研究存有共同的理论基础，比如建构主义理论、迁移假设理论、发现学习理论、人本主义教育理论、教学交往理论、顿悟学习理论、多元智能理论、范例教学理论、情景教学理论等。与此同时，国内外均注重案例教学与传统教学的区别，国内外管理案例具有共同的特征：真实性、典型性、完整性、启发性、时代性。管理案例教学与管理举例教学概念是容易混淆的，了解这一点对于管理案例研究是非常重要的。

3.1 从国内外案例教学发展时期上比较

3.1.1 国外案例教学的发展阶段

国外案例教学经历了萌芽期、发展期、成熟期。在西方，人们认为案例教学的发展，可以追溯到两千多年前的古希腊时代。两千多年前，古希腊哲学家、教育家苏格拉底（Socrates，前469－前399）创造的"问答法"教学就是案例教学的雏形，他的学生柏拉图将苏格拉底的问答式教学法编辑成书，给晦涩难懂的原理附加生活中常见的小例子加以说明，通过故事来说明道理，这些小故事就可以被看作一个个案例的雏形，那个时代因此被看作是案例教学的萌芽期。

从19世纪50年代德国的范例教学开始，案例教学进入发展期。范例教学研究的主要方向是在选定的教学内容中挑选具有代表性的案例，以此作为范例，通过经验丰富的老师对范例进行详细分析和讲解，学生在头脑中形成此类知识的迁移能力，从而达到提高学生的学习动机和对知识触类旁通的目的。德国"案例教学"理论兴盛于20世纪五六十年代，与苏联赞科夫"教学与发展实验"教学理论和美国布鲁纳"结构主义"教学理论并称为三大教学理论流派，在世界上均颇有影响。在德国，案例教学是通过对一些基础性范例的学习，使学生按照"特殊到一般，再从一般到特殊"的规律认识世界，与知识的系统性讲述相比，这种方式更符合人类的基本认识规律。

自 1870 年美国哈佛大学居于领衔地位的法学院使用案例的方法进行教学以来，案例教学法已有一百多年的历史。案例教学法在哈佛商学院经过几十年的发展，已经成为一种完整的教学体系，并成为哈佛大学的教学特色，逐渐走向成熟并成功地向外推广。哈佛的案例库更是成为世界各国开展案例教学的宝贵学术资源，被世界各国大学购买和使用。目前，全世界许多大学都运用了案例进行教学，但迄今为止没有一所大学能超越哈佛大学在案例教学上的领先地位。

除美国之外，案例教学方法在加拿大、英国、法国、德国、意大利和一些亚洲国家如新加坡也得到了广泛应用。与传统的讲授方法相比，案例教学方法更符合学生的认知规律，新加坡教材中往往有意选用一些具有现实性、时代性和典型性等特征的案例，使学生在分析案例的过程中，既学习了基础知识，又提升了自身学习能力。国外案例教学的发展阶段如表 3-1 所示。

表 3-1　国外案例教学的发展阶段

国外案例教学的萌芽期	国外案例教学的发展期	国外案例教学的成熟期
古希腊哲学家、教育家苏格拉底创造了"问答法"。这种教学方法注重对逻辑思维和辩证思维的培养，要求学生进行独立思考。他的学生柏拉图将这种一问一答式的教学方式编成书，以一个个故事为媒介来教育他人明白道理。这也是最早的案例教学法雏形。	19 世纪 50 年代，范例教学开始盛行，范例教学由德国的教育学家瓦根舍因提出，并对范例教学进行了归纳性定义。　哈佛大学法学院前院长克里斯托弗·哥伦布·兰代尔于 1870 年创立了案例教学法。在兰代尔推行案例教学法的同时，霍普金斯创立了医学院的案例教学法。1908 年哈佛商学院正式成立，案例法开始被引入商业教育领域。1925 年至 1932 年，新泽西州立师范学院被公认为最早在教师教育中将案例法制度化的学院。	20 世纪中期到末期，案例教学法逐渐走向成熟。1954 年，哈佛商学院建立"校际案例交流中心"。1955 年至 1965 年，哈佛商学院为其他商学院的教授和院长实施客座教授案例法项目。1984 年世界案例教学法研究与应用学会在美国马萨诸塞州瓦然地区的贝特利学院成立，1986 年美国卡耐基教育与经济论坛成立的教学专业小组提出"应该把案例教学法发展成教学的主要焦点"。现在的哈佛商学院，超过 80% 的课程是建立在案例法教学基础之上的。

3.1.2　中国案例教学的发展阶段

我国的案例教学的思想可以追溯到古代。在我国的《学记》中就有"罕譬而喻"的教学思想，即通过讲解、分析几个例子而让学生明白事理。春秋时期的教育家孔子在其教育活动中，往往运用例子来阐发事理，启发学生的思维，形成了"不愤不启"、"不悱不发"的教育思想，这可以说是我国案例教学的萌芽。战国时期，诸子百家大量采用民间事例来阐发事物的内在规律，以事论理，使人们从中得到启发和借鉴，这可以说是我国案例教学的雏形。

庄子生活的时期战乱频繁，社会动荡，社会矛盾、生活矛盾十分突出。敏感的知识分子纷纷提出自己对社会和人生的认识。在传授、推销这些主张的时候，庄子采用了不同于各家的方法，他搜集、编写了生动有趣的寓言、重言，围绕人们关心的重大人生社会问题，组织学生展开讨论。这种讨论既针对这些问题又超越了这些问题，既务实又有效，因此受到学生的欢迎。《庄子》中每一篇都堪称案例教学的典范。庄子的案例教学具有以下特点：①问题性。庄子及其门徒正是由问题出发，从矛盾、对立入手，通过师生间的相互探究，思索人生、社会及理想。庄子哲学是开放的、发展的，他提出的问题常常没有答案，或者答案不是唯一的。②典型性。这些寓言、重言展示的是真实的人生，涉及了人生的各个层面，这种展示是综合的，大至治国，小至修身，并不是彼此分离的，而是都由"道"统一起来。③启发性。庄子的寓言和重言中大都包含解决问题的方法和暗示，给人以启示。庄子之所以大量运用寓言和重言，是因为他主张"道"是不可以言传的，智慧是不能经由别人告诉而得来的，必须由自己进行亲身感悟。

我国古代除了有"塞翁失马"、"围魏救赵"、"前事不忘，后事之师"、"以史为鉴"、"举一反三"这些妇孺皆知、耳熟能详的"小故事"外，还有大量以"案例"为主的经典作品，如《春秋》《战国策》《史记》《资治通鉴》《黄帝内经》《本草纲目》等。这些著作，无一不是以案例作为说理明事的切入点，先辈们虽未称之为案例教学法，但他们确确实实将人类的智慧的结晶浓缩在这些简洁生动的案例之中。在人类知识的传承中，由于种种原因，案例教学在我国并没有得以茁壮成长，长期以来没有得以重视和研究，更没有从理论上来加以提炼和升华。

1980 年夏，美国教师团与中国教师对我国特许开放城市的 20 余家企业进行了采访。他们编写了 80 余篇案例，并在大连培训中心首期厂长、经理研修班的教学中试用。这是我国在管理教学中首次运用案例教学法。随后，我国的不少法律院系开始研究英美的案例教学方法。中国政法大学首先聘请了美国著名法学教授进行案例教学法的尝试，取得了较好的教学效果。由于案例教学独特的教学效果，特别是它与 MBA 教育的成功结合，引起教育界理论研究者和实践者的广泛关注，并展开了进一步的探索和研究。

1986 年国家经委组织了首届案例教学培训，借此来推动案例教学在我国的发展，并在培训后为其专门主办了一本关于案例教学的学术刊物《管理案例教学研究》。随着教育行政部门、教育研究机构等单位对案例教学进行合理推进和科学改革，特别是以探究性学习为核心的综合实践课程的设置，使案例教学得到了人们认可。当前，国内案例教学被越来越多的人所接受，并列入了一些高等学校的教学改革计划，尤其是一些法学、工商管理类高校，已开始广泛运用案例教学。国内案例教学发展的三个阶段如表 3-2 所示。

表 3-2　国内案例教学发展的三个阶段

国内案例教学的萌芽期	国内案例教学的引入期	国内案例教学的发展期
我国案例教学的理念可以追溯到公元前八世纪，诸子百家用一些较容易理解的小例子来让人们认识事物的本质联系，在当时的医学著作中，懂医术的作者把所了解的医疗小事件记录在晦涩难懂的原理旁边，加深人们对医学原理的理解。尽管古代这些伟大的教育家并没有意识到自己的教学是案例教学，但是他们把古代人民的智慧凝结在小事例中，启发人们去思考，可以说这是我国案例教学的萌芽。	我国出现案例教学法相对较晚，基本从改革开放初期开始。1979 年，我国工商行政代表团访问美国，并将案例教学法带回国内。由于案例教学法是在美国那样的环境下发展起来的，我国的教学环境与外国有很大的差异。因此，在改革开放初期，案例教学法在中国的发展是比较缓慢的。在 1984 年，关于案例教学法的研究文章增多，研究的领域也只是局限在商业方面。但是随着改革开放的深入，案例教学法渐渐被我国高校认同。	近几十年，案例教学法在我国发展迅速，这些发展不仅体现在文章发表的数量上，同时也体现在国家的政策中，例如国务院学位委员会第二十八次会议将案例教学法作为深入探索专业学位研究生培养模式的实践方法之一，强调了案例库的建设具有重要的意义。近几年来，关于案例教学法研究的文献呈迅速增长的趋势。同时，案例教学法还在不断地渗透到其他领域中。

近几年，我国出台了一系列与案例教学有关的文件，如《教育部国家发展改革委财政部关于深化研究生教育改革的意见》（教研〔2013〕1号）、《教育部人力资源和社会保障部关于深入推进专业学位研究生培养模式改革的意见》（教研〔2013〕3号）、《关于开展深化专业学位研究生教育综合改革工作的通知》（教研司〔2015〕9号）、《教育部关于加强专业学位研究生案例教学和联合培养基地建设的意见》（教研〔2015〕1号）等，这标志着案例教学在我国越来越得到重视。特别是《教育部关于加强专业学位研究生案例教学和联合培养基地建设的意见》，强调加强案例教学是强化专业学位研究生实践能力培养、推进教学改革、促进教学与实践有机融合的重要途径，是推动专业学位研究生培养模式改革的重要手段；重视案例编写，提高案例质量；提出培养单位和全国专业学位研究生教育指导委员会要积极组织有关授课教师在准确把握案例教学实质和基本要求的基础上，致力于案例编写，同时吸收行业、企业骨干以及研究生等共同参与编写；鼓励教师将编写教学案例与基于案例的科学研究相结合，编写过程注重理论与实际相结合，开发和形成一大批基于真实情境、符合案例教学要求、与国际接轨的高质量教学案例。此后，由教育部学位与研究生教育发展中心牵头，不少高校积极响应，共同组织开展一系列案例开发培训工作。

到目前为止，由教育部学位与研究生教育发展中心牵头举办了30期案例教学培训会议。各个省积极响应《教育部关于加强专业学位研究生案例教学和联合培养基地建设的意见》文件的精神，出台了与之配套的文件，并加以实施。例如：山东省出台专业学位研究生教学案例库建设实施方案，提出"十三五"期间，每年立项建设100个教学案例库；福建省出台专业学位研究生教学案例库建设实施方案；安徽省、河北省、吉林省也实施了专业学位研究生教学案例（库）立项建设工作实施方案。2017年5月，由教育部学位与研究生教育发展中心主办，全国出版专业学位研究生教育指导委员会、南京大学研究生院承办的中国专业学位教学案例中心第27期案例教学与写作培训会在南京举行，会议邀请了加拿大西安大略大学毅伟商学院陈时奋教授，讲授案例教学及案例写作方法。

2017年7月7日至8日，由教育部学位与研究生教育发展中心主办，北京航空航天大学承办了"第一届案例教学高端论坛暨案例开发与教学创新方法研讨会"。会上，澳大利亚新南威尔士大学澳洲商学院潘善琳教授、北京航空航天大学经济管理学院欧阳桃花教授等分别做了相关主题的演讲。

2017 年 12 月 12 日至 13 日，由教育部学位与研究生教育发展中心和全国工程管理专业学位研究生教育指导委员会主办，福州大学承办的第 32 期中国专业学位教学案例中心案例教学与写作培训会暨全国工程管理案例教学研讨会在福州成功举办。来自北京大学、上海交通大学、天津大学等全国高校约 150 名教师参加会议。

与此同时，大力开展各高校专业学位案例建设工作，如中国人民大学加大专业学位研究生教学案例库建设：以标准为先导，规范案例编写和案例教学，将教师优秀教学案例成果纳入学校科研评价指标体系，实施《中国人民大学专业学位研究生教学案例支持计划》，支持案例中心建设，积极开展教师案例教学和案例编写能力培训，提高授课教师案例教学能力，鼓励教师参加教育指导委员会和哈佛大学等国际知名大学的案例教学能力培训会。类似地，南开大学、天津大学、武汉大学、北京航天航空大学、南京大学、福州大学、青岛大学、安徽建筑大学、西北农林科技大学、燕山大学、曲阜师范大学等高校专业学位案例建设工作也蓬勃开展起来。

3.2　国内外学者案例研究的主要范围和对案例理解的比较

3.2.1　研究的主要范围

国内研究者主要从以下几个方面进行了探讨：案例教学的概念，案例教学的起源与发展；案例教学与案例课程改革、教学改革、学习方式变革；案例教学与教学质量、素质教育的关系；各学科课堂教学中怎样实施案例教学；实施案例教学时教师和学生的任务分配及角色的转换等等。总体来看，目前的研究多是偏重于从理论层面探讨案例教学的特点及案例开发等问题，缺少联系具体的学科教学来从操作层面上加以指导；多是注重课堂上实施案例教学的研究，课外研究相对较少；多是注重于单一学科实施案例教学的研究，在交叉学科应用的研究较少；在教育领域，多是注重于研究案例教学在教育管理、教师教育领域的应用，但在具有学科相似性的高等教育管理领域应用的研究较少；案例教学中的合作学习、研究性学习涉及也较少，集中于教学方法层面的研究较多，但现实操作的应用性不强。

国外学者对案例研究可概括为以下几方面：案例教学的概念、案例开发及应用、案例撰写范式、案例研究方法等。

3.2.2 对案例的理解

关于案例，国内人们有多种不同的界定。有些人认为，案例就是为了教学目的，选定真实的事件和问题作为素材，围绕选定的问题，对某一特定情境进行描述；还有人认为案例就是对实际情境的描述，这些情景包含了疑难问题，也包含如何解决疑难问题的方法。诸多学术论文中也有这样的表述：案例是根据学生的认知水平、教学目标、教学内容等需要所编写的教学载体，目的是让学生在具体情境中思考问题；还有学者认为，案例就是把个人或组织在活动中的行为经验、教训以及待解决特定问题的方法，用文字或图像进行真实描述而形成的资料。

关于案例教学，人们也有多种不同的认识。例如郑忠平认为，案例教学是在学生掌握了基本知识和分析能力的基础上，以案例为载体，把学生带入到特定情境中，引导学生运用所学的理论知识去分析、解决问题，以达到一个高层次的学习目标。杜孔三认为，案例教学是在教师的精心策划下，根据教学目的和内容的要求来运用案例，把学生引入到一个特定情境的真实事件中。

美国教育专家劳伦斯说："案例应该是对一个复杂情境或事件的记录，一个好的案例是把部分真实的生活引入到课堂，使教师和学生对之能够进行分析和学习，它可以使课堂讨论围绕真实的生活中所存在的问题而进行，但是一个好的案例，首先必须是一篇好的报道。"美国学者理查特也认为，"教学案例所描述的是教学实践，以丰富的叙述形式，向人们展示了一些包含着教师和学习者的思想、感情、行为在内的故事"。代表人物是格柯（Gragg，C.I），在谈到工商管理的案例时，他曾分析：案例，就是一个商业事务的记录；管理者实际面对的困境，以及做出决策所依赖的事实、认识和偏见等都在其中有所显现。通过向学生展示这些真正的和具体的事例，促使他们对问题进行相当深入的分析和讨论，并考虑最后应采取什么样的行动。

　　关于案例研究，国外也有着不同的说法。较为流行的定义是：案例研究是一种经验主义的探究（Empirical Inquiry），它研究现实生活背景中的暂时现象（Contemporary Phenomenon）。在这样一种研究情境中，现象本身与其背景之间的界限不明显，要大量运用事例证据（Evidence）和多种数据来源，对某种现象的具体表现进行丰富的、实证性研究。以案例研究的任务或目的为标志，可以将案例研究分为三种类型：探索性（Exploratory）、描述性（Descriptive）和因果性（Causal，又称解释性）。

3.3　国内外案例教学有着共同的理论基础

　　国内外案例教学各有特点，但是国内外案例教学有着共同的理论基础，例如：建构主义理论、迁移假设理论、发现学习理论、人本主义教育理论、教学交往理论、顿悟学习理论、多元智能理论、范例教学理论、情境教学理论等。也正因为如此，所以国内案例撰写范式经过这么多年的发展，有一种向哈佛、毅伟商学院国外案例撰写范式相融合的发展趋势。

3.3.1　建构主义理论

　　建构主义又称结构主义，是 20 世纪 80 年代兴起的一种科学理念，是认知心理学的一个分支。建构主义思想最早起源于瑞士认知心理学家皮亚杰（Piaget），他认为，知识既非来自主体，也非来自客体，而是在主体与客体之间相互作用过程中构建起来的，是双向的建构过程。在皮亚杰认知结构理论的基础上，科恩伯格（Kemberg）对认知结构的性质与发展条件等方面开展了深入的探究。斯腾伯格（Sternberg）和卡茨等人强调了个体的主动性在建构认知结构过程中的关键作用，并对认知过程中怎么发挥个体的主动性做出了认真的探索。维果茨基（Lev Vygotsky）则强调认知过程中，学习者所处社会文化历史背景的作用，同时他还提出了"最近发展区"理论。乔纳森（Jonasson）提出了建构主义学习环境设计理论，强调学习环境而不是教学序列的设计，认为学习结果不是预先确定的，"教学"是为了促进学习，而不是控制学习，支撑建构性学习的学习环境应围绕支撑知识的建构，让学习者在有意义的、真实的情境中学习和应用知识。

建构主义的学习观认为，学习是由学生自己建构知识的过程，学生的角色设定为教学活动积极参与者和知识的积极构建者，管理案例教学中使用的案例是一个真实的情境，学生在接受了情景刺激后，基于自己的认知结构，主动建构对知识的认知，由此提出自己的假设和结论，而教师的角色被设定为学生建构知识的忠实支持者、引导者和合作者。学习是学生根据自己的经验背景对外部信息进行主动地选择、加工和处理，从而获得知识的过程，教学不应该是传授知识的活动，而应该是帮助学习者建构知识的过程。建构主义学习理论还认为：知识需要感悟，知识不是通过教师传授得到的，而是学习者在一定的情境下，借助其他人的帮助，利用必要的学习资料，通过意义建构的方式而获得的。建构主义的教学思想主要反映在知识观、学习观和教学观三个方面（如表 3-3 所示）。

表 3-3　建构主义体现的"三观"

知识观	学习观	教学观
建构主义知识观认为知识只是一种解释、一种假设，而不是对现实的准确表征和问题的最终答案，它会随着人类的不断进步而替换，并随之出现新的假设。在具体问题中，知识不是拿来使用的，而是需要针对具体情境进行再创造。另外，建构主义认为，知识不可能以实体的形式存在于具体个体之外。对知识的理解只能由个体基于自己的经验背景而建构。	建构主义学习观认为，在日常生活和学习中，学生对接触到的现象都形成了自己的经验，当问题一旦呈现在面前，基于相关经验，他们可以依靠认知能力形成某种认识。教学要以学生现有的知识经验作为获取新知的起点，帮助他们完成知识的处理和转换。	建构主义教学观认为教学需要学生能在复杂的环境中学习，要求把所有的学习任务放在重大的问题中，侧重发展学生对整个问题的自主权。教师应创设能激发思维的学习情境，引导学生发现问题并认识到有多种解决问题的答案。在教学过程中，学生对共同问题有不同理解和解决方式，通过讨论、交流与合作，实现主动建构新知识的局面。

管理案例教学与建构主义理论所要求的情境、协作沟通、建构等内容非常吻合，材料即情境、分析讨论即协作沟通、获取解决问题的过程即意

义建构。

3.3.2　迁移假设理论

迁移假设理论的代表人物是莱文，人们如何根据已有的知识和经验解决新的问题呢？即如何在解决问题上产生知识和经验的迁移呢？莱文（1974）针对这一问题，提出一种理论。这个理论的主要特征是：当一个人面临一个问题，并想用已有的知识经验去解决时，他必定首先对面临问题的种类或范围做出决定，然后对该种类或范围内的问题做出假设性判断。如果第一种假设被实际问题证明是错误的，他就要做出第二种假设，如果第二种假设也是错误的，就要做出第三种假设，以此类推。由此，他在解决问题的过程中，通过提出和检验一系列假设，形成了一种解决问题的思考顺序和假设的范围。这种通过假设形成的思考顺序和假设的范围会影响以后对类似问题的解决，即可以迁移到以后的问题解决活动中去。莱文称他的这个理论为"假设理论"。

迁移理论认为，学习的情境与日后运用所学内容的实际情境相类似，有助于学习的迁移。作为管理教学案例的素材，它具有真实性和时效性，这映射出管理案例教学与学生日常生活和将来工作要面临的情境具有极大的相似性。

在管理案例教学过程中所使用的案例来自现实，其来源具有真实性，在搜集与整理过程中，须征得来源处的同意；管理教学案例又具有时效性，使案例本身更加贴近现代人的工作与生活。案例要素来源、搜集整理过程、时效性这三个方面确保了案例与学生日常的生活与将来的工作中要面临的情境具有相当强的相似性。管理案例教学具备利于迁移的因素，其中所提供的情境可以为学生创造条件，促进有效的迁移。

3.3.3　发现学习理论

美国哈佛大学的教育学家、心理学家布鲁纳吸取了"格式塔"心理学理论和皮亚杰发展心理学的学说，加上自己长期的研究，逐渐形成了"发现学习"的模式和理论。

"发现学习"这一概念，首次出现于布鲁纳的《教育过程》一书中，它依托于布鲁纳的认知心理学理论。布鲁纳（Jerome S. Bruner，1915）的

"发现学习"强调的是学习过程，而不是学习的结果，学习者不是被动地接受知识，而是主动地获取知识。布鲁纳认为，只有学生自己亲自发现的知识才是真正属于他自己的东西。教学目的是要培养学生发现知识的能力，培养学生卓越的智力。发现学习要求学习者主动运用自己的智慧去对相关问题进行思考、探究，尽可能尝试各种发现的途径和方法，对提供的信息进行思维加工，这样，有助于开发其自身的智慧潜力。与此同时，发现学习能够激发学习者学习的内部动机，学习者在学习过程中通过主动探究获得知识，体验到了成功的满足，而这种满足能刺激学习者，使其心理状态从外部支配转向内部驱动，有助于学习者建立自主学习的机制。发现学习理论作为布鲁纳的核心理论，其基本观点如表 3-4 所示。

表 3-4　发现学习理论基本观点

注重问题情境的创设。	强调内在学习动机的激发。	强调自我发现和学习过程。	强调直觉思维和信息提取。
发现学习强调教师要创设问题情境，发掘学生的直觉思维。问题情境中包含的问题是可以解决的，但却需要学习者在其原有水平的基础上努力探究之后才能解决，这样学习者就能成为主动的信息探究者，有利于提升学习的兴趣。	布鲁纳强调的是培养和激发学生的内部动机，或把外部动机转化为内部动机。	在发现学习理论中，虽然注重情境创设，但不拘泥于在教师创设情境后探究答案这样的一种形式，而是着眼于边做边思考，教师深化这种发现，从而加深学生对知识的理解和掌握。	学习者在进行独立探索思考并讨论材料的过程中，充分利用直觉思维去发现问题，解决问题，有利于信息的记忆保持和提取。

管理案例教学中，教师正是利用教学案例激发学生主动求知的欲望，使学生通过对案例的主动探究，在发现问题，讨论问题，解决问题的过程中结合原有的知识构建新的知识体系。管理案例中问题的解决方案不是教师直接给定的，也不是唯一正确的，它是要求学生在主动发现学习之后得出的结论。可以看出，案例教学模式体现了发现学习理论。管理案例教学运用真实

的管理案例作为教学材料，能够激发学生的兴趣，刺激学生对其产生学习兴趣，促使学生主动进行探索、研究，最后学生学到知识的同时也获得一种自我满足感和成就感。在学习讨论的过程中，学生收获最多的是提高了自我学习的能力。从某种程度上来说，案例教学本身就是"发现学习"的过程，学生通过老师展示的案例，自己发现问题，并最终解决问题。

管理案例教学过程中，学生是一个积极的探索者。教师的作用是要形成一种学生能够独立探究的情境，而不是提供现有的知识。强调让学生自己去思考，参与知识获得的过程。可见，学习的主要目的不单单是让学生记住教师和教科书上所讲的内容，而是让学生参与建立该学科知识体系的过程。

布鲁纳认为，直觉思维指"以熟悉有关知识领域或其结构为依据，使思维者可以实行跃进、越级和采取捷径"。布鲁纳认为，在发现、发明、解决问题的过程中，常常是由直觉思维"猜测"出正确的答案，然后由分析思维去检验与证明。直觉思维的形成过程一般不是靠言语信息，更不是教师指示性的语言、文字所能起作用的，其本质是映像或图像性的。所以，进行管理案例教学的教师在学生的探究活动中要帮助学生形成丰富的想象，防止过早语言化，防止过早下结论。

3.3.4　人本主义教育理论

人本主义教育理论是 20 世纪 60 年代开始在美国流行、在 70～80 年代对美国当代教育产生深刻影响的一种教育流派。该理论的主要代表人物有马斯洛、罗杰斯、杜威（J. Dewey）、米德（G. H. Mead）、班杜拉（A. Bandura）、玛何尼（M. J. Mahoney）等。人本主义教育理论的核心理念是"以人为本"，强调帮助学生发展个体潜能和树立个体价值观念，认为教育的根本是为了培养身心健康、具有创新能力的人。人本主义教育理论的主要观点如下：

（1）人本主义的课程

人本主义教育论者认为课程设置应从尊重学习者的本性和要求出发，把认知学习与情感培养相结合，心智发展与人格发展相统一，开发人的潜能，促进人的自我实现。人本主义理论突出人的重要性，认为学生是学习活动的主体，他们每个人都具有无法估量的潜能，同时也能够自主发挥自身的潜能。它强调学生的自身经验，认为经验是认识活动的基础，只有在个人经验中通过自己发现并化为己有的知识才是有意义的。

（2）人本主义的教育方法

人本主义教育方法的出发点是创造一种轻松、和谐、自由的心理气氛。人本主义教育者相信，人性内部具有实现潜能的倾向，学习是内在的、自我促动的，教育的作用就是创造最佳条件，以利于学生的"自我实现"。在人本主义教育者看来，这种自由气氛实质上是一种能使学生自由地选择和接受挑战，自发地参加学习、创造等活动，自如地表达各种体验的心理气氛。

（3）人本主义教学的目的

人本主义教育的目的是马斯洛提出的人的自我实现，即培养学生思维、创新能力，实现自我，获得一种满足感和愉悦感。主要指人的友爱、合作、求知、审美、创造等特性或潜能的充分实现。整体的人不仅实现了内部的整体性，而且在处理自身与外部世界的关系方而也能够取得和谐一致。人本主义教育论者认为在学习中，应该使学生的情感和智力有机地、整体地联系在一起，这就是整体的学习。要达到整体的学习，教育者就必须尊重学习者人格的内在统一，并且所有教育者的看法要与学生的内在体验相一致。

（4）人本主义的道德教育思想

人本主义者认为传统学校德育压抑人性。罗杰斯认为，要实现人本主义德育主张，必须坚决对硬性灌输道德信条和机械训练习惯的传统德育进行改革，形成新型民主的学校德育氛围，建立一个以代替权威主义为目标的人道主义课堂。包括三个方面：真诚、接受、移情性理解和无条件关怀。人本主义教育理论"三强调"如表 3-5 所示。

表 3-5 人本主义教育理论"三强调"

在教学目标上	强调发展学生的个性或人格，认为教学的根本目的就是要达到人的自我实现。
在教学原则上	强调"非指示性教学"，这一教学原则是其反传统思想的突出表现，倡导让学生自主选择、自我发现。
在师生关系上	强调建立和谐、融洽的师生关系，注重学习中的情感作用，倡导教师应该是一个"促进者"，在课堂上要营造出一种真诚、接受、理解的氛围，以帮助学生认识自己的价值，更好地发挥个人潜能。

　　管理案例教学中的许多思想、观点正是与人本主义的上述教育理论不谋而合，尤其是管理案例教学以学生为中心，体现了"以人为本"的思想。同时，在管理案例教学中体现了对学生的充分信任，课堂建立在平等的基础上，教师和学生、学生和学生之间的关系融洽，良好的人际关系能充分推动教学的扩展。

　　在管理相关课教学中运用案例教学，充分尊重学生的主体地位，注重学生的个人体验，整个过程中，学生是在教师的引导下进行自主学习、合作学习、探究学习，以实现理论知识的掌握、综合能力的发展、思想品德的提升。这些方面恰恰体现出了人本主义教育理论的内在要求。因此，与以往教学方法不同，案例教学更强调突出学生的主体地位与作用，提倡学生根据事实情境的变化而采取不同的方法解决问题，关注学生的全面发展。

3.3.5　教学交往理论

　　教学交往理论是二十世纪七十年代联邦德国的 K. 沙勒与 K.H 舍费尔首先提出的侧重探讨师生关系的教学论思想。该理论以"教学过程是一种交往过程"这一观点为基础，着眼于教学过程中的师生交往关系，强调交往、互动、对话、合作、交流、沟通、尊重和理解的教学方法。

　　教学交往理论认为：在教学中，交往的主体应该是平等的。教学过程中教师和学生都是教学的主体。教师的主体表现在教学活动中，特别是在有关学科知识的教学中；教师应通过多种有效的教学策略，激发学生的学习动机，使学生能积极主动的参与教学活动；学生的主体性强调学生学习过程的积极主动性，学习方式的自主性；以学生为主体意味着要关注每个学生的发展，了解每个学生的个别差异，努力创设适宜于每一个学生发展的学习环境，鼓励学生大胆质疑，让每位学生都能够最大限度地发挥他们的学习潜能。

　　管理案例教学是一种积极鼓励学生参与的教学方式，教师的角色是学生学习的促进者、推进者，是辅导者。教师是案例教学的重要角色，但不是课堂的操纵者、控制者。教师与学生进行平等交往，并鼓励学生积极参与交往。案例教学充分发展了师生之间的交往、个体间的交往、小团体间的交往、小团体与集体间的交往、个体与集体的交往及师生间的交往。在管理案例教学中，教师要积极创造条件把教学活动变成为学生学习服务的活动，学生在教师引导下对案例的调查、阅读、思考、分析、讨论和交流等一系列活动均建立在教师与学生的平等互动、学生与学生之间的协作的基础上。教师与学生通过平等互动共同参与教学环节，学生与学生通过协作学习共同寻求问题的解决办法，并从协作中学会倾听、尊重、理解和包容。

3.3.6 顿悟学习理论

德国心理学家苛勒曾在 1913 年至 1917 年间，对黑猩猩解决问题的行为进行了一系列的实验研究，从而提出了"完形－顿悟说"。完形－顿悟学说作为最早的一种认知性学习理论，肯定了主体的能动作用，强调心理具有一种组织功能，把学习视为个体主动构造完形的过程，强调观察、顿悟和理解等认知功能在学习中的重要作用。这对反对当时行为主义学习论的机械性和片面性具有重要意义。完形－顿悟说的基本内容如下：

（1）学习是通过顿悟过程实现的

顿悟是指对情境的突然理解，是对目标和达到目标的手段、途径之间关系的理解。学习的顿悟说，又称完形说，顿悟说否认刺激与反应之间的直接联系，强调二者以意识为中介。苛勒认为，学习是个体利用本身的智慧与理解力对情境及情境与自身关系的顿悟，而不是动作的累积或盲目的尝试。顿悟虽然常常出现在若干尝试与错误的学习之后，但不是那种盲目的、胡乱的冲撞，而是在做出外显反应之前，在头脑中要进行一番类似于"验证假说"的思索。

（2）学习的实质是在主体内部构造完形

所谓完形，亦称"格式塔"，指的是一种心理结构，它是在机能上相互联系和相互作用的整体，是对事物关系的认知。学习的过程就是一个不断地进行结构重组、不断地构建完形的过程。一切学习，其实质都是对情境中各部分之间关系的理解而构造完形，学习并非是在情境与反应之间建立联结。

管理教学强调模拟场景，老师应以引导来让学生"顿悟"，而不是让学生死记硬背，拼命练习。"顿悟"的授课，学生记忆深刻，容易产生迁移。格式塔心理学家认为讨论是个体思维在分析现有信息和综合新观点之间轮回交错的一个过程，在讨论中，不同的观点得以表达，不同的思维相互碰撞，这些观点想法不停地被争论探讨，促使学生更加深入地思考问题，从而对案例，或者说某种知识、观点、事物、得到更加深刻、更加准确的认识。

在管理案例教学中，老师呈现的案例对学生有意义，学生会有兴奋感，这种兴奋感是对学生最大的刺激和鼓励。有时任务看上去简直不可能完成，但越是这样，当他们突然发现解决办法的时候，就越会有"顿悟"的快感。老师在授课时，不能剥夺学生思考的权利，要尽量让学生自己去体验、去感受，这样学生才会记忆深刻。

3.3.7　多元智能理论

传统的智力理论认为，智力是以语言能力和数理逻辑能力为核心并将各种智能整合起来的一种能力，包括记忆力、观察力、想象力、思维力和注意力。基于这种认识，人们编制出各种形式的智力测最表，用来衡量一个人聪明的程度。按照这种观点，智商越高，人就越聪明；而智商越低，人就越笨。国际上的科技竞争催生了多元智力理论，多元智能（Multiple Intelligences）理论是由美国哈佛大学终身教授霍华德·加德纳（Howard Gardner）于 1983 年提出的。多元智能理论是对传统的智能理论挑战最彻底、最有影响的智能理论，它对当前我国的教育改革具有极其重要的参考价值。

多元智能理论认为：智能不是单一的，而是多元的。每个人与生俱来都拥有七种以上的各自独立存在又相互联系的智能（如表 3 - 6 所示），每种智能的运作都与大脑的某部位的组织有关，受不同部位神经系统的影响。

表 3 - 6　多元智能包含的七种智能

语言智能	有效地运用口头语言及文字的能力，即指听说读写能力，表现为个人能够顺利而高效地利用语言描述事件、表达思想并与人交流的能力。
逻辑数理智能	有效运用数字和推理的智能。逻辑数理智能优势的人在学习时靠推理来进行思考，喜欢提出问题，寻找事物的规律及逻辑顺序，对科学的新发展有兴趣，对可被测量、归类、分析的事物比较容易接受。

（续表）

空间智能	人对色彩、线条、形状、形式、空间及它们之间关系的敏感性很高，感受、辨别、记忆、改变物体的空间关系并借此表达思想和情感的能力比较强。
肢体运作智能	善于运用身体来表达想法和感觉的能力。这类人在学习时是透过身体感觉来思考，喜欢动手建造东西，喜欢户外活动，与人谈话时常用手势或其他肢体语言。
音乐智能	能够敏感地感知音调、旋律、节奏和音色的能力，表现为个人对音乐节奏、音调、音色和旋律的敏感以及通过作曲、演奏和歌唱等表达音乐的能力。
人际关系智能	能够有效地理解别人及其与人交往的能力，包括组织能力、协商能力、分析能力、人际联系等方面的能力。
内省智能	指自我认识和善于自知之明并据此做出适当行为的能力。这项智能能够认识自己的长处和短处，意识到自己的内在爱好、情绪、意向、脾气和自尊，喜欢独立思考。

智能多元化理论认为，人类的智能是多种多样的，可以分成三大族，即"与物有关的智能"、"与物游离的智能"、"与人有关的智能"。加德纳认为，智能是以组合的方式存在的，每个人都是具有多种能力组合的个体，而不是只拥有单一的、用纸笔测验可以测出的解答问题能力的个体。

多元智能理论还认为，智能具有情景性和社会文化性。个体的智能与一定的社会文化环境下人们的价值标准有关，文化的差异和成长环境的不同决定了人们对智能的看法不同，这种不同既包括对智能含义的理解差异，也表现为对智能表现形式的不同要求。因此，多元智能理论非常重视教学情境的创设，将多元智能理论应用于管理案例教学过程中时，要求教师运用多元化的教学媒体，创设丰富的管理课堂教学情境，以进一步开发迎合学生的不同智能。同时，多元智能理论带给管理案例教学的启示：每一个学生都具有不同智力特点，都有着自己的优势智力和智力不足之处，基于这种观点，管理案例教学应该是帮助学生开发多种智能；辅导每个学生发现自己的优势，发展自己的优势，做到扬长避短，进一步帮助学生发现适合其智能特点的职业和爱好。

3.3.8　范例教学理论

"范例方式教学理论"是德国教育家瓦根舍因针对二战以后联邦德国"百科全书式的教育"所造成的教材庞杂、学生负担过重、青少年的智力受到严重摧残、教学质量急剧下降等弊端而提出来的。

"范例方式教学理论"的教学指导思想是：在教学内容上突出基本性、基础性和范例性；在教学要求上做到传授知识与思想教育相结合、掌握知识与发展智能相结合、作为主体的学生与作为客体的教材相结合；在教学程序上要遵循由典型事例向个别特点推出同类事物的普遍特征，再由普遍特征上升到掌握事物的发展规律，从而提高学生对客观世界的认识，增强对待客观事物行动的自觉性。

范例教学主张通过个别的范例即关键性问题来掌握一般的科学原理和方法，使学生从个别到一般，掌握教材结构，理解带有普遍性的规律性知识。其带给管理案例教学的启示：管理案例教学应教给学生基本概念、基本科学规律；教学内容应适合学生的智力水平、基本经验和生活实际；教给学生精选的知识，从而让学生进行学习迁移和实际应用，注重教学与教育的统一；问题解决与系统学习统一；掌握知识与培养能力的统一和主体与客体的统一。

3.3.9　情境教学理论

情境教学的概念，首先由布朗、科林斯和杜吉德（Brown、Collins &. Du - guid）在 1989 年一篇名为《情境认知与学习文化》 （*Situated Cognition and the Culture of Learning*）的论文中提出。他们认为"知识只有在它们产生应用的情境中才能产生意义，知识绝不能从它本身所处的环境中孤立出来，学习知识的最好方法就是在情境中进行"。从内涵上来说，情境教学是从教学的需要出发，教师根据教材来创设以形象为主体，并富有感情色彩的具体场景或氛围，以激起和吸引学生主动学习，从而达到最佳教学效果的一种教学方法。情境教学的"四性"如表 3 - 7 所示。

表 3-7　情境教学的"四性"

"四性"	具体内容
问题情境应具有"学科性"	情境创设要紧扣学科教学内容，突出学科学习主题，创设的情境要有"学科味"，要拥有"学科"的脊梁。
问题情境应具有"关联性"	情境创设必须明确，创设某一情境的意图是什么，情境与教学目标是否具有相关性。若不认真考虑情境与所学知识之间能否建立有效的联系，以及如何通过这种联系让学生体会并掌握新知识，则创设的情境可能不适合特定的学科学习内容。
问题情境应具有"引领性"	理想的情境不应仅仅起到"敲门砖"的作用，还应当在教学的进一步开展中自始至终发挥一定的导向作用。它应该贯穿课堂教学的始终，在整个教学过程中都能激发、推动、维持、强化和调整学生的认知活动、情感态度。
问题情境应具有"真实性"	情境的创设一定要尊重生活实际，符合客观规律。用恰当的方式恰当地展现情境，是使所创设的问题情境高效发挥作用的前提。"失真"的问题情境，既不利于学生的应用意识的形成，又难以达到让学生正确认识生活、了解生活、学会生活的目的。

　　情境教学理论是管理案例教学重要的理论依据之一。管理案例教学活动中采取发生在现实生活中的实例为媒介，在教学中模拟与现实情境相类似的情境，目的就在于让学生产生身临其境的感觉，发散学生的思维、激发学生主动学习、深入思考的欲望。在此基础上，教师鼓励引导学生对解决问题展开探索，从而不仅帮助学生理解、掌握基础知识，而且提高了学生分析、探求、解决现实问题的能力。

　　管理案例在教学过程中，教师以学生比较感兴趣的、现实生活中的实际情况为基础，模拟创设教学情境、设计教学案例，让学生身临其境，激发学生学习兴趣，促使学生主动探索、发散思维、交流沟通，以完成教学目标和教学任务。这样的学习方法不仅能够帮助学生更好地理解基础知识，同时也提高了学生自主探究和解决实际问题的能力。

3.4 国内外学者对案例相关概念的理解

3.4.1 案例教学与传统教学区别

统的教学方式已经为大家所熟知，但它却愈发不适应现代社会的发展需要，当今人才的培养需要一种区别于传统教学的新模式，长期以来国内外学者均注重案例教学和传统教学的区别。如果了解案例教学和传统教学的不同之处，将有助于案例教学在当今社会的推广和运用，同时也能更直观的掌握案例教学的优势。案例教学与传统教学的区别如表3-8所示。

表 3-8 案例教学与传统教学区别

	案例教学	传统教学
教学目的不同	案例教学明确地将实践应用能力的培养作为教学目标，并注重培养学生分析问题、研究问题、解决问题的能力。	传统教学是为了向学生传授从古至今流传下来的真理、公式等，要求学生即使是通过"死记硬背"这样的方法也要牢牢将理论记住。
教学材料不同	案例教学使用的教学材料是案例，这些案例往往更符合学生的认知需求，涵盖的知识信息新而广，案例给定情境却没有答案，这就要求学生在一定的情境下分析问题得出结论，这有利于学生个性化的发展。	传统教学采用的是教科书，其中的理论知识经过严密探讨，具有权威性。但这也导致了学生养成了不会质疑的习惯，认为只要是教材上的东西都是正确的。同时，传统教材更新的周期一般较长，这就使得有些知识较陈旧。

（续表）

	案例教学	传统教学
教学步骤不同	案例教学的基本步骤是"展示案例——互动讨论——发表结论——归纳总结"，案例教学注重培养学生学习的主动性。	传统教学的基本教学步骤是"给出问题——讲授知识——举例——应用"。
教学方法不同	案例教学是启发式的，通过案例的综合运用，促进学生尝试、探究与理解，启发学生的思维。	传统教学的教学方法是讲授法，即以老师讲、学生听为主，两者是授受的关系。
教学主体不同	案例教学中学生是课堂的主体，学生理解、讨论的好坏影响着整堂课的教学效果。老师在课堂中所起的作用只是引导，及时纠正学生讨论方向。	传统教学中教师在教学过程中占主要的地位，是课堂教学的绝对主体，在课程的讲授中扮演主导者的角色。

从以上几点区别可以发现，相比较传统教学，案例教学更加适合当今社会提倡的素质教育，更加符合对学生能力培养的要求。

3.4.2 案例研究、案例教学的区别

案例研究是社会科学众多研究方法的一种，一般它依据企业现象，提出研究问题与理论命题，现场调查收集资料、编写案例、分析案例，最后推导出研究结论和提出今后课题。案例研究不是基于教学案例，而是基于研究案例来展开的，包括探索性研究、描述性研究、解释性研究。探索性研究，是指在确定研究问题和提出假设之前，所进行的初步资料收集和分析的研究，以帮助调研者将问题定义得更准确、帮助确定相关的行动路线，其目的和任务是为了提出假设，寻找新理论（theory－seeking）。描述性研究，是指对研究问题有了初步了解和假设之后，对案例所进行的更为具体和详细的分析，讲故事（story－telling）或画图画（picture－drawing）。目的和任务是使被描述的问题清晰地展现在人们面前。解释性研究，是指对研究事物的因果关系进行推理，以获取有关起因和结果之间联系的证据，具体包括：哪些变量是起因（自变量），哪些变量是结果

（因变量或响应），以及之间的相互关系，目的和任务是对理论的检验（theory‐testing）和构建。

　　案例教学则是以案例为教材，在学习与讨论案例的过程中，学生以决策人的身份识别、定义问题，分析各种可行方案并制定实施计划。通过这种身临其境地解决问题式的学习过程，将理论应用于实际中，能不断提高学生分析问题和解决问题的能力。案例教学中所运用的教学案例，不是成功经验介绍或者失败教训总结，而是试图模拟一种实际的管理情景。案例教学，从教学内容和方法的角度可以归纳为两个大类：一是分析型案例教学，二是研究型案例教学。我国传统案例教学大多采用的是哈佛式案例教学，属于分析型案例教学，即主要对指定的案例情境和内容展开分析讨论，归纳其中的思想和经验，训练学员的批判性思维。分析型案例教学带有被动性学习的印记。研究型案例教学通过引入科学研究的基本要素，将学习与研究、实践结合起来，培养学员获取知识和创造知识的能力。研究型案例教学比分析型案例教学更加复杂，其设计与组织是一个系统的过程，它主要包括导入准备、自主开发、展示与讨论、成果评价等重要阶段或环节，遵循的是认知过程的体验导向。研究型案例教学的核心是对研究型案例的分析，通过在课堂上引入研究型案例，对其科学原理进行详细分析，将复杂的理论以生动、具体的案例来描述。

3.5　国内外管理案例具有共同的特征

3.5.1　真实性

　　真实性是管理案例最基本的特征。案例来源于工作、生活中发生的真实事件，而不是依靠个人想象力和创造力凭空杜撰出来的产品。作为管理案例而言，它应该记录的是管理实践中真实发生的事件，案例强调客观真实性，而不是虚构与主观臆想产生的。

　　案例是以客观事实为基础进行编写的，是对事实的真实描述，事实既可以是现代社会经济活动中个人或组织发生的，也可以是历史上发生过的事件。在案例描述中，一般都是编写者原原本本地描述事实发生的情节。

在案例教学中，学生在教师的引导下，自主地思考问题，分析讨论，从而能得出自己的结论。

3.5.2 典型性

管理案例所描述的事例必须具有典型性，即能代表某类事物的性质特点。学生通过分析案例就可以明白同类问题的原理，使学生掌握从个别到一般、特殊到普遍的分析方法。案例是由一个或几个问题组成的，是具有一定代表性的典型事例，代表着某一类事物或现象的本质属性，概括和辐射许多理论知识，包括学生在实践中可能会遇到的问题。管理案例越是典型，揭示的规律就越深刻，案例的普遍意义和通用意义也就越大，从而使学生不仅掌握有关的原理和方法。

3.5.3 完整性

管理案例的叙述首先要有一个从开始到束的完整情节，要将整个事件发生的时间、地点、经过、结果讲清楚。其次管理案例必须将冲突放置放在特定的情境之中，需要交代特定的时间、地点、人物和细节等等，这些对情境的描述能够为读者提供足够的信息，是读者理解管理案例的重要条件。

3.5.4 启发性

管理案例虽然是对客观事实的描述，但并不是简单地叙述故事，而是要能启发学生思考，使学生投入到案例情景中，最后掌握教学内容，灵活运用理论知识。教学中所选择的案例是为一定教学目的服务的，在撰写案例的时候一定要围绕一个鲜明的主题以便体现典型性的同时，达到启发教师学生互动思考解决问题的目的。因此，每一个管理案例都应能够引人深思，启迪思路，进而深化理解教学内容。

3.5.5 时代性

管理案例具有很强的时代性，管理案例与所处的时代密不可分。当今社会发展迅猛，知识水平的不断提高导致案例的使用不能一成不变。案例需要伴随教育理念和教育内容的更新而更新，如果一直使用陈旧的案例来指导现在的教学，学生便不能从中学习最新的管理知识经验，知识水平便会落后于现代社会发展的脚步。所以，我们在管理案例教学中既要使用经典的管理案例，也要使用跟上新时代步伐的新编管理案例。

3.6　国内管理案例教学与管理举例教学容易混淆

跟传统教学方法相比，管理案例教学有着很大的不同，国内管理课程学习中，人们容易把案例教学与举例教学混淆在一起，高校相关管理老师讲授多年的管理课程，却未能厘清楚案例教学与举例教学之间的关系。

"管理案例教学"和"管理举例教学"案例教学中包含一个"例"字，因而易于误解成案例就是例子，误解成管理案例教学就是管理举例教学，然而，实际上这两者是有本质区别的。管理案例教学不是传统课堂教学中的举例教学。举例教学和案例教学有相似的地方，都是为了达到一定的教育目的，选择某一典型的事例来进行教学，但两者有本质的区别。举例教学中使用的例子与案例教学中使用的案例有很大区别，具体区别如表 3 - 9 所示。

表 3 - 9　**管理案例教学与管理举例教学的区别**

	管理案例教学	管理举例教学
使用的案例有很大区别	案例教学中使用的案例必须具备真实性和典型性。	举例教学中使用的例子可能是教师通过电视、报纸、杂志等方式获得的，也可能是道听途说的，甚至可能是自己编造的，具有很大的随意性。
目的不同	通过教师的精心策划和引导，将学生置于案例的实践环境中去进行分析思考和决策，以达到培养学生认知能力和解决问题能力。	教师以一些生动形象的故事或事件为例进行讲解，以引起学生的注意和兴趣，使学生更容易达到对枯燥的理论知识的理解。

（续表）

	管理案例教学	管理举例教学
使用的案例在教学中的地位不同	案例教学是以案例为核心，教师为主导，学生为主体，围绕案例开展讨论，从而使学生获得知识和能力。案例在教学中占中心地位。	举例教学中，举例是教师单方的教学行为，教师在整个教学活动中居于主要地位，所举的例子则居于次要地位，且该例子不如案例精致。
主体	学生。	教师。
教学方式	"探究—互动"式。	"传授—接受"式。
规范性	案例教学有比较固定的教学规范和教学程序，主要是让学生在案例讨论的过程中分析归纳出需要掌握的理论，并在此过程中提升学习兴趣和自主分析学习的能力。	举例只是教学过程中的辅助形式，不具备较固定的教学规范，因而案例教学不同于举例教学，无特定操作程序和规范。

案例教学与举例教学二者在使用的案例、教学目的、事例的地位、主体是谁、教学方式、教学的规范性方面存在较大差别。但是异中有同：案例教学与举例教学都要通过一定的事例来说明道理，都是为一定的教学目的服务。在具体管理案例教学中，容易出现以下几点误解。

误解之一：管理案例教学中，管理案例不过是教学过程中的"调味品"，可有可无。

对于管理案例教学的最大误解是，案例教学是为了教学过程的生动性、趣味性。在这种认识影响下，案例不过是教学过程中的"调味品"，是一个例证，是对要传授知识的一种说明。这种做法，把案例教学的本质当作简单归纳法。

误解之二：认为教学案例的呈现和举例的目的是相同的。

事实上，采用教学案例目的是让学生自主学习，从而提高学生分析问题、解决问题的能力。实际上教学案例的呈现和举例的目的是不同的。在案例教学中，事件的呈现更主要目的是营造接近实际的情境。在案例教学中，具有这些特点的教学案例是引起师生共同进行探究活动的载体，处于中心地位。然而，在举例教学中，为了辅助教学所列举的例子只起辅助作用，占次要地位，举例子主要是辅助教师来说明某一观点、原理等。

误解之三：认为案例和举例在教学中地位一样。

事实上，案例和举例在教学中地位不同，案例在案例教学中占中心地位，所有教学任务如理论的运用、能力的培养、都是围绕案例展开的；举例在一般教学活动中则居次要地位，具有阶段性，举事例只是为了解释或印证教学中的某一观点，例子和解释论证是相生相消的。

误解之四：认为案例和事例的涵盖面相同。

事实上，案例和事例的涵盖面不同，在案例教学中，教学案例就是在教学目标的指引下，选择具有典型性的、能引发学生思考的、真实管理案例中的事件，案例必须包含分析与反思，教学案例中的事件发生以及发展的过程完整，案例教学中所选取的典型事例必须是来自于现实环境中发生的事件，具有真实性、完整性、典型性、启发性等特征，在教学中举例具有很大的随意性，事例有可能是杜撰或从主观臆断编造的例子，不具备案例的五大要素。

3.7　国内外管理案例写作范式比较

3.7.1　国内管理案例写作范式

国内早期案例研究，大都以理论导入的，管理案例研究的逻辑流程被规范为"理论回顾——案例研究设计——数据收集——数据分析——案例研究报告撰写"。例如欧阳桃花（2003）以 A. 格申克龙理论为分析框架，通过海尔的案例研究，探讨和分析中国家电企业高速成长的过程和原因。另外，土世权等（2011）针对理论上关于母子公司关系网络作用于子公司创业的内在机理尚未理清的事实，对海信集团及其主要的 13 家子公司的发展进行了深入剖析，构建相关的理论模型。郑晓明等（2011）从双元能力的理论视角，以海底捞公司发展历程为案例研究对象，系统研究了促进企业服务敏捷性形成的特征、过程和原因。

国内描述性和解释性案例研究不少均是以已有理论研究成果为出发

点，进一步通过解释或描述剖析变量之间因果关系。例如，于天远和吴能全（2011）以珠三角地区的三家民营高科技企业为样本，结合使用深度访谈和问卷调查等方法，构建"组织文化变革模型"，阐释了"政商关系的非人格化水平"与组织文化变革历程的关系。国内案例研究长期以"质性一实证型"案例研究为主流，即采取长期扎根的实证型案例研究范式，搜集以文字为主的质性资料。

2013 年 5 月，中国专业学位教学案例中心在教育部和财政部的支持下正式启动。近几年中国专业学位教学案例中心加快案例培训，邀请毅伟商学院教授对高校教师培训，高校教师深入企业撰写案例的范式发生了较大的变化，录入到中国专业学位教学案例中心的案例不少是采用毅伟商学院案例编写的范式撰写。目前国内高校教师积极参加国内外举办的案例开发培训会，加大对传统案例撰写范式的改革力度，越来越多的教师开始参照哈佛管理案例、加拿大毅伟商学院开发的管理案例的范式去撰写中国本土的案例，这是传统国内案例写作范式的一种变革。

3.7.2 国外管理案例写作范式

毅伟商学院案例写作范式：由三种风格、两个部位和七个部分组成。根据实际情况选择使用三种写作风格：作家讲故事风格、记者报道风格、学者分析风格。两个部位的写作是指案例撰写和教学提纲撰写。七个部分指教学案例内容结构由七个部分组成：起首段、组织历史、背景、公司组织焦点行为、写作延伸、结语、附录。在毅伟案例课堂教学上，案例教学是以案例为载体、以学生为主体的参与式学习方式，是教师引导学生挖掘知识、发展能力的过程。故事、议题、理论构成案例教学目的的三层结构。

哈佛大学撰写案例的核心是要提出一个超出常规的难题，如何解决这个难题，成为关注的焦点。案例的开头要有吸引力的人物和事件，就像一把钩子，牢牢地钩住读者，不得不往下看，接下来应介绍背景材料，告诉读者事件发生的原因，接着是展开故事的情节，可以按时间、空间或不同的机构顺序展开，关键是让读者了解事件的全貌。哈佛案例的结尾很重要，一定要留下一个思考和讨论的空间，不把故事的结尾告诉读者，如果需要，可以准备一份案例的结尾，在课后发给大家。案例的写作有两大忌：一是不要分析，这是学者们常犯的一个错误。分析是学生的任务，案例的编写者只需要提供原始材料，不需要提供分析观点。二是不要虚构。管理案例不能主观臆造，案例的可信度来自撰写人的中立态度，同时要注意正反两方面观点的平衡，撰写案例应来自实践。

3.8　国内外管理案例研究法比较

20 世纪 70 年代末，一批日本和美国管理学者深入日本企业开展企业案例研究，产生了一批以 Z 理论为代表的日美企业比较的研究成果；80 年代初美国学者研究了多个企业的典型案例，并进行跨案例分析（cross－case analysis），总结出美国本土 43 家优秀企业的管理经验，提出适合美国企业学习的经验及"追求卓越"的企业精神。90 年代的"公司文化"是由多个学者包括 Pettigrew A. M（1997），Schein E. H.（1985），Deal T. E. 和 Kemedy A. A.（1982）等人分别基于不同企业的典型性案例研究总结而提出，之后陆续提出"核心能力"、"公司重组"和"平衡计分法"等。这些理论创新都是源于大量的管理实践和案例研究。

在对案例研究认识上，国内外不少学者有着共识：认为案例研究除了可以验证理论、批判理论，也可以构建理论，具体回答"是什么"、"为什么"和"怎么样"的问题。但在管理案例研究法上，国内外还是存在差异的。

3.8.1　国内管理案例研究法

案例研究法是研究者用于研究人文社会科学等方面问题的一种重要方法。21 世纪，在案例研究方法论上，一些新的研究思路相继被提出。有学者在这一领域引入了定量研究的"样本"概念，并将多案例研究视为不同案例"重复的准实验"。另有学者"嫁接"案例研究与问卷调查法，形成了"案例调查技术"。

苏敬勤教授（2011）按案例所发挥的作用归纳出验证性、探索性和描述性 3 类运用模式。验证性运用模式的目标重在验证、补充或修正理论命题，该模式可用"先理论构建＋后案例论证"来表示。探索性运用模式的目标重在对企业的新实践和客观事实进行探索，以挖掘出创新性理论。该模式可用"先案例探索＋后理论升华"来表示，该模式的另一手法是先案例探索而得出理论框架，后用统计调查法进行验证。描述性运用模式的目标重在对人、事件或情景的概况做出准确的描述，以期望揭示新问题和新现象，主要以提供研究所需的素材为目标，该模式可简洁地用"基于扎根理论的案例描述"来表示。

在对管理案例的验证性方面，翁清雄、陈银龄、席酉民（2014）从离职倾向、外在事件两个方面共同分析离职决策行为，构建员工离职决策多路径模型，采用多案例分析的方法对论文所提出的离职决策多路径模型进行检验，发现提出的离职决策路径模型能够较好地解释现实的离职行为。徐淑英教授也提出，在过去的25年，套用西方发展起来的理论框架在中国进行演绎性的研究主导了中国的管理研究领域，这种方法的主要成果是验证了已有理论或者对其情境性边界进行延伸研究。王重鸣教授认为社会科学研究原来强调"范式检验研究"，注重理论假设和变量关系，但现在则越来越注重"问题驱动研究"，强调机制解释和整合图式，王教授提出案例研究方法的3个新视角及相应功能：适应性案例研究方法，强化情景嵌入；选择型案例研究方法，提升原理概化；发展式案例研究方法，揭示理论机制。

当然，在管理案例验证性方面也有不同观点，例如吕力教授（2014）认为"构建理论"是案例研究的目的，"验证理论"是实证研究的目的，他认为将案例研究区分为探索性案例研究和解释性案例研究并不确切，也不存在描述性案例研究。吕力教授认为管理案例研究是一个比较与归纳的过程，而不是实证检验的过程。

在探索性案例方面，苏敬勤教授通过探索性单案例研究对CoPS创新的动态能力进行了分析，研究归纳出CoPS动态能力的三个维度以及六个子维度，这些发现超越了单纯的描述，提供了大型装备制造企业CoPS创新情境中动态能力维度的定义，为后续操作该构想的维度奠定了基础，同时对提高大型装备制造企业能力有一定参考意义。

苏敬勤、贾依帛（2018）通过对我国工商管理案例研究现状、应用前景及情境化深度研究，发现案例研究的四个层次：第一层次的研究多是对案例的简单描述；第二层次的研究是基于情境因素关系方面，至于关系作

用机理或演化路径尚未解释清晰，主要是对已有西方理论模型的验证或有
局限性的扩展；第三层次是对情景机理探析；第四层次是对管理理论的
构建。

3.8.2　国外管理案例研究法

1984 年 Miles 与 Huberman 设计出使用表格和图表等来处理和代替定
性数据的专门技术框架。斯坦福大学教授凯瑟琳·艾森哈德（Eisenhardt，
K. M.，1989）总结了 Gersick（1988），Leonard — Barton（1988），
Harris&Sutton（1986）为早期方法论的发展所做的贡献。虽然也有欠缺
之处，不过他们通过案例构建理论，发展了自创的技术。Warwick 通过对
调查者的三角测量提高了案例研究结论的可靠性。90 年代以后不断出现在
案例研究方法上的创新。Eisenhardt 极力推崇多案例研究，发展了跨案例
分析。

著名的案例研究专家罗伯特·K. 殷（2005）描述了为多案例分析所
必需的复制逻辑，他还把实验研究设计的效用和可信性带到案例研究设计
中，提出的"可通过调查方式搜集研究数据，也可像实验法一样通过归纳
得出具有理论色彩的结论"，他指出，案例研究是一种实证研究，其与实
验法、调查法、档案分析法、历史分析法相对而立，并且提出可在案例研
究中应用调查法。Tellis 根据研究目的与研究设计的差异将案例研究分为
探索性、解释性和描述性三类。

Brewer 与 Hunter 将多元方法路径应用于社会研究过程中的问题形成、
理论建立和检测、抽样、资料搜集和分析以及研究报告等阶段。塔沙克里
等提出的混合方法与混合研究模型获得了较多学者的认同，他们将混合研
究法划分为先定性、后定量以及先定量、后定性的顺序型混合研究，或在
某一阶段同时使用定性研究与定量研究的共时型混合研究，并根据选用不
同性质研究方法的从属情况，将混合研究法划分为以定性研究为主、定量
研究为次以及以定量研究为主、定性研究为次的主次型混合研究方法。塔
沙克里还专门探讨了混合研究模型在案例研究中的应用，他将混合案例研
究法的主要研究步骤归纳为研究类型选择、资料搜集与操作、分析与推论
3 个部分，然后在各个环节导入定性研究与定量研究思路来建构理论。

新加坡国立大学潘善琳博士提出了一种集欧美优点于一体的实用方法

——SPS（structured pragmatic situational，结构化、实效化和情景化）。该方法的特点是既在一个理论基础上进行创新，又应用充足的前后关联的证据得出明确结论，在结构化的研究方式下注重实用性，寻求扩展现有理论。案例研究的本质是基于丰富的实证数据，创建构想、命题、理论（Eisenhardt，1989；Yin，2003）。

在案例研究的科学化、规范化方面，有几位著名学者为此做出了卓越贡献。在各类案例研究文献中，他们的研究方法被广为推崇，这些研究方法包括：Glaser 和 Strauss（1967）、Strauss 和 Corbin（1998）的 Corbin（1998）的扎根理论（grounded theory），Miles 和 Huberman（1994）的定性数据分析方法，以及 Yin（1994）和 Eisenhardt（1989）的案例研究方法。扎根理论（grounded theory）被认为是定性研究方法中最科学的一种（Hammersley，1990）。Yin（1994）将案例研究的适用范围进行了清晰的界定，更为重要的是，如同定量研究有严格的程序和步骤一样，各种类型的案例研究都要遵循规范化的步骤：案例研究设计、数据收集、数据分析和撰写研究报告，每个步骤又包含了多种实现方法和手段。Yin（1994）认为自己定义的案例研究不同于扎根理论，他认为案例研究事先可以有研究理论框架或假设，但他又指出探索性案例研究遵循的正是扎根理论的方法。Miles 和 Huberman（1994）的定性数据分析方法给我们展现了如何对"原始数据集"逐步分析归纳/验证的过程。Miles 和 Huberman 的方法常常和扎根理论中的数据分析方法相结合成为案例研究人员推崇的数据分析手段。

近几年，国外案例研究方法也有一些新的发展（Eisenhardt，2016）。例如，案例研究也能同其他的研究方法相结合使用，包括计量经济方法、仿真、数学模型、机器学习等。"由于案例研究是一种根植于丰富实证数据的理论构建方法，所以通过案例构建理论更有可能产生准确、有趣、可验证"。

目前国内外管理案例有着共同的发展趋势。我国管理案例研究已从单纯使用质性数据发展成为通过定性与定量数据相结合的数据来支持研究。清华大学李飞教授认为，案例研究不是与定量化研究相对立的定性研究，而是可以包括定量研究的一种研究方法。乔坤、冯晓蕾（2008）提出"案例研究可以基于定性材料，也可以基于定量材料，或者同时采用定性材料和定量材料"，说明案例研究也可以实现定量视角的"科学化"。"随着计算机定量模型、结构方程模型（SEM）、等级线性模型（HLM）等分析技术在社会科学研究领域中得到快速的应用，这种对案例研究方法的传统批评也愈加喧嚣尘上"，案例研究法和问卷研究法的结合，正是在定性深入分析与定量分析论证高度契合的情况下开展的，是科学研究方法的一种合理的选择与发展趋势。唐权（2017）基于理论演绎逻辑，将塔沙克里等提出的混合研究方法论及其知识体系导入现有质性－实证型案例研究的思路、设计及成果等三个方面，并提出聚焦案例，将混合研究逻辑导入 12 个质性－实证型案例研究步骤的混合案例研究法。

第4章　改革开放与新时代管理案例实践

改革开放以来，我国教育界逐渐认识到案例教学的重要作用。1986年，国家经贸委组织了首届案例教学培训班。1987年，国家经贸委批准了在大连培训中心基础上成立全国性的管理案例研究中心——大连理工大学管理案例研究中心，建立了中国第一个管理案例库。1999年初，大连理工大学建立了我国第一家管理案例库网站，举办了多场中国企业管理案例研究学术研讨会。这些围绕案例教学体系建设所开展的工作，为中国管理案例共享中心的建立与发展奠定了坚实基础。

2007年5月，中国管理案例共享中心成立，日常工作机构设立在大连理工大学管理学院。中国管理案例共享中心的成立主要为了实现中国MBA培养院校间的案例资源共享、师资共享、学术成果共享和国际合作资源共享。中国管理案例共享中心成立后，围绕案例开发、案例库建设、案例师资培训、《管理案例研究与评论》期刊建设、案例企业基地建设以及国际交流合作等方面进一步展开工作。在国际合作方面，共享中心与毅伟商学院签订了战略合作协议，并相继与哈佛大学商学院等十余所大学及学院建立了合作关系。中国管理案例共享中心将以更加专业和规范化的运作，为中国工商管理教育的发展做出贡献。

2008年7月18日，由全国MBA教育指导委员会主办、清华大学经济管理学院和加拿大西安大略大学毅伟商学院承办的第十期"案例教学与编写研讨班"开班，清华经管学院负责研讨班的具体管理工作，毅伟商学院提供授课教师和教材。2009年7月6日，由全国MBA教育指导委员会主办，清华大学经济管理学院和加拿大毅伟商学院共同承办的"第十一期案例教学与编写研讨班"开班。此次研讨班主讲教师为毅伟商学院陈时奋教授。陈时奋教授采用比较教学法，重点就MBA课程教学中案例教学的重要性、案例教学方法及技巧、案例的开发及编写等进行了系统的课堂演示。同时，学员们结合各自的 MBA 教学实践，就国内 MBA 案例教学中碰到的一些问题进行了热烈的讨论，并广泛地交流了各自在案例编写与教学方面遇到的问题及积累的经验。

改革开放初期，管理案例已经引起国内高校商学院重视，也曾邀请过毅伟商学院陈时奋教授讲授案例开发课。但是，那个时候国内商学院称案例为"学案例"，真正做案例开发的并不多。对案例教学的理解还局限于举例子阶段，课堂上要么直接引用国外案例，要么就是通过举例子，进一步说明原理；或者通过一个例子的背景调研、阐述，运用定性、定量分析，通过一定的方法对所列举的例子，进行分析，得出结论。在案例教学中，缺乏适合中国情景的本土的案例。

2013 年 5 月，中国专业学位教学案例中心的工作正式启动，在中国专业学位教学案例中心的指导和带领下，全国各地高校多次开展案例编写等培训工作。高校教师通过培训，对案例相关概念的理解越来越清晰了，老师撰写案例的热情较之前有大幅度提高。中国专业学位教学案例中心入库的案例很多是按照毅伟管理案例的范式撰写的。

本书中《改革开放时期管理案例 1》是以合肥某综合体项目一期 M7 综合楼精装公馆为案例进行节能分析、《改革开放时期管理案例 2》是以延河流域世界银行贷款二期项目为案例进行后评估。案例撰写遵循真实性，对案例的撰写不仅包括对事实的白描，而且带有编写者的分析与评论。案例写作范式上，按照传统的国内案例研究，以理论导入的模式撰写。

党的十九大报告指出，中国特色社会主义已进入了新时代。"新时代"是党从国家事业发展的全局视野、从改革开放近 40 年历程和十八大以来 5 年取得的历史性成就及历史性变革方位方面所做出的科学判断。这个新时代，是承前启后、继往开来、在新的历史条件下继续夺取中国特色社会主义伟大胜利的时代。新时代管理案例应跟上时代步伐，案例撰写应遵循"先画靶，再射箭"的原则，即在案例开发之前，作者就要拟定好教学目标和涉及的理论，使案例撰写内容紧密围绕教学目的而展开，其中案例正文和教学笔记应因受众不同，在写作风格和表现形式上应有所区别。

毅伟商学院教授提出，案例应该是对事实的白描，不应带有编写者的分析与评论，并指出："管理案例介绍的对象往往是一个组织中的人员、行动、事件、背景与环境，通过对事实、对话的描述以及数据与图表等形式表达出来的。"案例的内容和素材须基于客观真实的管理事件或者事实，描述企业实践过程中的事件发生发展的动态历程，围绕企业真实管理事件和情境展开。为了更好地贴合教学的实际需要，案例编写者一般会对管理事实进行改编，使得最终的案例能更好地体现其真实性和模拟性。

《新时代管理案例1》是以小岗村的"互联网＋"土地流转为案例进行分析的、《新时代管理案例2》是对江淮汽车的前世今生及发展进行战略分析。案例编写形式可参考本书第三章中的毅伟商学院案例写作范式，主要包括正文、正文说明、附件。正文包括起首段、组织历史、背景、公司组织焦点行为、写作延伸、结语、附录等，整个案例正文不带有编写者的分析与评论，理论是埋在故事中的，需要学生自己思考、总结、提炼。

4.1　改革开放时期管理案例1
——超高层建筑实现绿色低碳的研究与评价

4.1.1　研究意义

近20年来，我国的超高层建筑得到快速发展，面对世界范围内超高层建筑的建设大潮，在节能、低碳和环保等政策、市场需求及可持续性理念等因素推动下，绿色低碳设计与技术已成为当今世界建筑的研究热点和发展趋势。理解超高层建筑的绿色低碳性，构建适当的指数及评价体系来综合评价现有的超高层建筑的绿色低碳性，并将该体系应用于合肥市超高层建筑中，最后根据评价结论提出超高层建筑实现绿色低碳的改进措施，对真正实现超高层建筑的绿色低碳及超高层建筑的可持续发展乃至整个人类社会的发展具有很重要的理论价值和现实意义。

（1）超高层建筑与绿色、低碳的内涵特点

所谓超高层建筑，我国《民用建筑设计通则》规定：建筑高度超过

100m 时，不论是住宅还是公共建筑均为超高层建筑。

绿色建筑是指在建筑的全寿命周期内，最大限度地节约资源（节能、节地、节水、节材）、保护环境和减少污染，为人们提供健康、适用和高效的使用空间，与自然和谐共生的建筑。所谓"绿色建筑"的"绿色"，并不是指一般意义的立体绿化、屋顶花园，而是代表一种概念或象征，指建筑对环境无害，能充分利用环境自然资源，并且在不破坏环境基本生态平衡条件下建造的一种建筑，其又可称为可持续发展建筑、生态建筑、回归大自然建筑、节能环保建筑等。

低碳建筑是指在建筑材料与设备制造、施工建造和建筑物使用的整个生命周期内，减少化石能源的使用，提高能效，降低二氧化碳排放量。目前低碳建筑已逐渐成为国际建筑界的主流趋势。一个经常被忽略的事实是：建筑在人类活动二氧化碳排放总量中，几乎占到了 50%，这一比例远远高于运输和工业领域。

（2）国内外研究现状

国外学者的研究评述：英国建筑研究所（BRE）1990 年首次推出的建筑环境评价方法是各种绿色评价系统中最为著名的评价方法之一。1998 年和 2000 年美国建筑委员（USGBC）先后公布两版《LEED 绿色建筑等级体系》，主要用于评价美国商业建筑整体在全寿命周期中的绿色生态生命力，目前该体系是国际上具有权威性的绿色建筑评价体系。"绿色建筑挑战运动 GBC"是由多国参与研究建立的一个合理评价建筑物能量及环境特性的评价方法——GBTOOL，其目的在于建立第二代建筑环境评价系统。该体系能根据不同国家和地区的实际情况来合理变更有关标准和价值权重系统，可适应世界各地的每个角落。

国内学者的研究评述：上海建科工程建筑新技术事业部副所长韩继红认为超高层建筑应在人文关怀、节资高效、智能便捷三个方面体现绿色理念。2011 年，中国建筑科学研究院上海分院孙大明等人总结了绿色超高层建筑的重点技术与难点，得出节能、节水、节材是绿色超高层建筑的重点。2011 年，学者范宏武针对超高层建筑的特点，分析了我国绿色建筑评价标准在超高层建筑中的适用性，发现目前超高层建筑工作存在条文匹配性弱、针对性不强等问题。2011 年，上海市建筑科学研究田慧峰等认为绿色超高层建筑是比常规超高层建筑能耗更低、室内环境质量更高、建筑采光效果优良、对周围环境影响更小且高效稳定运行的低碳和可持续发展的超高层建筑。华东建筑设计研究院张伯仑提出超高层建筑的绿色建筑标准应充分考虑入驻超高层建筑的高端企业对 GDP 的贡献。2012 年，住建部印发《绿色超高层建筑评价细则》。

尽管国内外有关超高层建筑绿色低碳研究已成研究热点，国内也出台相关评价细则为超高层建筑的规划、设计、建造和运营管理提供更规范的具体指导，为绿色超高层建筑评价和发展提供更明确的技术原则，但是如何将已有的评价细则运用于超高层建筑绿色低碳指标体系的构建及评价，仍欠缺系统研究。

4.1.2 超高层建筑绿色低碳评价指标体系

（1）低碳建筑评价指标体系研究

随着我国经济的快速增长，建筑市场尤其房屋建筑工程出现高峰期，建筑规模大，资源消耗量大，建筑行业的低碳转型势在必行。研究低碳建筑评价指标体系，首先要分析发展低碳建筑的潜在效益。所谓潜在效益，是指在未来某个时期才能开拓出来的效益。低碳建筑的潜在效益，是人类建造低碳建筑时对建筑消耗常规能源外部性的消除，当潜在效益被交易双方认可时，必将被纳入市场交易的价值中去。

（2）低碳建筑的主要影响因子

①低碳结构：指建筑在建设过程中的整体规划与结构体系，主要从采光系统、采暖系统、楼地面系统与墙体系统四个指标进行评价。②低碳材料：指在建筑的构建过程中所采用的材料，是否是低碳性质的，能否循环利用等。主要从就地取材、建材生产与材料再利用及废弃物处理三个指标进行评价。③低碳能源：指在建筑施工和运营管理过程中对于能源的有效充分利用，主要从能源计量与监测、集体供暖性能、可再生能源利用率与清洁能源利用率四个指标进行评价。④低碳技术：指在建筑建设过程中所采用的一系列节能减排技术，提高能源的利用效率，减少废弃物的排放，主要从低碳及新型材料利用、新型施工工艺引入、节能减排技术的利用、智能电子设备的投入与建筑施工队伍专业化比例五个指标进行评价。⑤低碳管理：指建筑在构建完成、投入正常使用、在维护运营过程中进行的低碳化管理，主要从绿化率、物业人才队伍建设、垃圾处理、运营管理四个

指标进行评价。

（3）低碳建筑评价体系模型构建

根据低碳建筑的影响因子，本书所建立的低碳建筑评价指标体系分为目标层、一级指标层和二级指标层，如表 4 - 1 所示

表 4 - 1　低碳建筑评价指标体系

一级指标	二级指标	三级指标
低碳建筑评价指标体系	低碳结构指标	采光系统
		采暖系统
		楼地面系统
		墙体系统
	低碳材料指标	就地取材
		建材生产
		材料再利用及废弃物处理
	低碳能源指标	能源计量与监测
		集体供暖性
		可再生能源利用率
		清洁能源利用率
	低碳技术指标	低碳及新型材料利用
		新型施工工艺引入
		节能减排技术的利用
		智能电子设备投入
	低碳管理指标	绿化率
		物业人才队伍建设
		垃圾处理
		运营管理

4.1.3　绿色建筑评价指标体系研究

我国现行的绿色建筑评价体系是在借鉴国外先进经验的基础上于2006年提出的，尚处于起步阶段。随着我国绿色建筑的逐步发展，建立一套清晰可行、科学合理的绿色建筑评价体系势在必行。我国于2001年发行《中国生态住宅技术评估手册》，并在随后的两年中，进行了两次修订。为了实现2008年北京奥运会"绿色奥运"的承诺，我国于2002年正式确立"绿色奥运建筑评估体系研究"课题，这是国内第一部关于绿色建筑的评价、论证体系。原建设部针对我国实际情况和国内绿色建筑发展形势，于2006年发布了《绿色建筑评价标准》GB50378-2006，这是具有中国特色的绿色建筑评价体系，是在借鉴国外先进经验并结合我国国情基础上，提出的对绿色建筑进行多目标、多层次综合性评价的国家级评价准则。

下面分析两个代表性绿色评价指标体系。

（1）美国 LEED 绿色建筑评价体系

由美国绿色建筑协会发布并推行的 LEED 绿色建筑评估体系，被认为是当前世界在各类建筑环保评估、绿色建筑评价及建筑的可持续发展性评估标准中最为完善和全面的一套评价体系。美国 LEED 绿色建筑评价体系涉及的建筑类型相对较为完整和全面，包括6类各不相同又相互联系的绿色建筑产品评价：①新建筑评估，即 LEED for New Construction（LEED-NC）；②提倡业主与租户共同发展的评估，即 LEED for Core & Shell（LEED-CS）；③针对商业内部装修的评估，即 LEED for Commercial Interior（LEED-CI）；④强调建筑运营管理评估，即 LEED for Existing Building（LEED-EB）；⑤住宅评估，即 LEED for Home（LEED-H）；⑥社区规划与发展评估，即 LEED for Neighborhood Development（LEED-ND）。

虽然 LEED 评价体系相对完善和全面，但鉴于我国国情，如果完全套用这套评价体系，仍具有一定局限性，不可避免地存在一些不尽适宜的地方。例如，为了维护建筑场地和周边的生态环境，在"可持续场地选择"指标中，LEED 体系强调的是空地最大化，这就不符合我国"寸土寸金"的实际国情，并与我国绿色建筑"四节一环保"（节能、节地、节水、节才和保护环境）中的节地理念相悖。

（2）中国《绿色建筑评价标准》GB50378－2006

《绿色建筑评价标准》GB50378－2006 是由国家原建设部和科技部共同于 2006 年 6 月 1 日发布的，是现阶段通行的符合我国建筑行业实际情况的一部综合性绿色建筑评价准则。

这套评价体系（如表 4－2 所示）主要包括 6 个评价指标：节地与室外环境、节能与能源利用、节水与水资源利用、节材与材料资源利用、室内环境质量和运营管理（住宅建筑）或全生命周期综合性能（公共建筑）。各个评价指标均由控制项、一般项和优选项组成；并按照建筑项目满足各个指标一般项和优选项的程度，将绿色建筑等级划分为三个。

表 4－2　绿色建筑评价体系

指标	等级	评价标准
节地与空间利用	一般项	屋顶绿化（屋顶绿化面积占屋顶可绿化总面积的比例达到 2%）。
		合理采用垂直绿化等方式。
		室外透水地面面积比。
	优选项	地下空间的开发情况（地下空间建筑面积与建筑占地面积之比）。
		优先利用废弃场地。
		是否采用钢结构住宅体系节约土地。
节能与能源利用	一般项	住宅建筑的体形系数、窗墙面积比。
		建筑朝向（最好接近南北向，夏季避免东西向日晒）。
		东西向的窗户的外遮阳设施。
		公共场所和部位的通风、日照、采光及公共场所照明设计的优化设计。
	优选项	采暖或空调能耗及能量回收效率。
节水与水资源利用	一般项	地表与屋面雨水径流途径的规划。
		雨水集蓄及利用设计。
		节水高效灌溉方式（喷灌、微灌等）。
	优选项	再生水、雨水等非传统水源利用率（绿化用水、垃圾间冲洗、洗车用水）。

（续表）

指标	等级	评价标准
节材与材料资源利用	一般项	工程决算材料清单中所显示的施工现场500km以内生产的建筑材料重量占建筑材料总重量的比例。
		钢筋混凝土主体结构使用 HRB400 级（或以上）钢筋作为主筋占主筋总量的比例。
		混凝土承重结构中采用强度等级为 C_{50}（或以上）混凝土用量占承重结构中混凝土总量的比例。
		高耐久性的高性能混凝土用量占混凝土总量的比例。
		建筑施工、旧建筑拆除和场地清理时产生的固体废弃物分类处理及回收再利用情况。
		在建筑设计选材时考虑使用材料的可再循环使用性能。
		在保证性能的前提下，使用以废弃物为原料生产的建筑材料，其用量占同类建筑材料的比例。
	优选项	采用资源消耗和环境影响小的建筑结构体系（钢、复合木结构以及适合工业化生产的结构体系等）。
室内环境保护	一般项	住宅外围护结构的内表面的结露情况。
		设有采暖或空调系统（设备）的住宅，运行时用户可根据需要对室温进行调控。考虑遮阳效果、自然采光和视觉影响等因素。
		房屋朝向的遮阳情况（南向采用外遮阳，东西向采用可调节外遮阳）。
	优选项	在自然通风条件下，房间的屋顶和东、西外墙内表面的最高温度。
		卧室、起居室（厅）使用蓄能、调湿或改善室内空气质量的功能材料。
运营管理	一般项	物业管理部门是否通过 ISO14001 环境管理体系认证。
		实行垃圾分类收集的住户占总住户数的比例。
		对可生物降解垃圾进行单独收集或设置可生物降解垃圾处理房，垃圾收集或垃圾处理房设有风道或排风、冲洗和排水设施，处理过程的二次污染情况。
		设备、管道的设置方便维修、改造和更换。
	优选项	对原生态植被、地形、地貌的恢复与保护情况。

以住宅项目为例，在满足基本控制项基础上，划分绿色建筑等级的项数要求见表 4-3 所示。

表 4-3　绿色建筑各等级需满足的项数要求（以住宅建筑为例）

等级	一 般 项						优选项（共 6 项）
	节地与室外环境（共 9 项）	节能与能源利用（共 5 项）	节水与水资源利用（共 7 项）	节材与材料资源利用（共 6 项）	室内环境质量（共 5 项）	运营管理（共 8 项）	
★	4	2	3	3	2	5	—
★★	6	3	4	4	3	6	2
★★★	7	4	6	5	4	7	4

然而，这套标准仅适用于建筑总量较大的住宅项目和消耗资源较多的公共建筑，对于其他类型的建筑，只能提供参考，缺乏明确的标准。另外，该体系虽然针对各评价指标规定了其权重，但对于各项指标包含的细分项目则以并列关系列出，并未标明重要程度，使得体系缺乏清晰量化条目。

4.1.4　绿色低碳建筑评价指标体系

绿色低碳作为建筑评价指标目前是不同的。绿色建筑包括三大主题：以人为本，即呵护健康舒适；保护生态，即保护环境，节约资源；天人合一，即人与自然协调发展。而低碳建筑包括四大主题：政治经济，即为应对全球季候变化而提出的低碳经济和低碳社会；单一指标，即利用多种方式减少建筑建造和使用期间的二氧化碳排放量；量化，即在现有排放量的基准上，量化建筑二氧化碳减排值是必要目标；金融属性，即与金融、货币、税务挂钩。

综合前两节对于低碳建筑和绿色建筑的评价指标体系的探讨，以及对绿色低碳主题的分析，根据居住建筑规划、设计、施工、建筑材料选用、运行管理过程中影响能源消耗和碳排放的最主要因素，从布局规划设计等

9个方面筛选 38 项指标构建居住建筑绿色低碳指标体系（如表 4 - 4 所示）。

表 4 - 4　居住建筑绿色低碳指标体系

	指　　标	分　值	备　　注
布局与设计 （6分）	体型系数	2	
	单体朝向	1	
	群体布局	3	
外围护结构 （37＋X 分）	围护结构热工性能	30＋X	有额外加分
	屋面	2	
	外窗的窗墙比和窗地比	2	
	建筑门窗节能性能标识	1	
	外遮阳	2	
机电系统 （11分）	低品位能源采暖	2	
	高效率家电及用电产品	3	
	供水系统	2	
	供热计量与室温调控装置	3	
采光与照明 （3分）	公共空间自然采光	1	
	节能灯具	1	
	照明节能控制	1	
可再生能源 （15＋X 分）	可再生能源占总能耗比例	13＋X	选项一有额外加分
	太阳能热水	4	选项二有额外加分
	太阳能光电	3	
	可再生能源采暖制冷	5＋X	
	能源存储或输出	2	
节水 （7分）	非传统水源利用	3	
	管网漏损控制	3	
	节水器具选用	1	

（续表）

指　标		分　值	备　注
建筑材料 （6分）	可循环材料	1	
	可再利用材料	1	
	建材本地化率	1	
	低碳材料	1	
	工业化部品部件	1	
	高性能混凝土、高强度钢筋	1	
施工与装修 （5分）	施工节能	1	
	施工节材	1	
	施工节水	1	
	施工与装修一体化	2	
运行管理 （5分）	垃圾收集设施	1	
	设备与公共空间维护	1	
	节能电梯	1	
	物业管理	1	
	绿色低碳住宅手册	1	

4.1.5　合肥市超高层住宅项目建筑节能经济分析

目前安徽省正处于经济快速发展期，截止到 2014 年末，我省已通过安徽省超限行政许可的超过 100 米的超限高层建筑已有 136 座，其中 117 座位于合肥市，而这其中又有 58 座为住宅建筑，例如合肥滨湖世纪城购物中心 T1~T4 公寓、绿城玫瑰园、蓝鼎星河府、华润凯旋门、恒大中央广场、置地广场·百悦公馆、坝上街环球金融中心、宝能城二期等项目均有超高层住宅。

以下为几个具体超高层住宅项目的简介：

合肥市恒大中央广场项目（如图 4-1 所示）位于合肥市明光路北侧，淮南路南侧，炉桥路东侧，金孔路西侧，地上总建筑面积 1063244m² 、地下总建筑面积 314999m² ，本项目地块（如图 4-2 所示）包括 1#~12# 的住宅、综合楼、幼儿园及部分商业，其中 1[#]（149.65m）、3[#]（133.6m）、7[#]（149.65m）、10[#]（149.65m）、12[#]（149.65m）均为超高层建筑。

图 4-1　恒大中央广场

图 4-2　恒大中央广场 1[#] 地块

合肥市置地广场·百悦公馆项目（如图 4-3 所示）位于政务新区绿轴和怀宁路之间，嘉和路以南、万佛湖路以北，是由超高层住宅和低密度住宅组成的高档小区。该地块共有超高层建筑 6 栋，从南向北、向西依次为栢悦公馆 4#、5#、6#、7#、8#、9# 楼住宅，地上均为 40 层，结构高度 144m。

　　合肥市华润·凯旋门住宅项目（如图 4-4 所示）总建筑面积 27.44 万 m²，其中地下部分 6.22 万 m²，地上部分 21.22 万 m²。本项目由 5 栋塔楼、6 栋裙房以及两层地下室组成。1# 楼为 51 层超限高层住宅，结构高度 148.2m，其余 4 栋均为 41 层超高层住宅，结构高度 118m。

图 4-3　置地广场·百悦公馆

图 4-4　华润·凯旋门

随着我国经济的快速增长，资源环境的约束日趋加大。作为国民经济重要产业之一的建筑业，是节能减排最重要的领域之一。我国每年新增建筑总量约 20 亿平方米，建筑能源消耗占到社会能源消耗总量的 27.5％，因此要实现建筑业的绿色低碳发展，建筑节能的各项政策措施有必要继续抓紧实施。

经过多年的探索与实践，当前夏热冬冷地区居住建筑节能 50％ 的强制性要求已得以深入贯彻，实施节能 65％ 标准是下一步安徽省建筑节能工作的重点，而通过对现有工程的评估是总结节能 50％ 的技术体系选择和探索下一步实施节能 65％ 标准的基础。本书结合合肥某超高层住宅项目（如图 4－5 所示）的实际情况，就冬冷夏热地区居住建筑实现节能 50％ 强制要求和实施节能 65％ 的可行性以及其相关技术经济情况进行了探讨和对比分析。

图 4－5　合肥某超高层住宅项目

（1）节能计算分析

① 项目基本情况

本项目位于合肥市芜湖路与明光路交口，占地面积 246 亩，总建筑面积约 130 万平方米，是集超星级酒店、高标准精装公寓、高级办公楼和商业金融中心于一体的大型综合项目。其中，A2 地块位于长江东大街以南，占地面积 5.7389hm²。东西向长约 250m，南北向长约 210m。本项目 7# 楼位于本项目中 A2 地块的南端，是集商业、办公、公寓于一体的综合楼。

本书以本项目 7# 楼（如图 4 - 6 所示）精装公馆为案例进行节能计算分析。7# 楼地上部分包括三栋住宅（R6：49 层，R7：46 层，R8：43 层），以及高层裙房（1～5 层为商业，6～9 层办公）。地下三层，分别为自行车库、设备机房及机动车库等。本书仅以 R7# 楼 10 层以上住宅部分为例来进行技术经济分析。主楼 R7# 建筑高度总高度 158.45m，其中住宅楼净高 111m，建筑面积 34254.7m²，具体参数指标见表 4 - 5 所示。

本项目在设计阶段没有以提高建筑节能为主要目标，仅达到了安徽省规定的居住建筑节能 50％ 的最低标准，因此本书的研究目标为：根据合肥地区的气候特点，通过现有成熟技术的优化组合达到居住建筑节能 65％ 的目标，并从中寻求易于市场推广且适合于地域特点的建筑节能技术。

表 4 - 5　合肥某超高层住宅项目 7# 楼各项参数一览表

位置	合肥（北纬 31.87°，东经 117.23°）
气候分区	夏热冬冷
朝向	南偏东 8.4 度
结构类型	剪力墙结构
建筑体型	条式
外墙饰面	涂料
层数	37 层
层高	3.0m
总户数	259 户
建筑高度	158.0m
建筑节能计算面积	31818.90（外轮廓线）m²
建筑表面积	33864.36（外轮廓线）m²

（续表）

建筑总体积		95456.70m³
体形系数		0.35
窗墙面积比	东	0.20
	南	0.35
	西	0.07
	北	0.17
墙体保温形式		无机保温砂浆（30.0mm）
节能目标		50%

图 4-6　合肥某超高层住宅项目 7# 楼

② R7# 住宅楼节能技术

根据安徽省市场情况和合肥地区气候特点，结合本项目具体特点，采用了以下措施来保证建筑节能率：外墙体系采用无机保温砂浆，屋面体系采用无机发泡硬质保温隔热层，外窗体系采用断热铝合金低辐射中空玻璃窗（遮阳型），通往封闭及非封闭户门均采用节能门，变频供水系统采用微电脑智能控制的变频供水系统以及照明采用智能照明系统等节能技术。

其集成应用的具体节能技术见表 4-6 所示。

表 4-6 合肥某超高层住宅项目节能技术集成应用一览表

节能技术内容	具体项目	技术特点	设计相关性能指标	作用
围护结构节能技术 [λ, W/(m·K); K, W/(m²·K)]	外墙隔热保温体系	无机保温混合砂浆（30mm）外墙保温系统	$K=1.36$	隔热保温性能良好
	屋面隔热保温体系	无机发泡硬质保温隔热层（50mm）	$\lambda=0.56$ $K=1.56$	隔热保温性能良好
	底面接触室外空气的架空楼板	采用聚合物保温砂浆系统	$K=0.69$	隔热保温性能良好
	外窗隔热保温体系	铝合金普通中空玻璃窗、断热铝合金低辐射中空玻璃窗（遮阳型）	$K=3.49-3.6$	隔热保温性能良好
	通往封闭空间户门	节能门	$K=3.0$	隔热保温性能良好
	通往非封闭空间或外户门	钢质节能户门，双层金属门板（中间填设 20mm 岩棉）	$K=1.7$	提高气密性，保温隔音
小区设备节能技术	变频供水系统	采用微电脑智能控制的变频供水系统		节能
	节能照明系统	公共部位采用高效节能灯具和光源，室内采用智能照明控制系统		节能

通过对本住宅楼项目设计文件的分析，应用建筑业中通用的清华斯维尔建筑节能软件对其进行热工计算，验证该项目的节能设计是否达到相关

节能标准及具体的节能率。使用 PKPM 软件，建立 R7[#] 楼热工计算模型，通过计算机分析得出节能率为 51.16%，符合安徽省建筑节能 50% 的标准。

③ 对建筑节能 65% 的探讨

为建设节约型和谐社会，发展节能型建筑，我国将建筑节能分为三个阶段，即节能 30% 阶段、节能 50% 阶段、节能 65% 阶段。目前，节能 50% 的设计标准已在安徽省得到贯彻落实，而如何在现有建筑设计标准上，通过进一步改进围护结构的热工性能、提高空调采暖设备性能和外门窗物理性能以及加强自然通风性能，使现有建筑在节能 50% 的基础上再提高 15%。鉴于安徽省尚缺乏建筑节能 65% 设计标准，因此我们在进行 65% 节能设计标准的探索时，参考了安徽省 2011 年最新修订的《安徽省居住建筑节能设计标准（冬冷夏热地区）》及《安徽省建筑节能设计标准》节能 50% 的基本思路，应用目前工程中常用的 PKPM 建筑节能软件，通过"对比分析评定法"对建筑物的能耗进行综合评价并判定。据此分析，若居住建筑要实现 65% 节能的设计目标，重点应提高围护结构热工性能节能和对空调采暖设备的选择以及对新能源的利用等。

由于本住宅项目节能设计目标是以 50% 节能设计的，因此在对节能 65% 住宅进行设计时，以现有住宅项目为对比，通过增加节能材料的使用来达到节能 65% 的目标。通过清华斯维尔建筑节能软件模拟计算得出，在仅对节能 50% 住宅的围护结构（外墙、屋面、外门窗、分户墙、楼板、外遮阳等）进行节能改造时，其建筑节能率能够达到 57.5%。对于空调采暖设备，节能软件中默认值为：普通配置，采暖能效比为采暖 1.9、空调 2.3。而随着空调技术的不断发展，目前市场上的家用空气源热泵空调器的空调，采暖能效比已显著高于默认值，因此，我们选用能效比 ≥ 4 级的分体式空调，此时软件计算结果达到 65.73%。

通过以上计算分析可以得出：提高建筑节能效果应优先选用先进的成套节能技术体系，包括提高外围护结构热功性能、合理设置活动外遮阳等，以及选用合适的空调系统等能够使超高层建筑实现 65% 的节能目标。此外，在设计对比中，65% 节能体系还增加了新风系统和太阳能热水系统，这样就进一步减少了能源的消耗，保证 65% 节能目标的实现。

4.1.6 节能技术经济分析

通过对建筑结构分析以及分解建筑围护结构各组成部件，可以得出影响建筑物能耗高低的因素主要是外墙、外门窗、外遮阳以及屋面等，因此在选择节能方法和对节能效果的对比上也重点考虑了这几部分。结合本项目 7# 楼的实际材料使用情况和目前市场行情，本项目选择了目标值 65% 节能条件下相对于设计值 50% 节能条件下节能技术经济分析（如表 4-7 所示），对外墙、外门窗、屋面、外遮阳等进行了优化设计，采用先进的节能技术体系。

（1）普通住宅和节能住宅的基本情况

7# 楼通过选用不同的围护结构节能技术体系，分别达到了目标节能效果。其中，50% 节能采用的节能技术是原项目设计文件的节能技术，节能效果达到了 51.16%，满足当前安徽省冬冷夏热地区居住建筑节能率 50% 的强制性要求。而 65% 条件下，通过对外围护结构的建筑节能技术的优化，以及采用先进的空调系统，节能效果达到了 65.73%（其中仅通过对围护结构建筑节能技术的优化可以达到节能 58.25% 的效果）。此外还有增加的新风系统和太阳能热水系统，可以进一步保证节能效果达到 65% 以上。

（2）经济分析

本项目基本工程造价（没有节能要求）约 2500 元/m²。通过表 4-7 计算可得，7# 楼为实现节能 50% 强制要求增加成本 142 元/m²，增加成本约占总造价的 5.68%，而 65% 节能条件下，需增加成本 323 元/m²，增加成本约占总造价的 12.92%。节能住宅增加的成本主要体现在外门窗、外墙和屋面等围护结构上，三项成本增加总共为 126 元/m²，和 144 元/m²，分别占总造价的 5.04% 和 5.76%，分别占总增加成本的 88% 和 44.58%，与理论分析结果相吻合。总体而言，为达到建筑节能要求而增加的围护结构建筑节能技术成本较高，空调采暖设备的建筑节能技术成本较低，以 7% 的增加成本达到了增加了近 7% 的节能效果。此外，为保证节能效果，以及融入绿色低碳的理念，在节能 65% 条件下，增加了新风系统和太阳能热水系统，减少不可再生能源的消耗，增加新能源的利用。

表4-7 50%和65%节能条件下的普通住宅和节能住宅围护结构主要部位分析比较表

部位	普通住宅	节能住宅		普通住宅单价	50%节能条件下的节能单价	65%节能条件下的节能单价
		本住宅（50%）	节能65%			
外墙	墙材为240mm砖，普通烧结多孔砖，无任何保温措施	墙材为煤干石砌体（200mm），采用35mm的无机复合物保温砂浆外墙外保温系统	新型墙材（240mm）烧结页岩砖，结合30mm的聚合物保温砂浆＋聚氨酯硬泡外墙外保温系统	基准价	①增加60元/m²；②增加62元/m²	①增加72元/m²；②增加75元/m²
屋面	普通保温防水屋面（保温材料为珍珠岩）	普通保温防水屋面（保温材料为无机保温聚合砂浆）	倒置式防水保温屋面（保温材料为50mm的挤塑聚苯板）	130元/m²	①增加55元/m²；②增加5元/m²	230元/m²，增加100元/m²，②增加10元/m²
外门窗	普通铝合金单层玻璃窗	铝合金（断热铝）型材，普通双层空玻璃窗 5+12A+5	断热铝合金型材，5+12A+5双层中空玻璃	350元/m²	①680元/m²；②增加59元/m²	①680元/m²，增加330元/m²；②增加59元/m²

（续表）

部 位	普通住宅	节能住宅		普通住宅单价	50%节能条件下的节能单价	65%节能条件下的节能单价
		本住宅（50%）	节能 65%			
分户墙	240mm 普通烧结多孔砖	蒸压加气混凝土砌块（200.0mm）	蒸压加气混凝土砌块（200.0mm）	基准价	基准价	基准价
楼板	户内为普通钢筋混凝土楼板	户内为普通钢筋混凝土楼板	户内为普通钢筋混凝土楼板	基准价	与普通住宅相同	与普通住宅相同
户门	普通防盗门	钢质节能户门，双层金属门板（中间填设 20mm 岩棉）	钢质节能户门，双层金属门板（中间填设 20mm 岩棉）	1300 元/樘	① 2000 元/樘；② 增加 16 元/m²	① 2000 元/樘；② 增加 16 元/m²
外遮阳	无	无	采用铝合金百叶可调式外遮阳系统	0	0	① 2000 元/m²；② 增加 50 元/m²
新风系统	无	无	采用单户式单向流空气置换系统	0	0	① 2800 元/套；② 增加 23 元/m²
太阳能热水系统	无	无	选择分体承压式太阳能热水系统	0	0	① 9100 元/套；② 增加 74 元/m²

（续表）

部　位	普通住宅	节能住宅		普通住宅单价	50%节能条件下的节能单价	65%节能条件下的节能单价
		本住宅（50%）	节能65%			
空调设计	无	普通配置，采暖能效比为采暖1.9，空调2.3	选择能效比≥4级的分体式空调	0	0	①增加500 000元；②增加16元/m²
合计		实际节能率51.16%	实际节能率65.73%	0	增加142元/m²	增加323/m²（不计新风系统和太阳能热水系统为增加226元/m²）

注：（1）以上是基于合肥某超高层住宅楼在采用某种确定产品的情况下所做的测算；增加是指与未实行强制性节能要求时一般意义上的普通住宅相比所增加的成本。该楼住宅标准层建筑面积33864.36（外轮廓线）m²，无架空层。

（2）以上价格中①是以每平方米该部位的建筑面积计算，部分数值为平均值，②为①中的价格折算到每平方米住宅建筑面积上的价格。

（3）因空调设备能效比提高而增加的成本按照三室二厅和二室二厅分别配置5台和3台分体式空调进行估算，其价格以格力品牌为例。

4.1.7　结论

通过以上建筑节能技术经济分析，我们可以得出以下结论：

（1）经济方面

从 7# 楼的的实际情况来看，节能住宅相对于普通非节能住宅造价有所增加。其中，要达到 50％ 节能强制性要求需增加造价 5.68％，而达到 65％ 节能标准需增加造价 12.92％ 左右。虽然为达到节能要求而增加的工程造价所占比例和增加绝对值较高，但是相对于本住宅项目总成本而言，增加的成本还是可以接受的。对于节能型住宅的评价，不能仅仅局限于工程造价，一方面，国内建筑节能市场起步较晚，部分建筑节能技术成本较高，比如要达到 65％ 节能要求时，对外遮阳系统的改造成本就很高。随着建筑节能市场的发展和建筑节能技术的成熟，建筑节能技术成本总体上将会不断下降。另一方面，节能型住宅相对于普通非节能住宅，其产生的经济效益、社会效益以及环境效益都是不可估量的，其对节能减排、保护生态环境、提供建筑工程质量、改善住宅性能和实施可持续发展等具有重要意义。具体而言，较高的成本换来的是高品质的住宅，提高了居住环境舒适度，同时降低了居住使用成本，为消费者带来实实在在的利益。

（2）空调设备方面

从上文对 65％ 节能设计的探讨中可以看出，围护结构的建筑节能率达到了 58.25％，空调采暖设备只需承担 6.75％，而且空调采暖设备节能只需选择目前市场上能效比 ≥ 4 级的分体式空调即可。但需要注意的是，建设节能型住宅是不能进入一味依靠提高围护结构保温性能来保证节能率这个误区。从目前市场技术来看，单纯依靠提高围护结构保温性能达到 65％ 节能目标不仅需要增加高比例的成本，而且技术上也有一定的风险，比如外保温板的安全性问题、聚氨酯现场喷涂的平整性问题、保温系统的耐久性问题以及保温材料对施工环境的苛刻要求等。从本项目 7# 楼的技术经济分析来看：建筑节能率从 50％ 提高到 65％，围护结构增加了 210 元/m²，空调设备增加 16 元/m²，分别占总造价的 8.4％ 和 0.64％，因此选用空调采暖设备提高建筑节能率具有较好的经济性。

（3）外遮阳技术方面

由于我国外遮阳标准体系初步构建，尚属于发展阶段，所以外遮阳技术的可选择行较少且成本较高。从表 4-7 中可以看出，仅外遮阳一项就增加成本 50 元/m²，占总增加成本的 15.47％，所占比例略高。因此迫切需要相关单位和生产企业共同研发，尽快开发出成本适当、符合规范要求且适合当地居住建筑的外遮阳系统产品。

（4）新风系统与太阳能热水系统方面

新风系统与太阳能系统的设置对节能建筑的贡献并非体现在节能率的提高上，但从增加住宅的舒适度上，以及推广利用新能源等方面分析，他们都是极具优势的节能措施与技术。从成本增加的角度来看，新风系统与太阳能热水系统的增加值分别占总造价的 1.5％和 5.3％。在欧美地区，新风系统早已与建筑物融为一体，成为住宅不可缺少的重要组成部分。虽然太阳能的单项增加成本较高，但是以太阳能作为热源有显著的经济性，能使消费者的住宅使用成本明显降低；同时，广泛使用太阳能等清洁能源，不仅能够减少二氧化碳的排放量，而且能够减少由于化石能源的消耗而产生的污染物，带来良好的环境效益和社会效益，做到真正的低碳环保。

4.1.8 政策建议

（1）推广绿色低碳技术，将绿色低碳建筑发展纳入政府规划

推广绿色低碳技术与建筑亟待国家政策强力支撑，希望有关部门组织专门力量制定政策层面的低碳技术与建筑发展战略，明确战略思想、清晰战略目标、落实战略措施和战略重点，对房地产领域的低碳事业给予明确的国家鼓励政策支持，并纳入政府规划中。

（2）在土地、税收、产业等政策方面向绿色低碳建筑倾斜

绿色低碳建筑是一个系统化的概念，是贯穿规划、设计、施工、管理、消费全过程始终的概念。政府管理部门不仅要在减碳方面有政策与财政方面的支持，还要在节水、节材、节地和环境保护方面有所部署，在土地政策、税收政策、产业政策方面进行改革和倾斜，鼓励绿色低碳建筑顺利开展。其中，政策上可以减碳指标来进行金融和土地等资源配置，设置不同的税费征收标准，改变以单纯的"价高者得"的土地出让办法，有利于平抑地价和房价。这样一来，房地产企业也必将更加重视项目的品质，主动应用绿色低碳技术，对于房地产行业本身将是一次革命性的产业结构调整。

（3）鼓励绿色低碳房地产金融创新

房地产是资本密集型产业，要使资本与绿色低碳地产相结合，绿色低碳地产是房地产长远发展的"平衡基金"和控制资产泡沫、平抑房价的"对冲基金"。因此，建议鼓励发展绿色低碳房地产信托投资基金，通过多种融资方式为低碳地产开发提供发展资金。未来，还要在已量化绿色建筑

的节碳指标的基础上，建立节碳的基准值并计算住区节碳总量，并逐步建立房地产低碳的信用积分机制以便和货币和金融挂钩，形成中国低碳住区碳交易体系，为未来国际化的碳交易、碳税、碳货币做好准备。

（4）建立房地产碳信用积分机制，尝试设立"房地产碳税空转制度"

在目前暂未实行碳税的情况下，尝试将开发企业累积的碳减排量实行积分制，尝试设立"房地产碳税空转制度"，当条件成熟时，用于冲抵碳税或政策规定的其他税费。

4.2　改革开放时期管理案例 2
——延河流域世界银行贷款二期项目后评估

延河流域水土保持世界银行贷款一期项目 1994 年正式实施后，经过四年的顺利实施，取得了显著成效。1999 年世界银行对延河流域地区世界银行贷款二期项目区的水土保持综合治理项目开始实施。世界银行贷款项目开展后评估的主要目的是：系统、全面地总结其开发援助经验，查明项目成功或失败的各种原因，以改进世界银行未来项目的决策和执行。

4.2.1　项目背景

延河是黄河的一级支流，森林覆盖率不到 11％，土壤侵蚀模数为每年每平方公里 1 万吨以上，年输沙总量 8177 万吨，属黄河中游多粗沙区，同时也是黄河中游水土保持重点治理区。

延河地区从 20 世纪 90 年代初开始实施世界银行贷款项目，希望能够治理水土流失，促进农业生产，增加农民收入。同时国内投资的水土保持项目也显著增加，于是加快了延河的治理，其中实施保护母亲河工程进一步加快延河生态环境的恢复。

延河项目规划造林面积 2336 公顷，其中防护林 1818 公顷，占 78％；经济林 518 公顷，占 22％。项目实施后，规划区内森林覆盖率将由不到 11％提高到 70％以上，土壤侵蚀模数降低 50％以上，生态环境显著好转，农民生产、生活条件得到较大改善。

黄土高原水土保持世界银行贷款项目为目前我国政府利用外资进行水土保持综合治理大型项目之一，该项目第一期总投资 21.645 亿人民币，其中向世界银行贷款 1.500 亿美元，主要建设内容包括土地开发、植被建设、苗圃、工程、小型水利设施以及支持服务等。项目基本目标是"通过有效并可持续地利用土地和水利资源，增加粮食产量和农业产值"和"减少黄河流域水土流失"，力图以可持续发展模式来打破贫穷与生态恶化之间的循环。延河流域地区世界银行贷款二期项目于 1999 年正式实施，2004 年完成，实施期 5 年。

（1）项目区位置

黄土高原水土保持世界银行贷款项目区包括黄河中游水土流失严重的山西省蔚汾河、昕水河与河曲县、保德县和偏关县，内蒙古自治区罕台川、哈什拉川与呼斯太河，陕西省延河、佳芦河和甘肃省马莲河等 9 条支流，涉及 7 个地区（盟）21 个县。该项目于 1994 年开始实施，截至 2001 年底累计完成各项治理面积 42.2 万 hm^2，其中建设水平梯田 6.1 万 hm^2、坝地和水地 1.3 万 hm^2、水保林 20.2 万 hm^2 和经济林 5.5 万 hm^2 及人工种草 9.1 万 hm^2，建成治沟骨干坝 123 座和淤地坝 1023 座，使该区水土流失基本得到控制，林草植被覆盖度由原来的 11.4％增至 27.3％，治理度由原来的 21.3％提高到 51.5％。自 1991 年以来，山西、陕西、甘肃、内蒙古等地区的项目实施在生态、经济、社会方面取得了较为显著的成效，得到了有关部门的高度评估，被世界银行誉为世界银行农业项目的"旗帜工程"，并获得了 2003 年度世界银行行长杰出成就奖。

延河属黄河一级支流，流域总面积 7725 平方公里。延河流域世界银行贷款二期项目区分布于延河流域的上游、下游和中游的北部地区，涉及安塞、宝塔、延长三县（区）的 16 个乡镇，296 个行政村，总人口 12.1 万人，农业人口 11.1 万人。

延河流域项目区属黄土丘陵沟壑第二副区，水土流失严重，年土壤侵蚀模数为 1.04 万 t/km^2，为极强度侵蚀。

① 项目区地势

项目区地势呈西北高东南低，长期以来，由于内外引力的共同作用，地形地貌演变为梁峁起伏、沟壑纵横、沟谷深切、地面支离破碎，沟壑密度达 3～5km/km^2，植被稀少，水土流失严重。主要地貌类型有四种：黄土峁梁状丘陵；黄土宽梁残原；薄层黄土覆盖的石质丘陵；河谷阶地。

② 降雨

项目区地处大陆内部，受东南季风影响较弱，多年平均降水量 520mm，降雨量由上游至下游递增，降水量年变化量大，年内分配极不均衡，其中 6

~9 月降水占年总降水量的 60％以上，且多暴雨。该地区气象灾害种类很多，比较大的灾害性气象有干旱、霜冻、冰雹、暴雨、连阴雨和干热风等。

③ 土壤

主要土类为黄土性土，包括黄绵土、棉沙土、灰绵土三个亚类，占总面积的 88.4％，广泛分布于梁峁、山坡、河谷和湾塌地上，是主要的耕作土壤。地带性土壤黑垆土，由于侵蚀作用，仅零星分布于梁峁顶部、分水鞍及较大的河谷台地上，占项目区土地的 0.27％。此外红土和淤积土分别是近代侵蚀和淤积形成的幼年土壤，各占总面积的 1.89％和 1.19％。

耕作层土壤的有机质含量平均为 0.656％；农耕地土壤氮含量平均为 0.098％，速效氮含量平均 18.75ppm；钾含量平均为 2.03％，速效钾平均含量约 789ppm；磷含量平均为 0.12％，速效磷 6.75ppm，pH 值为 8.50。

④ 植被

植被区划属森林草原地带。由于乱砍滥伐，过度放牧，天然林残存不多，少量的灌木也是块状分布，从而形成以干旱草本植物占优势的植被现状。林地以人工林和经济林为主，仅有的人工草地以片状分布。主要适宜树种有小叶杨、山杨、旱柳、刺槐、山榆、花椒、宁条、沙棘等，果品类有苹果、梨、桃、杏、核桃等。

（2）项目区水土流失与水土保持现状

项目区水土流失的类型有水蚀、重力侵蚀和风蚀等，主要是水蚀。水土流失原因包括自然因素和人为因素。自然因素：山大沟深，梁峁起伏，坡陡土松，植被稀疏，雨量集中，暴雨强度大，水蚀剧烈。人为因素：不合理开发利用水土资源，破坏了农业生产结构，造成农、林、牧用地比例失调；单一抓粮食生产、毁林开荒，广种薄收；乱砍滥采，植被遭到严重破坏，天然林草面积锐减，土壤失去良好的蓄水固土屏障，助长水土流失；城乡基建，修筑道路，开矿建厂，开采石油，开山采石；弃土弃渣倾倒沟道，加大了河流输沙量，造成了新的水土流失。

截至 1997 年底，项目区共保存基本农田 7619hm^2（水平梯田 6615hm^2、坝地 1004hm^2），造林 30285hm^2（乔木林 19484hm^2、灌木林 7051hm^2、经济林 3750hm^2），人工种草 10968hm^2，兴建淤坝地 669 座，水窖 266 个，治理程度为 20.4％。

延河二期项目总投资 22161.04 万元人民币，其中世界银行贷款 12765 万元，国内配套 9396.04 万元。规划通过五年强化治理，完成水土流失治理面积 49759.3hm^2。截至 2004 年底，项目区共完成综合治理的小流域（或治理片）88 条（片），完成水土流失治理面积 50274.5hm^2，项目区治理程度由 20.4％提高到 41.5％，林草覆盖度由 17.3％提高到 35.9％，减沙效益由 13.5％提高到 36.0％，稳定地解决了农民温饱问题，初步改善了生态环境。

4.2.2　延河流域世界银行项目后评估指标体系构建

真实可靠的数据资料是项目后评估的关键，本书数据资料来源于项目监测资料、其他统计资料以及去延安调研获取的项目资料。

（1）评估指标与评估数据来源说明

后评估数据的收集从大的方面来看，主要是包括了两大类：项目建成投产之前的一切有关资料需收集的后评估数据，项目建成投产后反映项目实际营运状况的数据和资料。其中，前者主要包括有关项目的立项、决策、建设的资料和数据，后者则主要是项目建成之后，由实际的生产而形成的一些费用、效益方面的资料。对于后者主要是研究项目建成投产后实际所表现出来的经济效益。对于项目建成前的有关数据、资料又可分成两个方面来叙述，即项目进行建设之前的有关数据和项目建设期间的有关资料。项目立项决策之前的数据和资料包括：已经批准的项目建议书和由建设单位提供的可行性研究报告；项目的初步设计和批文；项目前编制可行性研究报告及办理工程结算时所采用的国家、部门、行业以及地区制定的有关财经法规、经济参数、设备材料价格、其他费用等资料等。项目建设期间的有关资料、数据主要包括：直接投资、间接投资、配套投资，筹建费用等在整个项目建设过程中的实际值；储备的后续项目准备费用；各项资金的实际来源、到位状况；资金实际的筹措方式和数额；资金的具体安排，包括流动资金的占用和周转，实际在项目建设过程中所发生的经营管理费用；最后竣工验收时的项目建设质量指标所体现出来的数据；对整个工程项目的决算费用。项目建成投产后的数据、资料也可以把它分为主要的两项，即生产过程中发生的现金流量：成本和收益。

（2）指标体系和指标筛选

① 延河流域世界银行项目后评估指标体系的构建

为了对延河二期项目进行后评估，在分析延河流域经济发展基础上，结合当地的农业发展现状以及特点，世界银行设计了一套延河二期世界银行项目的后评估指标体系（见表 4-8 所示）。该体系的设立遵循农业项目后评估指标体系的设立原则。

表 4 - 8　世界银行农业项目后评估指标体系

指标名称	1998 年				2004 年			
	延安市	安塞县	延长县	宝塔区	延安市	安塞县	延长县	宝塔区
总数纯收入	1.492905	-0.50566	-0.6124	-0.37484	1.480607	-0.39344	-0.71971	-0.36745
人均纯收入	-0.00958	-1.40324	0.578381	0.834443	0.063811	0.783137	-1.42945	0.582499
农业总产值	1.499984	-0.50075	-0.50531	-0.49391	1.49986	-0.49076	-0.51923	-0.48987
人均农业总产值	-1.35424	-0.13683	0.611978	0.879091	-1.4587	0.691129	0.160255	0.607322
农村居民家庭总收入	1.471873	-0.7539	-0.42014	-0.29784	0.96022	0.561316	-1.31093	-0.2106
农村居民家庭总支出	1.032204	0.591735	-0.4474	-1.17654	0.030734	1.394397	-0.57254	-0.85259
农村居民人均纯收入	1.496102	-0.57736	-0.51546	-0.40329	0.883836	0.576132	-1.37075	-0.08922
农村居民生活消费支出	1.497275	-0.44773	-0.46589	-0.58366	1.480311	-0.26764	-0.57664	-0.63603
农业占总产值比例	0.075665	-0.22699	-1.13497	1.286305	0.074474	1.266064	-1.16676	-0.17377
果园占总产值比例	0	0	0	0	-0.09119	-1.25849	1.173373	0.17631
林业占总产值比例	-0.05002	1.150374	0.180828	-1.28119	-0.1094	-0.3803	1.41179	-0.92209
牧业占总产值比例	0.108971	-0.41409	1.02432	1.329442	0.107351	0.794399	-1.43851	0.536756
渔业占总产值比例	-0.04895	0.048951	1.223766	-1.22377	0.139472	1.069286	-1.34823	0.139472
农业纯收入	1.487866	-0.39733	-0.67517	-0.41536	1.473492	-0.32605	-0.75289	-0.39456
果园纯收入	0	0	0	0	1.22299	-1.22299	0.065533	-0.06553
林业纯收入	1.32386	0.123536	-0.41984	-1.02755	1.496593	-0.49974	-0.41593	-0.58093

（续表）

指标名称	1998 年				2004 年			
	延安市	安塞县	延长县	宝塔区	延安市	安塞县	延长县	宝塔区
牧业纯收入	1.462331	-0.59797	-0.68758	-0.17678	1.451619	-0.29734	-0.84002	-0.31426
渔业纯收入	1.472842	-0.4951	-0.2569	-0.72084	1.408356	-0.14205	-0.94507	-0.32124
人均纯收入	-0.00958	-1.40324	0.578381	0.834443	0.063811	0.783137	-1.42945	0.582499
人均粮食总面积	-0.19868	-0.19868	1.390759	-0.9934	0	0.92582	-1.38873	0.46291
人均基本农田	0	0	0	0	0.5	0.5	-1.5	0.5
人均粮食总产量	-0.06959	-0.61438	1.433723	-0.74976	0.066032	0.675753	-1.43482	0.693033
人均基本农田产量	-0.04107	-1.31532	1.095543	0.260844	0.061736	0.887234	-1.41223	0.46326
人均油料面积	-0.19868	-0.9934	-0.19868	1.390759	0.05122	1.362449	-0.97318	-0.44049
人均油料产量	0.041374	-0.92795	-0.49057	1.377148	0.059274	1.123982	-1.31034	0.127087
人均经济作物面积	-0.13207	-0.66034	-0.66034	1.452744	0.04065	1.368535	-0.96204	-0.44715
人均经济作物产量	0.059972	-0.48325	-0.9445	1.367772	0.04978	1.212266	-1.23582	-0.02623
粮食单产	0	0	0	0	-0.73855	-0.36927	-0.36927	1.477098
粮食总产	-0.06959	-0.61438	-0.74976	1.433723	0.150187	0.64524	-1.45714	0.661709
肉产量	0.050776	-0.74132	1.396329	-0.70578	-0.89031	0.835029	-0.84085	0.896129
农村社会产出值	0.00092	-1.36829	0.994275	0.373094	0.995814	0.325613	-1.37809	0.056658
高中以上人数	1.479266	-0.5236	-0.67904	-0.27663	1.466704	-0.63336	-0.64072	-0.19262
高中以上比例	0.061777	-0.06178	-1.22319	1.223186	-0.50009	1.5	-0.50029	-0.49962

（续表）

指标名称	1998 年				2004 年			
	延安市	安塞县	延长县	宝塔区	延安市	安塞县	延长县	宝塔区
初中毕业人数	1.467217	-0.19908	-0.67623	-0.5919	1.498103	-0.54257	-0.52667	-0.42886
初中毕业比例	-0.02056	1.401801	-0.48984	-0.8914	-0.0434	-0.76452	1.425542	-0.61762
农业机械原值	0.07999	-0.9447	1.361679	-0.49697	0.07999	-0.9447	1.361679	-0.49697
大型铁木农具原值	0.101102	-1.03637	1.327386	-0.39211	0.117	-1.10251	1.294366	-0.30885
在校学龄儿童比例	-0.57109	-1.11061	0.726057	0.95564	-0.57109	-1.11061	0.726057	0.95564
受过初等教育人数比例	0.039326	-0.99144	1.359867	-0.40775	-0.37508	1.271623	-1.0965	0.199957
受过中等教育人数比例	0.019584	1.406564	-0.66699	-0.75915	0.219511	-1.35554	1.052295	0.083731
受过高等教育人数比例	-0.08487	-1.37492	0.594103	0.865693	0.831386	-0.4517	-1.19798	0.818294
人口密度	0.118958	-1.07062	-0.35687	1.308535	-0.01428	-1.09994	-0.20747	1.321697
年出生率	0.3	-1.3	-0.1	1.1	-0.75653	-0.03026	-0.63549	1.422285
年人口增长率	0	-1.41421	0.707107	0.707107	-0.52722	-0.74792	-0.18391	1.459052
每千人医生数	0.218533	-1.33932	0.045438	1.075355	0.0419	-1.28126	0.077184	1.162177
每千人医院	0.215418	-1.33842	0.045909	1.077091	0.0419	-1.28126	0.077184	1.162177
饮用自来水人数	1.426785	-0.82603	-0.07509	-0.52566	1.488979	-0.35251	-0.64853	-0.48794

（续表）

指标名称	1998 年				2004 年			
	延安市	安塞县	延长县	宝塔区	延安市	安塞县	延长县	宝塔区
贫困线下人数	1.498485	-0.44916	-0.55824	-0.49108	1.499442	-0.4667	-0.5335	-0.49924
贫困线下人数所占比例	-0.06622	0.192511	1.151472	-1.27776	1.465156	-0.3401	-0.33365	-0.79141
贫困线下家庭数	1.497147	-0.50867	-0.56928	-0.4192	1.496063	-0.49027	-0.59127	-0.41452
贫困线下家庭数所占比例	-0.06972	-0.47729	1.417558	-0.87056	1.320851	-0.89226	-0.64289	0.214297
农村居民家庭总支出	1.032204	0.591735	-0.4474	-1.17654	0.030734	1.394397	-0.57254	-0.85259
农村居民生活消费支出	1.497275	-0.44773	-0.46589	-0.58366	1.480311	-0.26764	-0.57664	-0.63603
卫生水源村个数	1.364124	-1.04043	-0.20809	-0.1156	1.385174	-0.93951	-0.44566	0
卫生水源村百分比	-0.01432	-0.80989	1.413158	-0.58895	-0.28137	0.43025	1.092745	-1.24162
卫生水源户数	1.404842	-0.81911	0.010398	-0.59613	1.482663	-0.6965	-0.45461	-0.33155
卫生水源户百分比	-0.06027	-0.83673	1.421624	-0.52462	-0.01936	-1.32017	1.093801	0.245724
乡级医院	1.405801	-0.96186	-0.22197	-0.22197	1.449138	-0.82808	-0.41404	-0.20702
村医疗站	1.391975	-0.86764	-0.55554	0.03121	1.348719	-0.94002	-0.53131	0.122611
正规公路长度	0.866025	-0.86603	-0.86603	0.866025	0.866025	-0.86603	-0.86603	0.866025
正规公路密度	0.105802	-0.74061	-0.74061	1.375424	-0.04078	-0.69325	-0.69325	1.427284
简易公路长度	1.071381	-0.80363	-0.89889	0.631133	1.080326	-0.81215	-0.8882	0.620017

（续表）

指标名称	1998 年				2004 年			
	延安市	安塞县	延长县	宝塔区	延安市	安塞县	延长县	宝塔区
简易公路密度	0.024643	-0.66537	-0.76394	1.404663	0.023039	-0.66812	-0.76028	1.405366
农村大路长度	1.357625	-0.95837	0.082047	-0.4813	1.397038	-0.97858	-0.24863	-0.16982
农村大路密度	-0.04922	-1.15179	1.289613	-0.0886	-0.0469	-1.39772	0.741074	0.703551
年用电量	1.466164	-0.74214	-0.49891	-0.22511	1.45326	-0.16559	-0.5182	-0.76947
用电户比例	-0.00737	-1.40977	0.773228	0.64391	-0.49991	-0.50032	1.5	-0.49977
通电村比例	0.333787	-1.42368	0.179025	0.910866	0	0	0	0
人均产值	0.00092	-1.36829	0.373094	0.994275	0.062511	0.857664	-1.41851	0.498335
农业支出	1.469259	-0.58967	-0.6708	-0.20879	1.473492	-0.32605	-0.75289	-0.39456
果园支出	0	0	0	0	1.213742	-1.21374	0.163802	-0.1638
林业支出	1.452453	-0.14864	-0.55619	-0.74762	1.486591	-0.44827	-0.36097	-0.67735
牧业支出	1.490395	-0.45672	-0.6508	-0.38288	1.451618	-0.29734	-0.84002	-0.31425
渔业支出	1.486482	-0.43858	-0.36747	-0.68043	1.408675	-0.14269	-0.94437	-0.32162
主食消费	-0.1026	0.004776	1.270522	-1.1727	-0.1026	0.004776	1.270522	-1.1727
副食品消费	-0.13269	0.189842	1.184833	-1.24198	-0.13269	0.189842	1.184833	-1.24198
生活用品	-0.19861	1.390269	-0.99438	-0.19728	-0.19861	1.390269	-0.99438	-0.19728
文化教育	0.205918	-0.69232	-0.84308	1.329478	0.205918	-0.69232	-0.84308	1.329478
医疗卫生	-0.26746	1.38462	-0.11854	-0.99862	-0.26746	1.38462	-0.11854	-0.99862

（续表）

指标名称	1998 年				2004 年			
	延安市	安塞县	延长县	宝塔区	延安市	安塞县	延长县	宝塔区
人均支出	−0.24787	0.923382	0.626031	−1.30154	−0.24787	0.923382	0.626031	−1.30154
电力	−0.1291	1.420094	−0.9037	−0.3873	1.375424	0.105802	−0.74061	−0.74061
乔木林	1.497064	−0.41076	−0.53816	−0.54814	1.498001	−0.49961	−0.43599	−0.5624
灌木林	1.494237	−0.416	−0.4588	−0.61944	1.477816	−0.26921	−0.68561	−0.523
经济林	1.482132	−0.27666	−0.59364	−0.61182	1.486417	−0.494	−0.33176	−0.66065
人工种草	1.48701	−0.67056	−0.35413	−0.46232	1.469013	−0.76454	−0.28389	−0.42058
水保措施面积	1.499703	−0.47417	−0.50295	−0.52259	1.497058	−0.5766	−0.42329	−0.49717
治理度占总面积百分比	−0.04057	−0.81378	1.419939	−0.56559	−0.0433	−1.17022	1.274744	−0.06122
治理度占流失面积百分比	−0.04057	−0.81378	1.419939	−0.56559	−0.0433	−1.17022	1.274744	−0.06122
库容	1.247616	−1.07232	−0.46063	0.285329	1.250344	−1.05207	−0.49293	0.29465
可淤面积	1.247143	−1.07323	−0.45957	0.285662	1.331291	−1.09421	−0.08493	−0.15214
已淤面积	1.247143	−1.07323	−0.45957	0.285662	1.319004	−1.09946	0.007082	−0.22662
淤积量	1.247616	−1.07232	−0.46063	0.285329	1.34992	−1.05272	−0.03605	−0.26116
治理面积	1.499703	−0.47417	−0.50295	−0.52259	1.497058	−0.5766	−0.42329	−0.49717
治理程度	−0.04057	−0.81378	1.419939	−0.56559	−0.04377	−1.16972	1.275158	−0.06167
输沙量	1.497529	−0.43109	−0.57144	−0.495	1.497529	−0.43109	−0.57144	−0.495

120

（续表）

指标名称	1998 年				2004 年				
	延安市	安塞县	延长县	宝塔区	延安市	安塞县	延长县	宝塔区
减沙量	1.499004	-0.44815	-0.52601	-0.52485	1.496456	-0.41145	-0.57932	-0.50569
减沙效益	-0.04274	-0.49148	1.410334	-0.87612	0.026074	1.402793	-0.64143	-0.78744
化肥施用量	-0.07346	-0.36728	1.395651	-0.95492	-0.28694	-0.18889	-0.93869	1.414516
农田土地利用比例	0.001562	-0.71387	-0.70137	1.413674	0.043761	1.008868	-1.37078	0.318154
果园土地利用比例	0	0	0	0	-0.04388	-1.23135	1.215863	0.059373
林地土地利用比例	-0.01055	0.580224	0.833412	-1.40309	-0.02822	-0.30483	1.360432	-1.02738
牧草地土地利用比例	-1.30496	-0.19132	1.013701	0.482579	-0.04159	-1.32215	1.082048	0.281693
水域土地利用比例	0.060783	1.276444	-0.18235	-1.15488	0	1.414214	-0.70711	-0.70711
水土流失面积	1.497529	-0.43109	-0.57144	-0.495	1.497529	-0.43109	-0.57144	-0.495
人均土地	-0.0879	0.474635	0.966849	-1.35359	-0.01967	1.160363	0.13767	-1.27837
人均耕地	0	-1.22474	0	1.224745	0	1.38873	-0.92582	-0.46291
人均基本农田	0	0	0	0	0.5	0.5	-1.5	0.5
灌溉面积总数	1.422902	-0.7254	-0.6696	-0.0279	1.396056	0.021166	-0.86079	-0.55643
节水灌溉	0	0	0	0	0.978457	0.736629	-0.73663	-0.97846
梯田	1.492197	-0.36837	-0.61741	-0.50642	1.487909	-0.35986	-0.66497	-0.46308
坝地	1.247129	-1.07323	-0.4596	0.285697	1.269631	-1.00898	-0.54022	0.279571
水地	0	0	0	0	1.05021	0.630126	-1.05021	-0.63013

② 指标筛选

世界银行项目后评估是一个复杂的系统，后评估指标数量众多，因此必须对延河二期项目后评估指标进行筛选，选择那些对延河二期项目比较敏感，且又符合延河地区实际发展状况的指标。在筛选指标的过程中，根据系统理论、反馈控制理论、可持续发展理论及科学发展观等理论，并依据延河二期项目后评估的内涵、特点及内容，确定预选评估指标集，接着运用专家咨询方法，选出评估指标。

目前，理论界一般运用理论分析法、频度分析法、因子分析法（或主成分分析法）等方法进行指标筛选。由于这些方法的研究已经很成熟，因此本书在这里不做详细介绍。对项目后评估指标的筛选尚无一套成熟的方法。基于此，本书综合运用理论分析法和专家咨询方法，对延河二期项目后评估指标进行了筛选，以确保构建的指标体系更符合延河西北地区的实际情况，且能体现农业项目的特点。

当然，由于延河地区社会处于不断的发展中，且农业项目也存在具体差异，因此所建立起来的评估指标具有相对性。因此，延河地区农业贷款项目后评估指标体系必须随着外界环境的变化作相应的调整，使评估指标体系更科学、更符合实际情况，我们建立的指标体系有经济、人口、社会、科技、资源、环境六个子系统构成。

经济子系统指标（如表 4-9 所示）包括：总数纯收入 X_1、人均纯收入 X_2、农业总产值 X_3、人均农业总产值 X_4、农村居民家庭总收入 X_5、农村居民家庭总支出 X_6、农村居民人均纯收入 X_7、农村居民生活消费支出 X_8、农业占总产值比例 X_9、果园占总产值比例 X_{10}、林业占总产值比例 X_{11}、牧业占总产值比例 X_{12}、渔业占总产值比例 X_{13}、农业纯收入 X_{14}、果园纯收 X_{15}、林业纯收入 X_{16}、牧业纯收入 X_{17}、渔业纯收入 X_{18}、人均纯收入 X_{19}、人均粮食总面积 X_{20}、人均基本农田 X_{21}、人均粮食总产量 X_{22}、人均基本农田产量 X_{23}、人均油料面积 X_{24}、人均油料产量 X_{25}、人均经济作物面积 X_{26}、人均经济作物产量 X_{27}、粮食单产 X_{28}、粮食总产 X_{29}、肉产量 X_{30}、农村社会产出值 X_{31}。

科技子系统指标（如表 4-10 所示）包括：高中以上人数 K_1、高中以上比例 K_2、初中毕业人数 K_3、初中毕业比例 K_4、农业机械原值 K_5、大型铁木农具原值 K_6、在校学龄儿童比例 K_7、受过初等教育人数比例 K_8、受过中等教育人数比例 K_9、受过高等教育人数比例 K_{10}。

表 4－9　经济子系统指标相关系数、显著性水平矩阵

		X_1	X_2	X_3	X_4	X_5	X_6	X_7	X_8
X_1	Pearson	1.000	.105	.992	−.905	.862	.363	.849	.985
	Sig.		.805	.000	.002	.006	.377	.008	.000
X_2	Pearson	.105	1.000	.025	.311	.467	−.111	.377	.033
	Sig.	.805		.952	.454	.243	.794	.356	.939
X_3	Pearson	.992	.025	1.000	−.936	.816	.356	.799	.952
	Sig.	.000	.952		.001	.014	.387	.017	.000
X_4	Pearson	−.905	.311	−.936	1.000	−.627	−.413	−.630	−.931
	Sig.	.002	.454	.001		.096	.309	.094	.001
X_5	Pearson	.862	.467	.816	−.627	1.000	.559	.994	.845
	Sig.	.006	.243	.014	.096		.150	.000	.008
X_6	Pearson	.363	−.111	.356	−.413	.559	1.000	.600	.453
	Sig.	.377	.794	.387	.309	.150		.116	.259
X_7	Pearson	.849	.377	.799	−.630	.994	.600	1.000	.829
	Sig.	.008	.356	.017	.094	.000	.116		.011
X_8	Pearson	.985	.033	.952	−.931	.845	.453	.829	1.000
	Sig.	.000	.939	.000	.001	.008	.259	.011	

（续表）

X9	Pearson	.159	.550	.058	.140	.254	.453	.091	1.000	−.707	−.682	−.011	.180	−.359	−.118	.261	.112	.550	−.019	.550	−.007	.347	.861	.913	.949	.988	−.082	.874	−.084	.291
	Sig.	.706	.158	.892	.741	.544	.259	.830	.	.050	.062	.980	.670	.383	.781	.532	.792	.158	.964	.158	.986	.400	.006	.002	.000	.000	.847	.005	.843	.484
X10	Pearson	−.129	−.605	−.051	−.104	−.558	−.573	−.138	−.707	1.000	.467	−.687	−.160	.498	−.023	−.188	−.263	−.605	−.639	−.570	−.570	−.636	−.693	−.692	−.691	−.704	.120	−.570	−.424	−.497
	Sig.	.112	.905	.806	.150	.110	.138	.744	.050	.	.050	.687	.706	.210	.957	.655	.529	.782	.639	.605	.570	.636	.693	.692	.691	.704	.778	.570	.424	.210
X11	Pearson	−.163	−.906	−.061	−.257	−.435	−.414	−.036	−.682	.467	1.000	−.101	−.143	.114	.215	−.267	−.151	−.666	−.239	−.906	−.402	−.735	−.740	−.887	−.701	−.778	−.392	−.934	−.322	.684
	Sig.	.700	.002	.885	.550	.040	.230	.929	.062	.243	.	.812	.736	.788	.609	.523	.722	.072	.569	.002	.402	.735	.740	.887	.701	.778	.392	.934	.322	.061
X12	Pearson	.198	.682	.081	.478	.926	.308	.062	.929	−.005	−.101	.991	.624	.586	.755	.461	.724	.678	.569	.682	.765	.459	.782	.929	.850	.954	.983	.034	.034	.404
	Sig.	.682	.081	.849	.230	.503	.340	.929	.005	.991	.812	.	.206	.229	.140	.151	.149	.050	.072	.002	.127	.459	.782	.929	.850	.954	.983	.034	.034	.321
X13	Pearson	.639	.062	.711	.238	.408	.230	.849	.001	.991	−.143	.624	1.000	.513	.140	.041	.291	.065	.907	.062	.765	.252	.022	.001	.007	.000	.593	.909	.937	.321
	Sig.	.062	.849	.023	.369	.315	.389	.110	.001	.206	.736	.229	.	.193	.001	.306	.485	.090	.050	.907	.765	.252	.022	.001	.007	.000	.593	.909	.937	.508
X14	Pearson	.901	.936	.957	.369	.503	.340	.796	.929	.206	−.229	.586	.513	1.000	.873	.923	.970	.678	.974	.412	.901	.908	.774	.795	.971	.966	.909	.978	.029	.349
	Sig.	.310	.081	.957	.368	.204	.340	.796	.001	.206	.229	.229	.193	.	.001	.991	.000	.090	.000	.310	.002	.083	.032	.110	.070	.162	.150	.978	.029	.397
X15	Pearson	.998	.989	−.912	.866	.408	.859	.986	.624	.991	−.206	.624	.513	.873	1.000	.924	.991	.847	.943	.918	.948	.908	.940	.929	.868	.702	.593	.011	−.760	.171
	Sig.	.000	.000	.005	.006	.315	.006	.000	.624	.001	.068	.586	.001	.001	.	.578	.000	.196	.477	.620	.523	.345	.329	.339	.390	.049	.909	.978	.029	.686
X16	Pearson	.535	.573	.098	.069	−.389	.069	−.118	−.132	−.229	.215	−.132	−.291	.193	.578	1.000	.578	.437	.620	.437	−.209	−.267	−.386	−.329	−.391	−.354	−.191	−.175	−.524	.150
	Sig.	.172	.137	.817	.871	.341	.699	.202	.586	.484	.133	.140	.578	.924	.193	.133	.	.437	.620	.918	.620	.523	.503	.615	.568	.390	.651	.678	.182	.723

（续表）

X_{17} Pearson	.993	.193	.973	−.854	.890	.342	.875	.966	.261	−.188	.267	.306	.041	.991	.496	.864	1.000	.956	.193	−.034	.396	.049	.132	.137	.254	.167	.257	−.263	.262	−.239	.426
X_{17} Sig.	.000	.647	.000	.007	.003	.407	.004	.000	.532	.523	.655	.461	.923	.000	.211	.006	.	.000	.647	.935	.331	.908	.755	.747	.544	.693	.539	.531	.529	.569	.292
X_{18} Pearson	.969	.179	.962	−.869	.907	.475	.900	.973	.112	−.263	−.151	.149	.291	.970	.437	.916	.956	1.000	.179	.199	.446	.251	.211	.031	.129	.028	.110	−.262	.108	−.046	.466
X_{18} Sig.	.179	.672	.000	.005	.002	.234	.002	.000	.792	.529	.722	.724	.485	.000	.279	.001	.000	.	.672	.636	.269	.549	.615	.941	.760	.947	.796	.530	.800	.915	.245
X_{19} Pearson	.105	1.000	.025	.311	.467	−.111	.288	.033	.550	−.605	−.906	.682	.412	.082	−.238	.001	.193	.179	1.000	.539	.674	.676	.947	.774	.833	.658	.663	.248	.768	.597	.855
X_{19} Sig.	.672	.000	.952	.243	.302	.706	.288	.939	.158	.112	.002	.062	.310	.847	.570	.599	.647	.199	.	.168	.067	.066	.024	.165	.174	.076	.073	.554	.026	.118	.007
X_{20} Pearson	−.035	.000	−.062	.454	.302	.319	.316	−.003	.158	−.639	.050	.062	.974	.943	−.295	−.221	−.034	.199	.539	1.000	.655	.969	.755	.603	.680	.940	.040	.201	.099	.856	.388
X_{20} Sig.	.934	.952	.884	.701	.467	.441	.446	.994	.964	.569	.907	.682	.000	.000	.477	−.001	.168	.636	.674	.655	.	.969	.000	.007	.010	.032	.926	.632	.815	−.007	.126
X_{21} Pearson	.339	.539	.245	−.076	.618	.270	.646	.272	.550	−.782	−.666	.678	.636	.355	−.044	.396	.396	.269	.676	.969	.655	1.000	.446	.666	.618	.454	.583	.687	.552	.396	.650
X_{21} Sig.	.674	.000	.245	.859	.102	.518	.083	.515	.550	.022	.072	.065	.090	.388	.918	.396	.676	.446	.067	.000	.065	.	.211	.459	.103	.259	.130	.246	.060	.331	.081
X_{22} Pearson	.411	.013	.286	.493	.102	.163	.361	.041	−.007	−.570	−.402	.127	.901	.028	−.209	−.007	.049	.251	.947	.774	.603	.446	1.000	.007	.533	.483	.082	.205	.296	.886	.715
X_{22} Sig.	.067	.993	.245	.559	.262	.699	.379	.924	.986	.140	.323	.765	.002	.948	.620	.986	.676	.549	.024	.000	.007	.211	.007	.	.007	.640	.603	.627	.477	.552	.046
X_{23} Pearson	.037	.071	.706	−.325	.385	.082	.337	.926	.347	−.636	−.735	.459	.648	.049	−.267	−.163	.132	.211	.947	.755	.666	.666	.007	1.000	.658	.483	.847	.627	.552	.768	.885
X_{23} Sig.	.676	.947	.013	.385	.262	.082	.307	−.003	.400	.090	.038	.252	.083	.049	.523	.755	.755	.211	.640	.030	.072	.459	.219	.640	.076	.087	1.000	.296	.156	.026	.003
X_{24} Pearson	.935	.868	.920	.432	.347	.846	.414	.994	.006	.057	.036	.022	.774	.940	.345	.503	.697	.941	.697	.697	.253	.459	.219	.603	.000	.000	.002	.642	.018	.164	.582
X_{24} Sig.	.024	.000	.976	.347	.989	.414	.994	.006	.057	.036	.022	.774	.940	.503	.503	.603	.697	.024	.253	.253	.603	.087	.000	.000	.000	.002	.018	.018	.797	.698	.130

125

（续表）

X_{25}	Pearson	.143	.833	.042	.256	.489	.051	.463	.061	.913	-.692	.929	.110	.141	-.329	-.212	.254	.129	.833	.174	.618	.260	.658	.947	1.000	.946	.963	.050	.940	.189	.589
	Sig.	.736	.010	.922	.540	.219	.905	.248	.887	.002	-.887	.001	.795	.739	.426	.615	.544	.760	.010	.680	.103	.533	.076	.000	·	.000	.000	.906	.001	.654	.124
X_{26}	Pearson	.063	.658	-.024	.267	.385	.150	.354	.015	.949	-.691	.850	.015	.070	.426	-.239	.167	.028	.658	.032	.454	.063	.483	.972	.946	1.000	.964	-.198	.831	.008	.429
	Sig.	.883	.076	.955	.522	.346	.723	.390	.949	.000	-.701	.007	.971	.868	.391	.239	.693	.947	.076	.940	.259	.883	.225	.000	.000	·	.000	.638	.011	.984	.289
X_{27}	Pearson	.149	.663	.045	.193	.466	.169	.457	.071	.988	-.704	.954	.018	.162	.339	-.165	.257	.110	.663	.040	.583	.847	.461	.904	.963	.964	1.000	-.016	.922	.010	.396
	Sig.	.724	.073	.916	.646	.245	.690	.255	.867	.000	-.778	.000	.966	.702	-.354	.539	.796	.073	.926	.130	.847	.250	.130	.002	.000	.000	·	.970	.001	.981	.331
X_{28}	Pearson	-.289	.248	-.344	.391	-.175	-.374	-.116	-.406	-.082	.120	-.392	-.049	-.300	-.191	-.383	-.263	-.262	.248	.201	.130	.296	.250	-.196	.050	-.198	-.016	1.000	.275	-.467	-.062
	Sig.	.488	.554	.404	.338	.678	.362	.785	.319	.847	.778	.337	.593	.470	.651	.529	.530	.554	.768	.632	.557	.477	.641	.906	.940	.638	.970	·	.510	.467	.884
X_{29}	Pearson	.150	.768	.036	.229	.421	-.102	.417	.025	.874	-.570	.983	.011	.150	-.175	-.200	.262	.108	.768	.099	.557	.205	.552	.797	.940	.831	.922	.275	1.000	.103	.506
	Sig.	.722	.026	.933	.585	.299	.810	.304	.952	.005	.140	.000	.978	.723	.678	.634	.531	.800	.026	.815	.060	.627	.156	.018	.001	.011	.001	.510	·	.809	.201
X_{30}	Pearson	-.252	.597	-.276	.425	.131	.513	.139	-.243	-.084	-.424	-.322	.029	-.264	-.524	-.301	-.239	-.046	.597	.007	.396	.003	.026	.164	.189	.103	.010	-.467	.103	1.000	.456
	Sig.	.547	.118	.508	.293	.758	.791	.742	.562	.843	.295	.437	.937	.527	.182	.171	.569	.915	.118	.856	.331	.886	.768	.698	.654	.984	.981	.243	.103	·	.256
X_{31}	Pearson	.377	.855	.337	.909	.573	.855	.193	.401	.346	.210	.295	.321	.349	.171	.150	.292	.245	.855	.126	.331	.046	.003	.130	.124	.289	.331	-.062	.201	.456	1.000
	Sig.	.357	.007	.414	.138	.138	.855	.193	.484	.401	.397	.686	.723	.397	.150	.199	.321	.245	.007	.126	.081	.046	.003	.130	.124	.289	.331	.884	.201	.506	.256

表 4 - 10　科技子系统指标相关系数、显著性水平矩阵

		K_1	K_2	K_3	K_4	K_5	K_6	K_7	K_8	K_9	K_{10}
K_1	Pearson	1	-0.108	0.976	-0.093	-0.039	0	-0.301	-0.154	0.074	0.344
	Sig.	.	0.798	0	0.826	0.927	1	0.469	0.716	0.861	0.403
K_2	Pearson	-0.108	1	-0.147	-0.351	-0.683	-0.706	-0.318	0.074	-0.485	-0.082
	Sig.	0.798	.	0.729	0.393	0.062	0.05	0.443	0.861	0.223	0.847
K_3	Pearson	0.976	-0.147	1	0.069	-0.032	-0.014	-0.453	-0.197	0.187	0.168
	Sig.	0	0.729	.	0.871	0.94	0.973	0.26	0.64	0.657	0.692
K_4	Pearson	-0.093	-0.351	0.069	1	0.236	0.186	-0.239	-0.723	0.908	-0.815
	Sig.	0.826	0.393	0.871	.	0.573	0.659	0.569	0.043	0.002	0.014
K_5	Pearson	-0.039	-0.683	-0.032	0.236	1	0.993	0.506	0.028	0.139	0.021
	Sig.	0.927	0.062	0.94	0.573	.	0	0.201	0.947	0.744	0.961
K_6	Pearson	0	-0.706	-0.014	0.186	0.993	1	0.581	0.012	0.135	0.11
	Sig.	1	0.05	0.973	0.659	0	.	0.131	0.978	0.749	0.796
K_7	Pearson	-0.301	-0.318	-0.453	-0.239	0.506	0.581	1	-0.021	-0.093	0.462
	Sig.	0.469	0.443	0.26	0.569	0.201	0.131	.	0.96	0.826	0.249
K_8	Pearson	-0.154	0.074	-0.197	-0.723	0.028	0.012	-0.021	1	-0.822	0.401
	Sig.	0.716	0.861	0.64	0.043	0.947	0.978	0.96	.	0.012	0.325
K_9	Pearson	0.074	-0.485	0.187	0.908	0.139	0.135	-0.093	-0.822	1	-0.564
	Sig.	0.861	0.223	0.657	0.002	0.744	0.749	0.826	0.012	.	0.145
K_{10}	Pearson	0.344	-0.082	0.168	-0.815	0.021	0.11	0.462	0.401	-0.564	1
	Sig.	0.403	0.847	0.692	0.014	0.961	0.796	0.249	0.325	0.145	.

人口子系统指标（如表 4 - 11 所示）包括：人口密度 I_1、年出生率 I_2、年人口增长率 I_3、每千人医生数 I_4、每千人医院 I_5、饮用自来水人数 I_6、贫困线下人数 I_7、贫困线下人数所占比例 I_8、贫困线下家庭数 I_9、贫困线下家庭数所占比例 I_{10}。

社会子系统指标（如表 4 - 12 所示）包括：农村居民家庭总支出 S_1、农村居民生活消费支出 S_2、卫生水源村个数 S_3、卫生水源村百分比 S_4、卫生水源户数 S_5、卫生水源户百分比 S_6、乡级医院 S_7、村医疗站 S_8、正规公路长度 S_9、正规公路密度 S_{10}、简易公路长度 S_{11}、简易公路密度 S_{12}、农村大路长度 S_{13}、农村大路密度 S_{14}、年用电量 S_{15}、用电户比例 S_{16}、通电村比例 S_{17}、人均产值 S_{18}、农业支出 S_{19}、果园支出 S_{20}、林业支出 S_{21}、牧业支出 S_{22}、渔业支出 S_{23}、主食消费 S_{24}、副食品消费 S_{25}、生活用品 S_{26}、文化教育 S_{27}、医疗卫生 S_{28}、人均支出 S_{29}、电力 S_{30}。

生态子系统指标（如表 4 - 13 所示）包括：乔木林 XX_1、灌木林 XX_2、经济林 XX_3、人工种草 XX_4、水保措施面积 XX_5、治理度占总面积百分比 XX_6、治理度占流失面积百分比 XX_7、库容 XX_8、可淤面积 XX_9、已淤面积 XX_{10}、淤积量 XX_{11}、治理面积 XX_{12}、治理程度 XX_{13}、输沙量 XX_{14}、减沙量 XX_{15}、减沙效益 XX_{16}、化肥施用量 XX_{17}。

资源子系统指标（如表 4 - 14 所示）包括：农田土地利用比例 II_1、果园土地利用比例 II_2、林地土地利用比例 II_3、牧草地土地利用比例 II_4、水域土地利用比例 II_5、水土流失面积 II_6、人均土地 II_7、人均耕地 II_8、人均基本农田 II_9、灌溉面积总数 II_{10}、节水灌溉 II_{11}、梯田 II_{12}、坝地 II_{13}、水地 II_{14}。

在六个子系统的相关系数和显著性水平矩阵中，对 112 个指标进行显著性水平分析。指标筛选之一：各子系统评估指标平均显著性水平矩阵。选择最高的数据经过分析后，建立相关系数矩阵，对相关系数 0.9 的加以合并，考虑到指标的综合性、完备性，最后确定指标体系。如经济子系统，X_1 总数纯收入与 X_3 农业总产值、X_8 农村居民生活消费支出、X_{14} 农业纯收入、X_{17} 牧业纯收入、X_{18} 渔业纯收入的相关系数分别为 0.992、0.985、0.998、0.993、0.969，保留 X_1 总数纯收入，其他删去；X_2 与 X_{23} 相关系数为 0.947，保留 X_2 人均纯收入；X_5 与 X_7 相关系数为 0.994，保留 X_7 人均农村居民人均纯收入；X_9 与 X_{12}、X_{25}、X_{26}、X_{27} 的相关系数为 0.929、0.913、0.949、0.988，保留农业占总产值比例 X_9；X_{13} 与 X_{20}、X_{22} 相关系数为 0.974、0.901，保留人均粮食总产量 X_{22}。

表 4 - 11　人口子系统指标相关系数、显著性水平矩阵

		I_1	I_2	I_3	I_4	I_5	I_6	I_7	I_8	I_9	I_{10}
I_1	Pearson	1	0.826	0.831	0.963	0.963	0.042	0.026	-0.487	0.078	0.039
	Sig.	.	0.011	0.011	0	0	0.922	0.95	0.221	0.854	0.926
I_2	Pearson	0.826	1	0.86	0.766	0.766	-0.078	-0.157	-0.634	-0.104	-0.126
	Sig.	0.011	.	0.006	0.027	0.027	0.855	0.71	0.092	0.806	0.765
I_3	Pearson	0.831	0.86	1	0.884	0.884	-0.062	-0.196	-0.329	-0.15	0.244
	Sig.	0.011	0.006	.	0.004	0.004	0.884	0.641	0.426	0.724	0.56
I_4	Pearson	0.963	0.766	0.884	1	1	0.124	0.069	-0.34	0.116	0.192
	Sig.	0	0.027	0.004	.	0	0.769	0.871	0.409	0.785	0.649
I_5	Pearson	0.963	0.766	0.884	1	1	0.123	0.068	-0.341	0.115	0.192
	Sig.	0	0.027	0.004	0	.	0.771	0.873	0.409	0.787	0.65
I_6	Pearson	0.042	-0.078	-0.062	0.124	0.123	1	0.966	0.539	0.968	0.54
	Sig.	0.922	0.855	0.884	0.769	0.771	.	0	0.168	0	0.167
I_7	Pearson	0.026	-0.157	-0.196	0.069	0.068	0.966	1	0.455	0.998	0.397
	Sig.	0.95	0.71	0.641	0.871	0.873	0	.	0.258	0	0.331
I_8	Pearson	-0.487	-0.634	-0.329	-0.34	-0.341	0.539	0.455	1	0.428	0.823
	Sig.	0.221	0.092	0.426	0.409	0.409	0.168	0.258	.	0.29	0.012
I_9	Pearson	0.078	-0.104	-0.15	0.116	0.115	0.968	0.998	0.428	1	0.4
	Sig.	0.854	0.806	0.724	0.785	0.787	0	0	0.29	.	0.326
I_{10}	Pearson	0.039	-0.126	0.244	0.192	0.192	0.54	0.397	0.823	0.4	1
	Sig.	0.926	0.765	0.56	0.649	0.65	0.167	0.331	0.012	0.326	.

表 4 - 12　社会子系统指标相关系数、显著性水平矩阵

		S_1	S_2	S_3	S_4	S_5	S_6	S_7	S_8	S_9	S_{10}	S_{11}	S_{12}	S_{13}	S_{14}	S_{15}	S_{16}	S_{17}	S_{18}	S_{19}	S_{20}	S_{21}	S_{22}	S_{23}	S_{24}	S_{25}	S_{26}	S_{27}	S_{28}	S_{29}	X_{30}
S_1	Pearson	1	0.453	0.002	0.098	0.213	-0.542	0.091	0.011	-0.279	-0.567	-0.138	-0.562	0.055	-0.697	0.388	-0.515	-0.389	-0.093	0.345	-0.379	0.57	0.398	0.483	0.164	0.258	0.661	-0.499	0.769	0.595	0.469
	Sig.	.	0.259	0.997	0.817	0.612	0.165	0.83	0.98	0.504	0.142	0.744	0.147	0.897	0.055	0.342	0.191	0.341	0.826	0.402	0.354	0.254	0.329	0.225	0.698	0.537	0.074	0.208	0.026	0.119	0.241
S_2	Pearson	0.453	1	0.872	-0.058	0.945	-0.089	0.918	0.865	0.507	-0.058	0.658	-0.062	0.881	-0.113	0.979	-0.212	0.123	0.037	0.975	0.502	0.983	0.979	0.977	-0.034	-0.042	-0.051	0.061	-0.074	-0.077	0.454
	Sig.	0.259	.	0.005	0.892	0	0.834	0.001	0.006	0.199	0.891	0.076	0.884	0.004	0.79	0	0.615	0.772	0.93	0	0.205	0	0	0	0.937	0.922	0.904	0.886	0.861	0.856	0.259
S_3	Pearson	0.002	0.872	1	-0.114	0.958	0.213	0.993	0.984	0.76	0.302	0.844	0.287	0.975	0.299	0.884	0.055	0.423	0.191	0.911	0.648	0.83	0.892	0.858	-0.164	-0.229	-0.438	0.389	-0.347	-0.461	0.119
	Sig.	0.005	0.005	.	0.788	0	0.612	0	0	0.029	0.467	0.008	0.491	0	0.473	0.004	0.897	0.297	0.651	0.002	0.082	0.011	0.003	0.006	0.697	0.586	0.278	0.341	0.16	0.25	0.779
S_4	Pearson	0.098	-0.058	-0.114	1	0.935	0.554	-0.064	-0.273	-0.614	-0.679	-0.567	-0.706	0.047	0.359	-0.014	0.673	0.204	-0.128	-0.209	-0.113	-0.068	-0.235	-0.146	0.893	0.868	-0.433	-0.724	0.181	0.612	-0.405
	Sig.	0.892	0.892	0.788	.	0	0.154	0.88	0.513	0.106	0.064	0.143	0.05	0.912	0.382	0.974	0.067	0.628	0.763	0.619	0.789	0.672	0.575	0.73	0.003	0.005	0.284	0.042	0.668	0.107	0.32
S_5	Pearson	0.213	0.945	0.958	0.935	1	0.207	0.979	0.916	0.566	0.032	0.691	0.019	0.984	0.212	0.926	-0.023	0.258	0.085	0.925	0.619	0.918	0.922	0.929	0.037	-0.008	-0.343	0.131	-0.315	-0.198	0.237
	Sig.	0	0	0	0	.	0.623	0	0.001	0.144	0.94	0.058	0.965	0	0.614	0.001	0.897	0.538	0.842	0.001	0.102	0.001	0.001	0.001	0.931	0.986	0.406	0.757	0.447	0.639	0.571
S_6	Pearson	-0.542	-0.089	0.213	0.554	0.207	1	0.669	0.18	-0.103	-0.109	-0.128	-0.145	0.34	0.946	-0.104	0.556	0.223	-0.235	-0.16	0.405	-0.06	-0.177	-0.14	0.587	0.488	-0.905	-0.169	-0.497	-0.006	-0.57
	Sig.	0.165	0.834	0.612	0.154	0.623	.	0.083	0.845	0.807	0.798	0.762	0.731	0.41	0	0.806	0.059	0.595	0.576	0.706	0.32	0.888	0.675	0.741	0.126	0.22	0.002	0.689	0.21	0.989	0.14
S_7	Pearson	0.091	0.918	0.993	-0.064	0.979	0.669	1	0.973	0.7	0.204	0.803	0.19	0.982	0.235	0.925	0.034	0.376	0.146	0.938	0.643	0.882	0.921	0.894	-0.101	-0.157	-0.39	0.299	-0.456	-0.367	0.184
	Sig.	0.001	0.001	0	0.88	0	0.083	.	0	0.053	0.627	0.016	0.651	0	0.576	0.001	0.919	0.358	0.729	0.001	0.085	0.004	0.001	0.003	0.812	0.711	0.34	0.472	0.256	0.372	0.663
S_8	Pearson	0.011	0.865	0.984	-0.273	0.916	0.18	0.973	1	0.836	0.397	0.913	0.386	0.929	0.192	0.875	-0.043	0.384	0.184	0.928	0.63	0.829	0.911	0.855	-0.309	-0.364	-0.335	0.489	-0.543	-0.538	0.189
	Sig.	0.98	0.006	0	0.513	0.001	0.845	0	.	0.01	0.33	0.002	0.345	0.001	0.648	0.004	0.919	0.348	0.662	0.001	0.094	0.011	0.002	0.007	0.457	0.375	0.418	0.218	0.164	0.169	0.653

（续表）

		S_1	S_2	S_3	S_4	S_5	S_6	S_7	S_8	S_9	S_{10}	S_{11}	S_{12}	S_{13}	S_{14}	S_{15}	S_{16}	S_{17}	S_{18}	S_{19}	S_{20}	S_{21}	S_{22}	S_{23}	S_{24}	S_{25}	S_{26}	S_{27}	S_{28}	S_{29}	X_{30}
S_9	Pearson	-0.279	0.507	0.76	-0.614	0.566	-0.103	0.7	0.836	1	0.828	0.982	0.825	0.607	0.15	0.556	-0.105	0.508	0.449	0.675	0.429	0.437	0.648	0.546	-0.736	-0.794	-0.229	0.886	-0.731	-0.895	0.034
	Sig.	0.504	0.199	0.029	0.006	0.144	0.807	0.053	0.01	.	0.011	0	0.012	0.11	0.723	0.153	0.805	0.199	0.264	0.066	0.289	0.279	0.082	0.161	0.037	0.019	0.586	0.003	0.039	0.003	0.936
S_{10}	Pearson	-0.567	-0.058	0.302	-0.679	0.032	-0.109	0.204	0.397	0.828	1	0.71	0.998	0.114	0.205	0.014	-0.005	0.521	0.534	0.154	0.105	-0.137	0.122	0.009	-0.854	-0.91	-0.189	0.99	-0.772	-0.981	-0.267
	Sig.	0.142	0.891	0.467	0.054	0.94	0.798	0.627	0.33	0.011	.	0.048	0	0.789	0.626	0.975	0.991	0.173	0.173	0.715	0.805	0.747	0.773	0.983	0.007	0.002	0.654	0	0.025	0	0.523
S_{11}	Pearson	-0.138	0.658	0.844	-0.367	0.691	-0.128	0.803	0.913	0.982	0.71	1	0.708	0.711	0.087	0.694	-0.157	0.452	0.389	0.8	0.483	0.596	0.778	0.687	-0.661	-0.711	-0.191	0.789	-0.642	-0.795	0.148
	Sig.	0.744	0.076	0.008	0.113	0.058	0.762	0.016	0.002	0	0.048	.	0.049	0.114	0.838	0.056	0.711	0.261	0.341	0.017	0.225	0.119	0.023	0.06	0.074	0.048	0.651	0.02	0.086	0.018	0.727
S_{12}	Pearson	-0.562	-0.062	0.287	-0.706	0.019	-0.145	0.651	0.386	0.825	0.998	0.708	1	0.095	0.169	0.009	-0.045	0.495	0.538	0.153	0.114	-0.139	0.122	0.008	-0.874	-0.926	-0.15	0.992	-0.747	-0.976	-0.22
	Sig.	0.147	0.884	0.491	0.05	0.965	0.731	0.19	0.345	0.012	0	0.049	.	0.823	0.689	0.984	0.916	0.213	0.169	0.718	0.788	0.743	0.774	0.985	0.005	0.001	0.722	0	0.033	0	0.601
S_{13}	Pearson	0.065	0.881	0.975	0.047	0.984	0.34	0.982	0.929	0.607	0.114	0.711	0.095	1	0.364	0.87	0.1	0.213	0.063	0.873	0.677	0.858	0.862	0.855	0.043	-0.02	-0.491	0.197	-0.458	-0.288	0.117
	Sig.	0.897	0.004	0	0.912	0	0.41	0	0.001	0.11	0.789	0.114	0.823	.	0.375	0.005	0.814	0.329	0.881	0.005	0.065	0.006	0.006	0.007	0.919	0.962	0.217	0.64	0.254	0.489	0.782
S_{14}	Pearson	-0.697	-0.113	0.299	0.329	0.212	0.946	0.235	0.192	0.15	0.205	0.087	0.169	0.364	1	0.813	0.674	0.427	0.011	-0.115	-0.388	-0.123	-0.141	-0.129	0.309	0.195	-0.944	0.142	-0.727	-0.31	-0.674
	Sig.	0.055	0.79	0.473	0.382	0.614	0	0.576	0.648	0.723	0.626	0.838	0.689	0.375	.	0.005	0.067	0.418	0.979	0.787	0.342	0.772	0.738	0.761	0.456	0.643	0	0.738	0.041	0.455	0.067
S_{15}	Pearson	0.388	0.979	0.884	-0.004	0.926	-0.104	0.925	0.875	0.556	0.014	0.694	0.009	0.87	0.813	1	-0.089	0.303	0.151	0.977	0.473	0.938	0.962	0.942	-0.072	-0.088	-0.106	0.127	-0.154	-0.151	0.372
	Sig.	0.342	0	0.004	0.971	0.001	0.806	0.001	0.004	0.153	0.975	0.056	0.984	0.005	0.005	.	0.835	0.295	0.721	0	0.237	0.001	0	0	0.866	0.835	0.803	0.764	0.716	0.722	0.365
S_{16}	Pearson	-0.515	-0.212	0.055	0.673	-0.023	0.688	0.034	-0.043	-0.105	-0.005	-0.157	-0.045	0.1	0.674	-0.089	1	0.478	0.003	-0.223	0.077	-0.239	-0.299	-0.334	0.46	0.37	-0.807	-0.084	-0.487	-0.067	-0.738
	Sig.	0.191	0.615	0.897	0.06	0.956	0.059	0.937	0.919	0.805	0.991	0.711	0.916	0.814	0.067	0.835	.	0.643	0.994	0.595	0.856	0.569	0.471	0.419	0.251	0.367	0.015	0.842	0.221	0.875	0.036

（续表）

		X_{30}	S_{29}	S_{28}	S_{27}	S_{26}	S_{25}	S_{24}	S_{23}	S_{22}	S_{21}	S_{20}	S_{19}	S_{18}	S_{17}	S_{16}	S_{15}	S_{14}	S_{13}	S_{12}	S_{11}	S_{10}	S_9	S_8	S_7	S_6	S_5	S_4	S_3	S_2	S_1
S_{17}	Pearson	-0.608	-0.582	-0.705	0.498	-0.566	-0.291	-0.208	0.103	0.161	-0.02	0	0.24	0.688	1	0.643	0.295	0.418	0.329	0.495	0.452	0.521	0.508	0.384	0.376	0.223	0.258	0.204	0.423	0.123	-0.389
	Sig.	0.11	0.13	0.051	0.209	0.143	0.485	0.621	0.809	0.704	0.963	1	0.566	0.059		0.085	0.478	0.303	0.427	0.213	0.261	0.186	0.199	0.348	0.358	0.595	0.538	0.628	0.297	0.772	0.341
S_{18}	Pearson	-0.301	-0.514	-0.348	0.539	0.004	-0.533	-0.515	0.155	0.146	-0.144	-0.301	0.172	1	0.688	0.003	0.151	0.011	0.063	0.538	0.389	0.534	0.449	0.184	0.146	-0.235	0.085	-0.128	0.191	0.037	-0.093
	Sig.	0.468	0.192	0.398	0.168	0.993	0.174	0.192	0.713	0.731	0.734	0.468	0.683		0.059	0.994	0.721	0.979	0.881	0.169	0.341	0.173	0.264	0.662	0.729	0.576	0.842	0.763	0.651	0.93	0.826
S_{19}	Pearson	0.417	-0.28	-0.214	0.273	-0.054	-0.25	-0.235	0.965	0.995	0.938	0.501	1	0.172	0.24	-0.223	0.977	-0.115	0.873	0.153	0.8	0.154	0.675	0.928	0.938	-0.16	0.925	-0.209	0.911	0.975	0.402
	Sig.	0.304	0.502	0.611	0.513	0.899	0.55	0.576	0	0	0.001	0.206		0.683	0.566	0.595	0	0.787	0.005	0.718	0.017	0.715	0.066	0.001	0.001	0.706	0.001	0.619	0.002	0	0.354
S_{20}	Pearson	0.363	-0.261	-0.439	0.173	-0.485	0.001	0.064	0.42	0.48	0.566	1	0.501	-0.301	0	0.077	0.473	0.388	0.677	0.114	0.483	0.105	0.429	0.63	0.643	0.405	0.619	-0.113	0.648	0.502	-0.379
	Sig.	0.376	0.533	0.277	0.682	0.223	0.997	0.881	0.3	0.229	0.144		0.206	0.468	1	0.856	0.237	0.342	0.065	0.788	0.225	0.805	0.289	0.094	0.085	0.32	0.102	0.789	0.082	0.205	0.457
S_{21}	Pearson	0.527	0	-0.013	-0.017	-0.037	0.03	0.034	0.942	0.948	1	0.566	0.938	-0.144	-0.02	-0.239	0.938	-0.123	0.858	-0.139	0.596	-0.137	0.437	0.829	0.882	-0.06	0.918	-0.068	0.83	0.983	0.254
	Sig.	0.18	1	0.975	0.968	0.931	0.944	0.937	0	0		0.144	0.001	0.734	0.963	0.471	0.001	0.772	0.006	0.743	0.119	0.747	0.279	0.011	0.004	0.888	0.001	0.872	0.011	0	0.398
S_{22}	Pearson	0.453	-0.242	-0.16	0.243	-0.002	-0.239	-0.23	0.983	1	0.948	0.48	0.995	0.146	0.161	-0.299	0.962	-0.141	0.862	0.122	0.778	0.122	0.648	0.911	0.921	-0.177	0.922	-0.235	0.892	0.979	0.329
	Sig.	0.26	0.564	0.706	0.562	0.996	0.569	0.583	0		0	0.229	0	0.731	0.704	0.569	0	0.738	0.006	0.774	0.023	0.773	0.082	0.002	0.001	0.675	0.001	0.575	0.003	0	0.483
S_{23}	Pearson	0.44	-0.129	-0.071	0.129	0.02	-0.134	-0.132	1	0.983	0.942	0.42	0.965	0.155	0.103	-0.334	0.942	-0.129	0.855	0.008	0.687	0.009	0.546	0.855	0.894	-0.14	0.929	-0.146	0.858	0.977	0.225
	Sig.	0.275	0.762	0.868	0.761	0.963	0.752	0.756		0	0	0.3	0	0.713	0.809	0.419	0	0.761	0.007	0.985	0.06	0.983	0.161	0.007	0.003	0.741	0.001	0.73	0.006	0	

（续表）

		S1	S2	S3	S4	S5	S6	S7	S8	S9	S10	S11	S12	S13	S14	S15	S16	S17	S18	S19	S20	S21	S22	S23	S24	S25	S26	S27	S28	S29	X30
S24	Pearson	0.164	-0.034	-0.164	0.895	0.037	0.587	-0.101	-0.309	-0.736	-0.854	-0.661	-0.874	0.043	0.309	-0.072	0.46	-0.208	-0.515	-0.235	0.064	0.034	-0.23	-0.132	1	0.992	-0.335	-0.885	0.352	0.784	-0.148
	Sig.	0.698	0.937	0.697	0.006	0.931	0.126	0.812	0.457	0.037	0.007	0.074	0.005	0.919	0.456	0.866	0.251	0.621	0.192	0.576	0.881	0.937	0.583	0.756	.	0	0.417	0.003	0.393	0.021	0.727
S25	Pearson	0.258	-0.042	-0.229	0.864	-0.008	0.488	-0.157	-0.364	-0.794	-0.91	-0.711	-0.926	-0.02	0.195	-0.088	0.37	-0.291	-0.533	-0.25	0.001	0.03	-0.239	-0.134	0.992	1	-0.214	-0.936	0.466	0.855	-0.071
	Sig.	0.537	0.922	0.586	0.005	0.986	0.22	0.711	0.375	0.019	0.002	0.048	0.001	0.962	0.643	0.835	0.367	0.485	0.174	0.55	0.997	0.944	0.569	0.752	0	.	0.61	0.001	0.244	0.007	0.868
S26	Pearson	0.661	-0.051	-0.438	-0.443	-0.343	-0.905	-0.39	-0.335	-0.229	-0.189	-0.191	-0.15	-0.491	-0.944	-0.106	-0.807	-0.566	-0.004	-0.054	-0.485	-0.037	-0.002	0.02	-0.335	-0.214	1	-0.142	0.764	0.322	0.622
	Sig.	0.074	0.904	0.278	0.284	0.406	0.002	0.34	0.418	0.586	0.654	0.651	0.722	0.217	0	0.803	0.015	0.143	0.993	0.899	0.223	0.931	0.996	0.963	0.417	0.61	.	0.736	0.027	0.436	0.1
S27	Pearson	-0.499	0.061	0.389	-0.724	0.131	-0.169	0.299	0.489	0.886	0.99	0.789	0.992	0.197	0.142	0.127	-0.084	0.498	0.539	0.273	0.173	-0.017	0.243	0.129	-0.885	-0.936	-0.142	1	-0.747	-0.983	-0.152
	Sig.	0.208	0.886	0.341	0.042	0.757	0.689	0.472	0.218	0.003	0	0.02	0	0.64	0.738	0.764	0.842	0.209	0.168	0.513	0.682	0.968	0.562	0.761	0.003	0.001	0.736	.	0.033	0	0.719
S28	Pearson	0.769	-0.074	-0.547	0.181	-0.315	-0.497	-0.456	-0.543	-0.731	-0.772	-0.642	-0.747	-0.458	-0.727	-0.154	-0.487	-0.705	-0.348	-0.214	-0.439	-0.013	-0.16	-0.071	0.352	0.466	0.764	-0.747	1	0.857	0.517
	Sig.	0.026	0.861	0.16	0.668	0.447	0.21	0.256	0.164	0.039	0.025	0.086	0.033	0.254	0.041	0.716	0.221	0.051	0.398	0.611	0.277	0.975	0.706	0.868	0.021	0.244	0.027	0.033	.	0.007	0.19
S29	Pearson	0.395	-0.077	-0.461	0.612	-0.198	-0.006	-0.367	-0.538	-0.895	-0.981	-0.795	-0.976	-0.288	-0.31	-0.151	-0.067	-0.582	-0.514	-0.28	-0.261	0	-0.242	-0.129	0.784	0.855	0.322	-0.983	0.857	1	0.256
	Sig.	0.119	0.856	0.25	0.167	0.639	0.989	0.372	0.169	0.003	0	0.018	0	0.489	0.455	0.722	0.875	0.13	0.192	0.502	0.333	1	0.564	0.762	0.021	0.007	0.436	0	0.007	.	0.54
S30	Pearson	0.469	0.454	0.119	-0.405	0.237	-0.57	0.184	0.189	0.034	-0.267	0.148	-0.22	0.117	-0.674	0.372	-0.738	-0.608	-0.301	0.417	0.363	0.327	0.453	0.44	-0.148	-0.071	0.622	-0.152	0.517	0.256	1
	Sig.	0.241	0.259	0.779	0.32	0.571	0.14	0.663	0.653	0.936	0.323	0.727	0.601	0.782	0.067	0.365	0.036	0.11	0.468	0.304	0.376	0.18	0.26	0.275	0.727	0.868	0.1	0.719	0.19	0.54	.

表 4 - 13　生态子系统指标相关系数、显著性水平矩阵

		XX_1	XX_2	XX_3	XX_4	XX_5	XX_6	XX_7	XX_8	XX_9	XX_{10}	XX_{11}	XX_{12}	XX_{13}	XX_{14}	XX_{15}	XX_{16}	XX_{17}
XX_1	Pearson	1	0.989	0.996	0.981	0.999	-0.03	-0.03	0.808	0.844	0.841	0.852	0.999	-0.031	0.997	0.997	-0.013	-0.151
	Sig. (2－tailed)	.	0	0	0	0	0.943	0.943	0.015	0.008	0.009	0.007	0	0.943	0	0	0.975	0.72
XX_2	Pearson	0.989	1	0.981	0.957	0.985	-0.102	-0.102	0.777	0.791	0.784	0.797	0.985	-0.102	0.994	0.996	0.091	-0.079
	Sig. (2－tailed)	0	.	0	0	0	0.809	0.809	0.023	0.019	0.021	0.018	0	0.809	0	0	0.829	0.852
XX_3	Pearson	0.996	0.981	1	0.969	0.992	-0.033	-0.033	0.765	0.815	0.816	0.826	0.992	-0.034	0.989	0.989	-0.025	-0.201
	Sig. (2－tailed)	0	0	.	0	0	0.937	0.937	0.027	0.014	0.014	0.012	0	0.937	0	0	0.953	0.633
XX_4	Pearson	0.981	0.957	0.969	1	0.99	0.123	0.123	0.877	0.914	0.913	0.919	0.99	0.123	0.975	0.975	-0.058	-0.087
	Sig. (2－tailed)	0	0	0	.	0	0.771	0.771	0.004	0.001	0.002	0.001	0	0.772	0	0	0.891	0.838
XX_5	Pearson	0.999	0.985	0.992	0.99	1	0.001	0.001	0.834	0.866	0.863	0.873	1	0.001	0.996	0.996	-0.032	-0.128
	Sig. (2－tailed)	0	0	0	0	.	0.998	0.998	0.01	0.005	0.006	0.005	0	0.998	0	0	0.941	0.763
XX_6	Pearson	-0.03	-0.102	-0.033	0.123	0.001	1	1	0.09	0.189	0.21	0.192	0.001	0.089	-0.083	-0.073	0.081	0.296
	Sig. (2－tailed)	0.943	0.809	0.937	0.771	0.998	.	0	0.833	0.654	0.617	0.649	0.998	0.833	0.844	0.864	0.848	0.477
XX_7	Pearson	-0.03	-0.102	-0.033	0.123	0.001	1	1	0.09	0.189	0.21	0.192	0.001	0.089	-0.083	-0.073	0.081	0.296
	Sig. (2－tailed)	0.943	0.809	0.937	0.771	0.998	0	.	0.833	0.654	0.617	0.649	0.998	0.833	0.844	0.864	0.848	0.477
XX_8	Pearson	0.808	0.777	0.765	0.877	0.834	0.09	0.09	1	0.969	0.956	0.956	0.834	0.089	0.819	0.814	-0.297	0.018
	Sig. (2－tailed)	0.015	0.023	0.027	0.004	0.01	0.833	0.833	.	0	0	0	0.01	0.833	0.013	0.014	0.474	0.967
XX_9	Pearson	0.844	0.791	0.815	0.914	0.866	0.189	0.189	0.969	1	0.999	0.999	0.866	0.189	0.84	0.835	-0.292	-0.154
	Sig. (2－tailed)	0.008	0.019	0.014	0.001	0.005	0.654	0.654	0	.	0	0	0.005	0.655	0.009	0.01	0.483	0.716

（续表）

		XX_1	XX_2	XX_3	XX_4	XX_5	XX_6	XX_7	XX_8	XX_9	XX_{10}	XX_{11}	XX_{12}	XX_{13}	XX_{14}	XX_{15}	XX_{16}	XX_{17}
XX_{10}	Pearson	0.841	0.784	0.816	0.913	0.863	0.21	0.21	0.956	0.999	1	0.999	0.863	0.21	0.835	0.83	-0.293	-0.185
	Sig. (2-tailed)	0.009	0.021	0.014	0.002	0.006	0.617	0.617	0	0	.	0	0.006	0.618	0.01	0.011	0.481	0.661
XX_{11}	Pearson	0.852	0.797	0.826	0.919	0.873	0.192	0.192	0.956	0.999	0.999	1	0.873	0.192	0.846	0.842	-0.273	-0.19
	Sig. (2-tailed)	0.007	0.018	0.012	0.001	0.005	0.649	0.649	0	0	0	.	0.005	0.65	0.008	0.009	0.513	0.653
XX_{12}	Pearson	0.999	0.985	0.992	0.99	1	0.001	0.001	0.834	0.866	0.863	0.873	1	0.001	0.996	0.996	-0.032	-0.128
	Sig. (2-tailed)	0	0	0	0	0	0.998	0.998	0.01	0.005	0.006	0.005	.	0.998	0	0	0.941	0.763
XX_{13}	Pearson	-0.031	-0.102	-0.034	0.123	0.001	1	1	0.089	0.189	0.21	0.192	0.001	1	-0.083	-0.073	0.081	0.295
	Sig. (2-tailed)	0.943	0.809	0.937	0.772	0.998	0	0	0.833	0.655	0.618	0.65	0.998	.	0.844	0.864	0.848	0.477
XX_{14}	Pearson	0.997	0.994	0.989	0.975	0.996	-0.083	-0.083	0.819	0.84	0.835	0.846	0.996	-0.083	1	1	-0.006	-0.131
	Sig. (2-tailed)	0	0	0	0	0	0.844	0.844	0.013	0.009	0.01	0.008	0	0.844	.	0	0.989	0.756
XX_{15}	Pearson	0.997	0.996	0.989	0.975	0.996	-0.073	-0.073	0.814	0.835	0.83	0.842	0.996	-0.073	1	1	0.018	-0.117
	Sig. (2-tailed)	0	0	0	0	0	0.864	0.864	0.014	0.01	0.011	0.009	0	0.864	0	.	0.967	0.783
XX_{16}	Pearson	-0.013	0.091	-0.025	-0.058	-0.032	0.081	0.081	-0.297	-0.292	-0.293	-0.273	-0.032	0.081	-0.006	0.018	1	0.367
	Sig. (2-tailed)	0.975	0.829	0.953	0.891	0.941	0.848	0.848	0.474	0.483	0.481	0.513	0.941	0.848	0.989	0.967	.	0.371
XX_{17}	Pearson	-0.151	-0.079	-0.201	-0.087	-0.128	0.296	0.296	0.018	-0.154	-0.185	-0.19	-0.128	0.295	-0.131	-0.117	0.367	1
	Sig. (2-tailed)	0.72	0.852	0.633	0.838	0.763	0.477	0.477	0.967	0.716	0.661	0.653	0.763	0.477	0.756	0.783	0.371	.

表4-14 资源子系统指标相关系数、显著性水平矩阵

		II_1	II_2	II_3	II_4	II_5	II_6	II_7	II_8	II_9	II_{10}	II_{11}	II_{12}	II_{13}	II_{14}
II_1	Pearson	1	-0.682	-0.914	-0.437	-0.041	0.045	-0.393	0.855	0.646	0.339	0.35	0.075	0.227	0.453
	Sig.	.	0.063	0.002	0.279	0.924	0.916	0.336	0.007	0.083	0.411	0.396	0.86	0.589	0.26
II_2	Pearson	-0.682	1	0.464	0.698	-0.623	-0.061	-0.315	-0.675	-0.811	-0.275	-0.635	-0.108	0.129	-0.712
	Sig.	0.063	.	0.247	0.054	0.099	0.886	0.447	0.066	0.015	0.51	0.091	0.799	0.761	0.048
II_3	Pearson	-0.914	0.464	1	0.276	0.257	-0.038	0.688	-0.606	-0.641	-0.267	-0.059	-0.066	-0.362	-0.236
	Sig.	0.002	0.247	.	0.508	0.539	0.929	0.059	0.111	0.087	0.523	0.89	0.877	0.379	0.573
II_4	Pearson	-0.437	0.698	0.276	1	-0.65	-0.49	-0.232	-0.357	-0.51	-0.597	-0.492	-0.531	-0.162	-0.516
	Sig.	0.279	0.054	0.508	.	0.081	0.218	0.58	0.385	0.197	0.118	0.216	0.176	0.701	0.19
II_5	Pearson	-0.041	-0.623	0.257	-0.65	1	0.06	0.739	-0.005	0.333	0.058	0.531	0.101	-0.464	0.49
	Sig.	0.081	0.099	0.539	0.081	.	0.887	0.036	0.99	0.42	0.892	0.175	0.812	0.247	0.218
II_6	Pearson	0.045	-0.061	-0.038	-0.49	0.06	1	-0.032	0.014	0.269	0.948	0.484	0.998	0.826	0.522
	Sig.	0.218	0.886	0.929	0.218	0.887	.	0.939	0.975	0.519	0	0.224	0	0.011	0.185
II_7	Pearson	-0.393	-0.315	0.688	-0.232	0.739	-0.032	1	-0.027	-0.065	-0.082	0.468	-0.027	-0.513	0.323
	Sig.	0.336	0.447	0.059	0.58	0.036	0.939	.	0.949	0.879	0.848	0.242	0.949	0.194	0.435

（续表）

		II_1	II_2	II_3	II_4	II_5	II_6	II_7	II_8	II_9	II_{10}	II_{11}	II_{12}	II_{13}	II_{14}
II_8	Pearson	0.855	-0.675	-0.606	-0.357	-0.005	0.014	-0.027	1	0.436	0.323	0.509	0.027	0.106	0.504
	Sig.	0.007	0.066	0.111	0.385	0.99	0.975	0.949	.	0.28	0.435	0.198	0.95	0.803	0.203
II_9	Pearson	0.646	-0.811	-0.641	-0.51	0.333	0.269	-0.065	0.436	1	0.406	0.491	0.313	0.255	0.7
	Sig.	0.083	0.015	0.087	0.197	0.42	0.519	0.879	0.28	.	0.319	0.217	0.45	0.543	0.053
II_{10}	Pearson	0.539	-0.275	-0.267	-0.597	0.058	0.948	-0.082	0.323	0.406	1	0.603	0.953	0.819	0.644
	Sig.	0.411	0.51	0.523	0.118	0.892	0	0.848	0.435	0.319	.	0.113	0	0.013	0.085
II_{11}	Pearson	0.35	-0.635	-0.059	-0.492	0.531	0	0.468	0.509	0.491	0.603	1	0.503	0.147	0.961
	Sig.	0.396	0.091	0.89	0.216	0.175	0.484	0.242	0.198	0.217	0.113	.	0.204	0.728	0
II_{12}	Pearson	0.075	-0.108	-0.066	-0.531	0.101	0.998	-0.027	0.027	0.313	0.953	0.503	1	0.813	0.548
	Sig.	0.86	0.799	0.877	0.176	0.812	0	0.949	0.95	0.45	0.819	0.204	.	0.014	0.159
II_{13}	Pearson	0.227	0.129	-0.362	-0.162	-0.464	0.826	-0.513	0.106	0.255	0.819	0.147	0.813	1	0.257
	Sig.	0.589	0.761	0.379	0.701	0.247	0.011	0.194	0.803	0.543	0.013	0.728	0.014	.	0.54
II_{14}	Pearson	0.453	-0.712	-0.236	-0.516	0.49	0.522	0.323	0.504	0.7	0.644	0.961	0.548	0.257	1
	Sig.	0.26	0.048	0.573	0.19	0.218	0.185	0.435	0.203	0.053	0.085	0	0.159	0.54	.

经过以上分析，经济子系统包括总数纯收入、人均纯收入、农村居民家庭总支出、农村居民人均纯收入、农业占总产值比例、果园占总产值比例、林业占总产值比例、人均纯收入、人均基本农田、人均粮食总产量、人均油料面积、粮食总产、农村社会产出值；科技子系统包括高中以上人数、高中以上比例、初中毕业人数、初中毕业比例、农业机械原值、在校学龄儿童比例、受过高级教育人数比例；人口子系统包括年人口增长率、每千人医生数、每千人医院、饮用自来水人数、贫困线下人数所占比例；社会子系统包括农村居民生活消费支出、卫生水源户数、正规公路长度、简易公路长度、农村大路长度、年用电量、通电村比例、农业支出、果园支出、牧业支出；生态子系统包括乔木林、灌木林、经济林、人工种草、水保措施面积、治理度占总面积百分比、减沙效益；资源子系统包括农田土地利用比例、果园土地利用比例、牧草地土地利用比例、人均基本农田、灌溉面积总数、节水灌溉、梯田、坝地、水地。

4.2.3 延河流域世界银行项目经济后评估

世界银行农业项目经济后评估不仅包括项目区的总体经济效益的评估，还包括农户的经济评估。具体衡量项目收益的量化指标有很多。世界银行已竣工项目往往用现值法（动态分析）对项目的经济效益进行分析，常用的指标有净现值、财务内部效益率（财务后评估）和经济内部收益率（国民经济后评估）。

（1）项目区农民收入变化

项目区农民收入变化调查统计数据如图4-7所示。

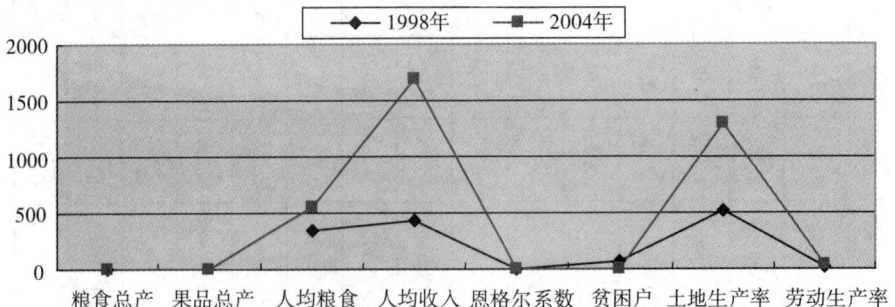

图4-7 项目区农民收入变化图

项目的实施使农民的收入逐年增加，生活水平得到明显改善。由于基本农田的增加，农业生产条件得到改善，粮食单产量大幅度提高，农民粮食自给有余；农田增加、耕地减少，剩余劳动力增加，农民开始兴建温室大棚、畜棚和养畜，从事第三产业的收入增加。数据表明，农民收入治理初与 2004 年相比，人均产粮由 353kg 提高到 549kg；人均纯收入由 435 元增加到 1683 元，人均增加 1248 元；土地生产率由 509 元/hm² 提高到 1288 元/hm²。

（2）项目区内外典型农户的监测成果对比

对项目区内外典型农户的监测成果（如图 4-8 所示）进行对比分析，表明项目实施期间项目区内农户平均人均纯收入高于项目区外，项目区内人均粮食高于项目区外，如图 4-9 所示。

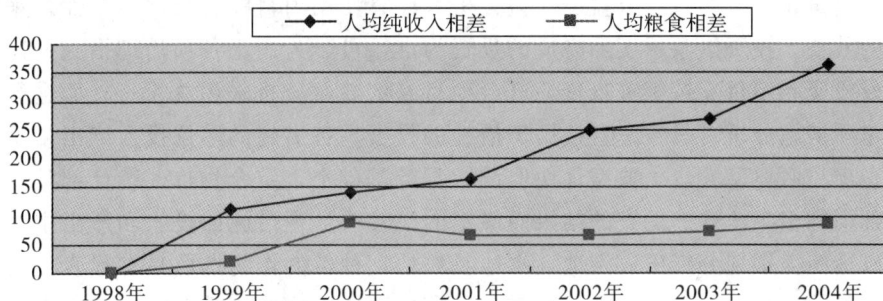

图 4-8　项目区内外典型农户的监测成果

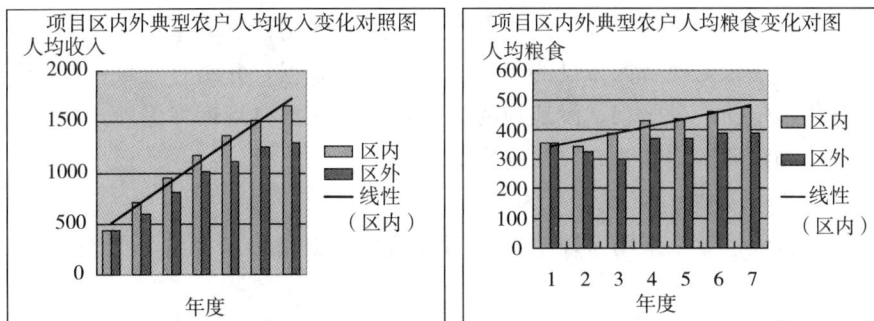

图 4-9　项目区内外典型农户人均收入、粮食变化图

（3）经济效益的计算

① 评估依据和方法

经济效益的计算主要依据《水利建设项目经济评估规范》（SL72-

94)、《水土保持综合治理效益计算方法》（GBT15774－1995）以及《项目可研报告》《项目监测评估技术规程》等规范和文件。经济效益计算采用有项目和无项目进行对比分析的方法，分析采用动态分析法，基准年为1999年，贴现率12%，经济分析期取20年。

② 投入产出计算

计算中采用的价格均是市场价格。由于项目涉及的各类投入、产出物基本不存在进出口贸易，故在进行经济后评估时，对影子价格与经济价格的换算系数取为1，即直接采用市场价格进行计算。经济效益分直接效益（有实物产出的效益）和间接效益（无实物产出的效益）。直接效益主要包括梯田、水地、坝地的种植效益和林草、果园的产出效益；间接效益包括经过量化分析的减沙效益。效益分析只计算使用项目投资新增措施而带来的效益。投资以项目实际完成的投资为准，可分为用于各项治理措施的建设投资和项目支持服务投资，进行项目经济效益分析采用总投资，而进行单项措施分析时只考虑直接用于措施的投资。各措施的单位投入产出量是在项目区典型农户、典型地块监测数据的基础上，结合物价、统计部门等部门的多年统计、调查的结果而确定的。各项治理措施的投入和产出主要以措施类别划分梯田、坝地、水地及坡地，种植的作物选取具有代表性的糜谷、豆类、薯类、玉米、蔬菜和瓜类进行分析计算；乔木林的产出主要是木材的蓄积量等，灌木林的产出是薪材和籽种；果园的产出是果品；人工草的产出是饲草和草籽，拦泥保土效益用水保法计算。单位面积的保土效益指标是依据项目区布设的径流观测站监测数据，并结合流域的实际情况分析确定的。骨干坝、淤地坝的拦泥指标是依据典型库坝泥沙淤积的监测资料和陕北淤地坝普查成果确定的。

③ 经济效果

项目经济效果采用净现值和内部收益率两项指标来衡量（如表4－15所示）。

分析结果表明，整个项目突出了扶贫和生态环境两大建设内容。项目总的经济内部回收率为16.4%，经济净现值为25998.7万元，项目经济效益十分显著；财务内部回收率为11.5%，财务净现值为11826.8万元。对于单项措施，其中梯田、水地、经济林、草地、农户果库、大棚、养畜、果园的效益提高，经济、财务内部回收率均在11%以上；坝地、乔木林和灌木林以拦泥效益为主，其财务效益内部回收率为 2%、6.8% 和 1.4%。与项目实施前可行性分析中比较，可行性分析中：经济分析的直接效益为净现值 11257.4，内部回收率为 16.8%；财务分析的直接效益为净现值为 13375.6，内部回收率为 16.6%；从上述分析中，该项目的经济内部回收率和财务内部回收率基本实现了可行性分析中的目标。世界银行项目的实施使农民的收入逐年增加，生活水平得到明显改善。世界银行农业项目的投入大大改善了项目区农业基础设施和生产条件，项目区农产品产量大幅提高。财务后评估是以国家现行财税制度和价格体系，分析计算项目本身直接发生的财务效益和费用；国民经济后评估则是从国家的角度出发考虑项目的效益和费用。连同货物的影子价格、影子工资、影子汇率等参数，从统计结果看，世界银行农业项目的经济效益是非常明显的，投资回报率较高。

表 4-15　治理措施经济效益分析结果　　　　单位：万元

项目名称	经济效益		财务效益	
	含泥沙		不含泥沙	
	IRR	NPV	IRR′	NPV′
总项目	16.4%	25998.7	11.5%	11826.8
梯　田	19.8%	3694.5	14.4%	2133.3
坝　地	38.2%	1667.2	2.0%	−274.6
水　地	24.0%	113.1	18.3%	70.5
乔木林	16.9%	3937.7	6.8%	−77.9
灌木林	21.8%	620.1	1.4%	−135.9
经济林	15.1%	7176.4	14.3%	6462.5
果　园	16.9%	5238.1	15.6%	4591.8
草　地	18.6%	3004.5	15.6%	2145.0
农户果库	16.7%	28.6	16.7%	28.6
大　棚	26.7%	1442.6	26.7%	1442.6
养　畜	15.8%	942.1	15.8%	942.1

4.2.4 岭回归和支持向量机在延河流域世界银行项目社会后评估中应用

在黄土高原水土保持世界银行贷款项目的后评估中，社会后评估是其中重要的一方面。水土保持的社会效益指的是水土保持项目实施后，对社会环境系统的影响及其产生的宏观社会效应。也就是说，在获得保水保土效益、减水减沙效益、经济效益、生态效益的基础上，对农民脱贫致富、促进社会进步、就业、地区收入分配等影响的程度。根据《黄土高原水土保持世界银行贷款项目监测评估技术规程》的规定的社会效益评估标准，结合当地经济发展的社会要求，我们将本项目社会评估的内容分为以下几个方面：土地利用结构的变化、农村生产结构的变化、农村社会进步（包括项目区文化、教育、卫生、科技、交通等各个方面）、妇女地位的变化等。

（1）项目区土地利用结构变化

项目的实施促进了土地利用结构的调整，使坡耕地和荒地的面积逐年减少，基本农田、果、林、人工草地的面积逐年增加，土地利用结构趋于合理化。变化情况如表 4-16 所示。

表 4-16　延河项目区土地利用结构变化情况表

年度	项　　目	耕地	果园	林地	草地	荒地	其他	总面积
1998	面积（hm²）	77767	0	30285	10968	103670	16310	239000
	比例（%）	32.54	0.00	12.67	4.59	43.38	6.82	100
2004	面积（hm²）	49821	2748	56874	26148	86856	16553	239000
	比例（%）	20.85	1.15	23.80	10.94	36.34	6.92	100

（2）项目区农村产业结构变化

项目区由于广泛的政策宣传和引导，加上多年来广种薄收、干旱年份其至绝收的教训，使项目区的广大干部、群众的思想观念、思维方式发生了深刻的变化，认识到农民要致富只靠单一的农业生产是没有出路的。而项目的实施与开发给农民提供了这一良好机遇，坡耕地大量退耕修建梯田和种植林草，生产条件、生产方式、交通道路等基础设施的改善，农村剩余劳力增加，产业结构发生了明显的变化。除从事粮食生产、经济林果和营造生态林外，当地农民主要靠种植大棚、人工草实行舍饲养畜、从事运输、建筑等其他副业活动来增加经济收入。产业结构变化情况如图 4 - 10 所示。

图 4 - 10　1998 年和 2004 年农村产业结构图

1998 年耕地面积 77767hm^2、果园 0hm^2、林地 30285hm^2、草地 10968hm^2、荒地 103670hm^2、其他 16310hm^2，所占比例分别为 32.54％、0.00％、12.67％、4.59％、43.38％、6.82％；2004 年耕地面积 49821hm^2、果园 2748hm^2、林地 56874hm^2、草地 26148hm^2、荒地 86856hm^2、其他 16553hm^2，所占比例分别为 20.85％、1.15％、23.80％、10.94％、36.34％、6.92％。

（3）项目区社会进步变化

项目区群众的生活、生产条件得到极大改善，生活水平显著提高，文教卫生事业迅速发展。对项目区的调查发现：劳动力利用率由 73.3％提高到 90％，贫困人口由 72.8％减少到 6.0％，不少群众告别了旧窑洞，搬进了新住宅，添置了新式家具、彩色电视机、洗衣机、电冰箱等高档商品，一些农户安上了电话，购置了农机具和交通工具；项目区中小学校由初期的 475 所合并减少到 445 所，但学校的规模扩大、设施齐全、师资力量加强、教学质量提高，适龄入学率由 98.3％提高到 99.9％；农户供水比例由 32.3％提高到 72.8％，村村通路、通电，生产道路到田边，彻底改变了以往人背、畜驮的状况。社会进步变化情况如表 4 - 17 所示。

表 4 - 17　项目区农村社会进步变化情况表

农村社会进步项目	劳动利用率（%）	中小学校（所）	适龄入学率（%）	农村医院（处）	农户供水（%）	农村公路（公里）
1998	73.3	475	98.3	242	32.3	2287
2004	90.0	445	99.9	311	72.8	2909

同时，妇女社会地位大为改善。项目对农村妇女地位和权益的关注是国内其他项目所没有的，项目始终把改善妇女的地位作为一项重要内容，广泛地有针对性地开展对妇女的培训和引导。妇女社会地位的提高，不仅使人们传统的"重男轻女"的思想观念有了改变，而且使妇女自身从单纯家庭主妇的环境中摆脱出来，更多地走向社会，接受外界新的知识和事物。其整体素质的提高会为她们的丈夫、子女等家庭成员带来积极影响，推动区域人口质量的改善，为区域社会可持续性发展奠定坚实基础。

（4）岭回归和支持向量机结合的延河流域世界银行项目社会后评估

对延河流域地区世界银行贷款二期项目进行社会后评估，按照指标体系构建原则，结合社会后评估的内容，首先构建延河流域地区世界银行贷款二期项目社会后评估指标体系，这里岭回归和支持向量机在世界银行农业项目社会后评估中应用没有涵盖人口、科技方面。人口、科技方面的内容将在本书可持续发展后评估中分析。

① 指标选取

首先选取的世界银行农业项目社会后评估指标需要筛选，对置信度，相关系数分析后得到如下指标：卫生水源村个数、卫生水源户数、乡级医院、村医疗站、正规公路长度、简易公路长度、农村大路长度、年用电量、通电村比例、农业支出、果园支出、林业支出、牧业支出、渔业支出，对这里 14 个指标直接进行支持向量机分析。

② 岭回归分析

对卫生水源村个数、卫生水源户数、乡级医院、村医疗站、正规公路长度、简易公路长度、农村大路长度、年用电量、通电村比例、农业支出、果园支出、林业支出、牧业支出、渔业支出 14 个指标岭回归分析，当 $K = 0.1$、0.2、0.3、0.4、0.5、0.6、0.7、0.8、0.9、1.0、1.1、1.2、1.3 时，可得到不同 K 值时的岭回归系数（如表 4 - 18 所示）。

表 4－18　不同 K 值时的岭回归系数

K	X_1 卫生水源村个数	X_2 卫生水源户数	X_3 乡级医院	X_4 村医疗站	X_5 正规公路长度	X_6 简易公路长度	X_7 农村大路长度	X_8 年用电量	X_9 通电村比例	X_{10} 农业支出	X_{11} 果园支出	X_{12} 林业支出	X_{13} 牧业支出	X_{14} 渔业支出
0.1	0.0247	0.0796	0.0653	0.0330	-0.0752	-0.0217	0.02831	0.20664	-0.0379	0.16074	-0.0208	0.19140	0.15301	0.14488
0.2	0.0341	0.0873	0.0686	0.0377	-0.0644	-0.0161	0.04201	0.18357	-0.0434	0.14714	-0.0209	0.17625	0.14445	0.14488
0.3	0.0397	0.0903	0.0703	0.0411	-0.0559	-0.0113	0.04948	0.16891	-0.0450	0.13820	-0.0180	0.16614	0.13794	0.14211
0.4	0.0435	0.0915	0.0712	0.0436	-0.0488	-0.0071	0.05406	0.15833	-0.0449	0.13157	-0.0145	0.15838	0.13267	0.13867
0.5	0.0462	0.0918	0.0716	0.0456	-0.0428	-0.0034	0.05710	0.15009	-0.0441	0.12630	-0.0109	0.15199	0.12820	0.13514
0.6	0.0482	0.0915	0.0718	0.0472	-0.0376	-0.0002	0.05918	0.14341	-0.0428	0.12193	-0.0076	0.14655	0.12432	0.13173
0.7	0.0498	0.0910	0.0719	0.0485	-0.0330	0.00262	0.06065	0.13777	-0.0413	0.11818	-0.0045	0.14177	0.12088	0.12849
0.8	0.0510	0.0903	0.0718	0.0495	-0.0289	0.00514	0.06169	0.13292	-0.0398	0.11491	-0.0018	0.13753	0.11780	0.12544
0.9	0.0520	0.0895	0.0717	0.0504	-0.0253	0.00739	0.06244	0.12868	-0.0382	0.11201	0.00059	0.13370	0.11500	0.12257
1.0	0.0528	0.0887	0.0714	0.0511	-0.0221	0.00939	0.06296	0.12491	-0.0366	0.10939	0.00278	0.13021	0.11244	0.11989
1.1	0.0534	0.0878	0.0712	0.0516	-0.0192	0.01119	0.06330	0.12153	-0.0351	0.10702	0.00472	0.12702	0.11009	0.11737
1.2	0.0539	0.0870	0.0709	0.0521	-0.0166	0.01280	0.06352	0.11848	-0.0336	0.10485	0.00645	0.12408	0.10791	0.11502
1.3	0.0543	0.0861	0.0705	0.0525	-0.0142	0.01427	0.06364	0.11566	-0.0321	0.10283	0.00802	0.12133	0.10587	0.11278

③ 去掉多余信息

剔除岭迹图（如图 4-11 所示）上标准化岭回归系数比较稳定且绝对值很小的自变量 X_6、X_{11}、X_9，剔除岭回归系数不稳定且震动趋于零的自变量 X_5 以及标准化岭回归系数很不稳定的自变量 X_1，岭迹图去掉后的指标如表 4-19 所示。

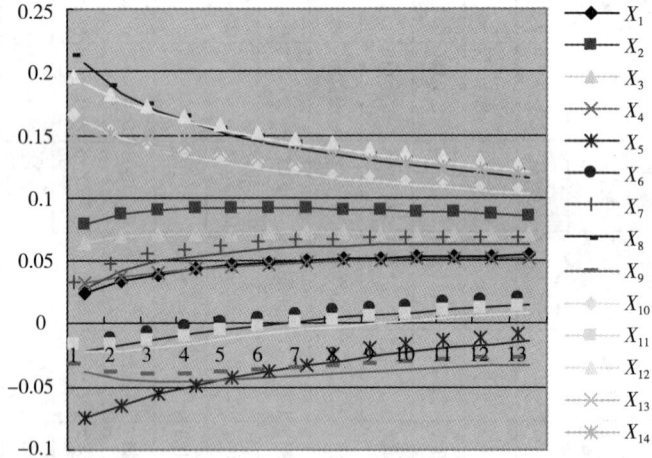

图 4-11 岭迹图

表 4-19 岭回归后的指标

X_2	X_3	X_4	X_7	X_8	X_{10}	X_{12}	X_{13}	X_{14}
卫生水源户数	乡级医院	村医疗站	农村大路长度	年用电量	农业支出	林业支出	牧业支出	渔业支出
1.4048	1.4058	1.3919	1.3576	1.4661	1.4692	1.4524	1.4903	1.4864
−0.8191	−0.9618	−0.8676	−0.9583	−0.7421	−0.5896	−0.1486	−0.4567	−0.4385
0.0103	−0.2219	−0.5555	0.0820	−0.4989	−0.6708	−0.5561	−0.6508	−0.3674
−0.5961	−0.2219	0.0312	−0.4813	−0.2251	−0.2087	−0.7476	−0.3828	−0.6804
1.4826	1.4491	1.3487	1.3970	1.4532	1.4734	1.4865	1.4516	1.4086
−0.6965	−0.8280	−0.9400	−0.9785	−0.1655	−0.3260	−0.4482	−0.2973	−0.1426
−0.4546	−0.4140	−0.5313	−0.2486	−0.5182	−0.7528	−0.3609	−0.8400	−0.9443
−0.3315	−0.2070	0.1226	−0.1698	−0.7694	−0.3945	−0.6773	−0.3142	−0.3216

岭回归后保留的指标为卫生水源户数、乡级医院、村医疗站、农村大路长度、年用电量、农业支出、林业支出、牧业支出、渔业支出。

④ 基于岭回归支持向量机的延河流域地区世界银行贷款二期项目社会后评估

运用支持向量机对延河流域地区世界银行贷款二期项目社会后评估进行研究，首先需要建立延河流域地区世界银行贷款二期项目社会后评估指标体系。在建立基于支持向量机的延河流域地区世界银行贷款二期项目社会后评估指标体系之前，先需要对收集到的延河流域地区世界银行贷款二期项目社会后评估的数据进行预处理，以满足社会后评估模型的需要。

本书将支持向量机理论应用到延河流域地区世界银行贷款二期项目社会后评估当中，首先要将延河流域地区世界银行贷款二期项目社会后评估的问题看作多类分类问题去解决；然后对支持向量机的核函数及参数进行调整，保证得到理想的分类效果；最后就是要对样本数据进行预测，并对评价结果进行分析研究。对延河流域地区世界银行贷款二期项目社会后评估时，先确定延河流域地区世界银行贷款二期项目社会后评估的指标，再通过数据采集得到每个样本各个指标的分值数据，并以这些样本数据集为依据进行评价工作。也就是说，如果将每个样本的数据以一个 n 维向量 X 表示，则 $X=（X_1，X_2，X_3，\cdots，X_n）$。

对整个延河流域地区世界银行贷款二期项目社会后评估的样本数据表示为：

$$X_i=（X_{i1}，X_{i2}，X_{i3}，\cdots，X_{in}），i=1,2,3,\cdots,m$$

其中，m 为农业项目的样本总数，n 为评价系统中的评价指标总数，分向量 X_{ij} 对应于第 i 个样本的评价数据中的第 j 个指标的分值。

岭回归支持向量机的社会后评估中，训练样本集的质量直接影响到流域地区世界银行贷款二期项目社会后评估结果。

a. 数据准备

数据准备是延河流域地区世界银行贷款二期项目社会后评估过程中的重要步骤，在整个延河流域地区世界银行贷款二期项目社会后评估过程中起着举足轻重的作用。一般来说，延河流域地区世界银行贷款二期项目社会后评估数据来源于数据库。这些数据库中的数据并不都是正确的，常常不可避免地存在着不完整、不一致、不精确和重复的数据。在进行延河流域地区世界银行贷款二期项目社会后评估之前，都要对数据进行清洗。

延河流域地区世界银行贷款二期项目社会后评估过程一般可分为三个阶段。在第一阶段，需要数据挖掘专家一起定义延河流域地区世界银行贷款二期项目社会后评估模型要解决什么样的问题，并收集和整理相关的数据。在第二阶段，用各种各样的数据挖掘技术来分析数据、建立模型。在最后一个阶段，把第二阶段中建立的模型用到实际中，并对使用的效果进行验证。

延河流域地区世界银行贷款二期项目社会后评估模型刚开始建立时基于有限个历史样本点，而当其重建时，会有更多的历史数据，也许会增加一些新信息；这里的历史样本点来自黄土高原水土保持世界银行贷款一期项目，项目区涉及陕、晋、甘、内蒙古四省（区）7个地（市）22个县（旗、市）的9个流域（片），随着积累的历史数据和相关的信息越来越多，处理延河流域地区世界银行贷款二期项目社会后评估模型会越来越具有可靠性和鲁棒性。因此，延河流域地区世界银行贷款二期项目社会后评估系统的建立是一个迭代过程，这个过程可能需要多年时间才能建立一个成熟的延河流域地区世界银行贷款二期项目社会后评估系统，这个系统还要不断地根据新样本点、新信息进行调整，构建延河流域地区世界银行贷款二期项目社会后评估的训练样本集。

经过对样本的初步审查，有效样本总数为116，进行延河流域地区世界银行贷款二期项目社会后评估岭回归分析，得到以下指标：卫生水源户数、乡级医院、村医疗站、农村大路长度、年用电量、农业支出、林业支出、牧业支出、渔业支出，原始14维指标经降维改进后为9维输入指标方式，即对每一条训练集序列计算其9个特征的值。本书将农业项目社会后评估类别分为四类，分别是好、较好、中、差，在样本数据文件中对应的类别标签<label>分别为1、2、3、4。

当获取到评价样本数据时，数据往往并不是我们所需要的格式，这时我们需要将原始数据组合成一个个向量形式，并生成文本格式的文件。使用的训练数据和测试数据文件格式如下：<label><index1>：<value1><index2>：<value2>……其中<label>是训练数据集的目标值，对于分类，它是标识某类的整数（支持多个类）；必须进行数据转换为Libsvm

格式；如果参加评价的样本共有 m 位，每个样本的基本数据就可以用一个 n 维（n 为指标个数）向量表示，其中的每个分量为该样本的一项评价指标。这样就会形成 m 个 n 维向量。对于训练过程时，数据形式为 1、1：2.3、2：3.4、3：4.5、4：7、5：5、6：3、7：5、8：1、9：4、10：3、11：1、12：3.2、13：5、14：4、15：2、16：4，其中类别标签为 1，表示该样本数据对应第一类即优。

b. 对数据进行简单的缩放操作

在进行模型训练和预测前，由于训练样本数据参差不齐，这时的训练收敛情况一般是不太好的，甚至难于收敛。此时，就需要对数据进行归一化处理，这样做一方面可以避免数据范围大引起过训练，另一方面是为了避免计算过程中数据太大难于表示，此外参数归一化可以提高分类正确率，其训练收敛情况会得到改善。因为延河流域地区世界银行贷款二期项目社会后评估原始数据可能范围过大或过小，svmscale 扫描数据可以先将数据重新 scale（缩放）到适当范围使训练与预测速度更快。

c. 核函数选用

支持向量机中可以采用不同的核函数构造实现输入空间不同类型的非线性决策面的学习机器。目前常用的核函数有线性核函数、d 阶多项式核函数、径向基函数、高斯核函数和多层感知器等。

多项式核函数，采用多项式核函数，即

$$K(x, x_i) = [(x, x_i) + 1]^q$$

所得到的是 q 阶多项式分类器。

径向基核函数为 $K(x, y) = \exp(-\gamma \| x - y \|^2)$。

经典的径向基函数使用下面的判定规则：

$$f(x) = \operatorname{sgn}(\sum_{i=1}^{l} a_i k_\gamma(|x - x_i|) + b)$$

其中，$k_\gamma(|x - x_i|)$ 取决于两个向量之间的距离 $|x - x_i|$。对于任何 γ 值，函数 $k_\gamma(|x - x_i|)$ 是一个非负的单调函数。当训练样本数趋向无穷大时，它趋向零。最通用的判定规则是采用高斯函数，即

$$k_\gamma(|x - x_i|) = \exp(-\frac{|x - x_i|^2}{\sigma^2})$$

多层感知器，支持向量机采用 Sigmoid 函数作为内积，满足 Mercer 条件的 Sigmoid 核函数为

$$K(x_i, \ x_j) = \tanh \ (\upsilon \ (x_i \cdot x_j) + c) = \frac{1 - e^{-2 \times (\upsilon(x_i \cdot x_j) + c)}}{1 + e^{-2 \times (\upsilon(x_i \cdot x_j) + c)}}$$

这时 SVM 实现的就是包含一个隐层的多层感知器，隐层节点数是由算法自动确定的，而且算法不存在困扰神经网络方法的局部极小点问题。

RBF 函数可以将样本非线性地规划到更高维的空间中，从而解决类标签和属性间非线性的关系问题，这是线性核函数无法解决的。RBF 核函数具有良好的性态，本项目选择 RBF 核函数。

d. 采用交叉验证选择最佳参数 C 与 γ

SVM 方法及其参数、核函数及其参数的选择，目前国际上还没有形成一个统一的模式，也就是说最优 SVM 算法参数选择还只能是凭借经验、实验对比、大范围的搜寻或者利用软件包提供的交互检验功能进行寻优。采用 RBF 核函数将实际问题转换到高维空间，C 和 γ 是 RBF 必备的两个参数，其取值好坏直接影响到分类精度。

目前更加有效、实用的对参数测试的方法是通过交叉验证来实现的。交叉验证又叫作交叉对比，对于 K 重交叉验证 (k-fold cross－validation)，首先将训练样本 K 等分，对其中的 $K-1$ 个集合进行训练，得到一个决策函数，并用决策函数对剩下的一个集合进行样本测试，该过程重复 K 次直到每份样本都做了一次测试集，即进行了 K 次训练和预测的过程。因此，交叉验证的准确率是 K 次的平均值。当找到一组不错的参数后，就可以使用这组参数来建模型，并用来做最后对未知数据的预测。交叉验证的作用有两个：一是它可以验证分类器的性能，即用一组已知数据对分类器的准确率进行评测；另外还可以用交叉验证法寻找最佳的 SVM 参数以及核函数参数。

留一法可以说是 K 重交叉验证法的极端情况，即 $K=L$，L 为整个训练样本集的大小。该过程为：对于第 i 个训练样本，将其取出，对剩下 $L-1$ 个样本进行训练，得到决策函数，并用其测试第 i 个训练样本，该过程重复 L 次。用此方法求出的误差对于实际中的测试误差来说几乎是无偏的。

一般地，随着 C 的增加，测试精度随之增高，超过一定值以后，精

度变化不大，同时，随着 C 的增加，支持向量的个数严格减少，处于边界值的支持向量的个数迅速减少，直到为 0。参数的值对训练结果有很大影响，但它的最佳取值与具体问题有很大的关系，一般来说，用于训练的数据量越大，训练结果对 C 的变化越不敏感，如果训练数据很少，C 的较大取值很容易使模型超过拟合训练数据。于是建议在各类样本数目不平衡的情况下，对样本较少的类别施加较大的错分惩罚系数，惩罚系数的大小应该与各类样本数成反比。C 为某个指定的常数，起到对错分样本惩罚程度控制的作用，实现在错分样本的比例和算法复杂程度之间的"折衷"。

RBF 核的待定参数 γ，其值越大，收敛速度越快，但是由此得到的模型在预测时会使所有的预测值趋向于某一个值，这个值往往是取值范围的平均值，此时的 MSE 虽然并不大，但是却不能反映真实的各点数据。参数的选择可以用 Cross Validation 算法寻优，目前 Libsvm 能对 RBF 核函数的参数 C 和 γ 进行寻优，对于其他核函数参数只能依靠经验或者尝试法来设定合适的值。本书选取 Libsvm 提供的参数选择模型 Grid. Py 来搜索 C 和 γ 的取值。利用 Libsvm 训练样本数据，Libsvm 参数寻优是在某一范围内、以一定步长寻优。

⑤ 采用最佳参数 C 与 γ 对整个训练集进行训练获取支持向量机模型

系统在训练模型时，通过选择一个样本数据文本文件进行训练，文件中存放的是带有类别标签的向量数据。训练后系统在指定位置形成一个模型文件，里面记录了支持向量机的一些参数及支持向量数据。对农业项目社会后评估是一个多分类问题，而 SVM 算法最初是为二值分类问题设计的，当处理多类问题时，就需要构造合适的多类分类器。

⑥ 利用获取的模型，对新的输入，使用 svmpredict 预测新数据的类别测试与预测

在拥有了模型文件之后，就可以利用它来对测试集进行预测，预测的结果会生成一个 out 文件，这个文件很简单，它是一个列向量，每行一个标签，对应测试集文件里面的每一行，通过对比标签的值，就可以得到预测的准确率。

实验结果如图 4 - 12 所示：C 为惩罚因子，C 越大表示对错误分类的惩罚越大，相应的分类间隔也会增大；当在数据线性不可分时，惩罚因子

C 可以减少训练误差的数值；开始时，当 C 增大时准确率会有所提高，但这也是在一定范围内的，当 C 达到某一值后，准确率可能将不会出现太大变化，即得到一个比较理想的惩罚因子。图中的折线是根据 C 值在 $0.03125-256$ 实验数据绘制出来的。我们在实验中发现，径向基函数（RBF）在 γ 值相同的情况下，即选取向量维数倒数时，当 $C = 0.03125$ 时，预测准确率比较低，只有 37.5%，随着 C 值不断增加，在 $C = 0.08838$ 时准确率为 87.5%，达到最高值。随后当 C 选取更大的数值时，其准确率不再出现变化，即达到了一个比较理想准确率。

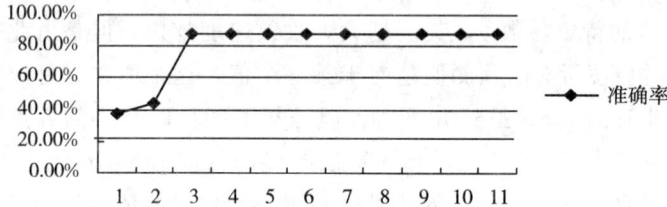

图 4-12　准确度随 C 的变化

对延河流域地区世界银行贷款二期项目社会后评估表明，2004 年延安市、安塞县、延长县、宝塔区项目后评估社会评估的结果分别为 1、2、2、2，即为好、较好、较好、较好。

延河流域地区世界银行贷款二期项目的实施促进了土地利用结构的调整，使土地利用结构趋于合理化，而项目的实施与开发，改善了生产条件、生产方式、交通道路等基础设施，使产业结构发生了明显的变化，并逐渐趋于合理。项目区群众的生活也得到极大改善，生活水平显著提高，文教卫生事业迅速发展。项目针对性地开展对妇女的培训，提高了妇女的素质、改善了妇女社会地位。

4.2.5　微粒群优化神经网络在延河世界银行项目环境后评估中应用

水土保持项目环境影响后评估，是项目后评估研究的重要组成部分，评估目的在于使该项目区的水土资源得到充分合理地利用，有利影响得以充分发挥，不利影响得以减免或采取有力措施后得以改善，促进项目区环境质量的提高，实现生态环境的良性循环。

黄土高原水土保持项目是一项改善环境的项目，以正效益为主。但项目建设和运行过程中，若不注意保护环境，也可能带来一定的不利影响，必须实施对水沙情势、水质、土壤、生物与病虫害、农村能源、工程安全、气候、施工期环境影响、运行期环境的监测与管护。

（1）项目区典型地块土壤性质变化情况

通过在宝塔区向阳沟对土壤理化性质进行定点监测，并对监测数据进行对比分析，可看出实施各项措施后土壤的理化性质有明显的变化。

土壤水分明显增加。小流域的综合治理，使土壤的土地环境得到了根本的改变，接纳降水、增加地表径流的入渗，控制了水土流失，因而使各治理措施的土壤水分增加。梯田比坡耕地平均每年含水率高 1.66％，林地比荒地平均每年含水率高 1.37％。同时，土壤肥力增强。

项目区实施黄土高原水土保持世界银行贷款项目改善了土壤理化性质，提高土壤肥力，增加土壤含水量，该项目实施的坡面工程措施均通过改变地形而缩短径流线和减小径流量，增强降水的拦蓄和入渗作用，使土壤含水量增加。土壤养分含量有所增加，土壤肥力得到恢复和提高。延河项目区向阳沟流域实施 6 种措施土壤的 N、P、K 和有机质监测结果表明，坡耕地和荒坡地土壤养分含量基本未发生变化，而实施水平梯田、水地、经济林、乔木林和灌木林及人工种草 6 种工程措施后，土壤养分含量则呈递增趋势，这是由于整修梯田后改变了微地形，控制水土流失并拦蓄了径流泥沙，使土壤含水量增加，保持住土壤肥力，并改善了土壤团粒结构和微生物生存环境，有利于土壤有机质和 N 积累。

① 项目区典型地块植被状况变化情况

在项目区典型地块中选有代表性的人工乔木林、灌木林、果园和人工草地，从实施第一年（1999 年）开始，每年持续监测林木成活率、保存率，灌木林和人工草地的覆盖度都相应提高。

项目治理初期造林、种草、果园三项合计 41253hm²，植被度为17.3％。到 2004 年底，造林、种草、果园三项措施累计达到 85769.7hm²，覆盖度达到 30％以上的面积为 78210hm²，植被度提高到 32.7％。该项目的实施提高了林草植被覆盖度，恢复和保护了生物多样性。项目区实施大规模水土保持工程措施，尤其是大面积造林种草（或封禁）有效保护了生态系统多样性，进而对生物物种和遗传多样性产生重要影响。如林草生态系统的建设，因林地多层次结构特点及其涵养水分和提高土壤肥力的作用，为植物多样性提供了良好的发展条件，而葱郁林草所形成的隐蔽和挡风遮雨环境、适宜温度和湿度以及密集林冠树穴、树根隧道和草丛又为动物栖居与繁衍提供了良好场所。

② 项目区气候变化情况

项目实施的前两年，项目区干旱少雨，对生物的成活及生长极为不利，而后四年基本达到项目区多年平均降雨量，生物的生长情况明显好转。降水明显增多，人们明显感觉项目区植被发生了巨大变化，再也看不到光秃秃的群山，很少有沙尘天气。目前植物生长仍处于幼期，随着林草葱郁程度的逐年增长，会改变流域干旱、寒冷、温差变化大等不利气候条件。项目区逐年降雨量监测成果如表 4 - 20 所示。

表 4 - 20　延河项目区逐年降雨量监测成果表

年份	1994	1995	1996	1997	1998	1999	2000	2001	2002	2003	2004	平均
安塞县	502.6	387.8	622.1	275.0	525.6	299.8	330.8	515.2	541.1	581.6	644.3	475.1
宝塔区	606.9	360.7	464.8	372.1	567.8	344.8	367.3	573.5	538.5	658.5	672.8	502.5
延长县	510.5	342.0	478.2	288.2	497.7	334.0	370.2	442.1	479.8	673.4	688.4	464.0
平　均	540.0	363.5	521.7	311.8	530.4	326.2	356.1	510.3	519.8	637.8	668.5	480.6

该项目实施后改善了局地小气候，大部分监测站呈现夏半年气温下降、冬半年气温升高和年较差值减小的特征，伴随林草生长发育及水资源拦蓄工程措施的巩固和扩展，其气温效应变幅将更大。温度效应表现在极端气温方面更为明显。

③ 保水保土效益情况

小流域综合治理保水保土效益监测如图 4 - 14 所示。1996 年开始在宝塔区的向阳沟小流域实施监测。结果表明：小流域地区治理保水保土效益比较明显；治理程度由 1995 年的 44.2% 提高到 2004 年的 69.2%；汛期雨量年平均 379.2mm，最大 2003 年 624.5mm，最小 1997 年 237mm；治理前产沙模数 9000t/km²，治理后为 405.4t/km²，年减少 10.6%。拦泥蓄水治理措施效果较明显。

154

项目区 1999—2004 年的实际保土量为 446.5 万吨，与保土能力（3965.5 万吨）相差较大，主要原因是近几年暴雨洪水不大，水土流失不很严重。

项目区保土能力由治理初的 331 万吨/年，提高到 2004 年的 894.6 万吨/年，1999—2004 年按保土能力计算共减沙 3965.5 万吨，减沙效益达36.0%，减免了洪水灾害和河库的淤积，特别是减轻了入黄泥沙，有效地控制了水土流失。

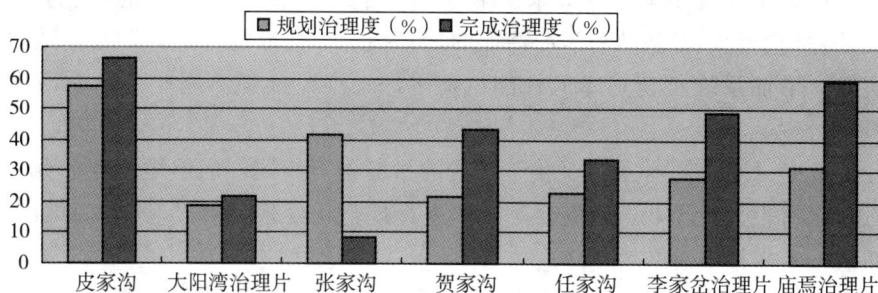

图 4-14　小流域综合治理保水保土效益监测成果

（2）粒子群神经网络优化证据理论的延河流域世界银行项目环境后评估

运用粒子群神经网络优化证据理论的延河流域地区世界银行贷款二期项目环境后评估进行研究，首先需要建立延河流域地区世界银行贷款二期项目环境后评估指标体系。环境后评估指标需要经过筛选，粒子群神经网络优化证据理论的环境后评估中，训练样本集的质量直接影响到流域地区世界银行贷款二期项目环境后评估结果。

① 准备数据集

数据准备是延河流域地区世界银行贷款二期项目环境后评估过程中的第一个重要步骤，在整个延河流域地区世界银行贷款二期项目环境后评估过程中起着重要的作用。一般来说，延河流域地区世界银行贷款二期项目环境后评估数据来源于数据库。

本模型的数据提取阶段，主要起到对实际数据进行预处理，包括异常数据的排除、缺省数据的填充和属性的归一化处理等，处理完成后就形成有效的样本数据，提交给神经网络分类模块进行进一步的数据挖掘处理。训练样本的选择与预处理样本的选取和预处理是模型建立开始就要解决的一个重要问题，是研究对象和网络模型的接口。对样本的选取和预处理时，必须同时考虑以下几方面：

a. 样本数据的处理。选取原始样本时，学习者间差异比较大，采集数据中不完整的，含噪声的数据比较多，因此，必须对学习者样本数据进行处理，选取正常情况下（即完整的，干净的）的学习者样本数据。

b. 样本向量的确定。如果使用多个分向量，则各分量应该选取能充分反映被调查者学习基础和学习特征的定量指标。选取指标过多，则使数据庞杂，增加系统负荷，降低性能；反之，又难以刻画不同类别的学习者特点。

c. 样本的规范化处理。由于衡量的指标各不相同，原始样本各个分量数量级有很大差异，这就需要对样本进行规范化处理。经过对样本的初步审查，有效样本总数为122。

世界银行贷款项目环境生态子系统：乔木林、灌木林、经济林、人工种草、水保措施面积、治理度占总面积百分比、减沙效益。资源子系统：农田土地利用比例、果园土地利用比例、牧草地土地利用比例、人均基本农田、灌溉面积总数、节水灌溉、梯田、坝地、水地。依据PSO—神经网络的证据理论的合成在农业项目环境后评估的算法，对延河流域世界银行贷款项目环境后评估。

② PSO—BP农业项目后评估环境评估步骤

a. 初始化微粒群，随机产生一定数目的微粒组成种群，参数 α_i、β_i 出现变化。

b. 确定算法的参数：惯性权重 $\omega = 0.7$，加速系数 $c_1 = 2$，$c_2 = 2$，群体规模 $m = 30$，最大迭代次数为 5000。

c. 确定适应度函数为 $E_P = \sum_{k=1}^{H} (d_k - k_k)^2$。式中：$d_k$ 为第 p 个期望输出向量的第 k 个分量，其值由学习训练的样本给出；m_k 为给网络施加第 p 组输入向量所产生的实际输出向量的第 k 个分量；p 组训练数据的整体误差指标定义为 $ESS = \sum_{p=1}^{P} E_p$，优化的目标是使 ESS 最小。

d. PSO 优化神经网络：用粒子群神经网络优化相关证据合成系数，通过几十次的计算实验与调整，最终确定计算参数。综合修正系数的初值采用随机数赋值，每个初始值最大迭代次数为 5000 次。停止优化计算的迭代误差 α 取为 0.00015。

e. 求每个粒子在当前位置 x_i 处的适应值 $Fitness_i = f(x_i)$，$i=1, 2, \cdots, N$。

f. 对所有的 $i \in \{1, 2, \cdots, N\}$，比较此时的 $Fitness_i$ 和 $pbest_i$，如果 $Fitness_i < pbest_i$，则令 $pbest_i = Fitness_i$，$X_i^{pbest} = x_i$；粒子运动的最大速度为 2。

g. 对所有的 $i \in \{1, 2, \cdots, N\}$，求出第 i 个粒子的邻近粒子当前达到的最大适应值 nmf_i 及其对应位置 X_i^{nmf}，比较 nmf_i 和 $nbest_i$，如果 $nmf_i < nbest_i$，则令 $nbest_i = nmf_i$，$X_i^{nbest} = X_i^{nmf}$。

h. 由上述公式，改变每个微粒的速度和位置。

i. 检验是否符合结束条件，如果当前的迭代次数达到了预先设定的最大次数（或达到最小误差要求），则停止迭代，输出最优解。

粒子群优化流程如图 4-15 所示。

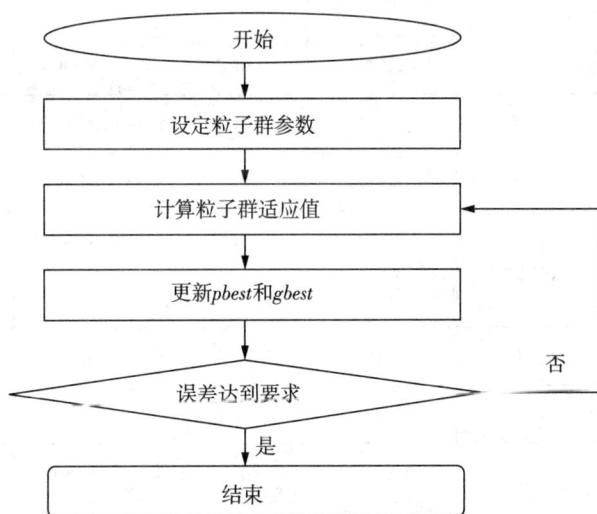

图 4-15 粒子群优化流程图

环境优化结果、资源优化结果分别如表 4 - 21、表 4 - 22 所示。

表 4 - 21　环境优化结果

实际值	理想值	实际值	理想值	实际值	理想值
0.4000	0.4	0.3981	0.4	0.4000	0.4
0.3000	0.2	0.1987	0.2	0.3000	0.2
0.2000	0.2	0.1937	0.2	0.2000	0.2
0.2000	0.2	0.1977	0.2	0.2000	0.2
0.6000	0.6	0.6000	0.6	0.6000	0.6
0.3000	0.4	0.4066	0.4	0.3000	0.4
0.6000	0.6	0.6045	0.6	0.6000	0.6
0.6000	0.6	0.5993	0.6	0.6000	0.6
0.5000	0.4	0.5000	0.4	0.5000	0.4
0.2000	0.2	0.2000	0.2	0.3333	0.2
0.2000	0.2	0.2000	0.2	0.2000	0.2
0.2000	0.2	0.2000	0.2	0.3333	0.2
0.5000	0.6	0.5000	0.6	0.5000	0.6
0.4000	0.4	0.4000	0.4	0.4000	0.4
0.6000	0.6	0.6000	0.6	0.3333	0.6
0.6000	0.6	0.6000	0.6	0.6000	0.6
0.4000	0.4	0.4000	0.4	0.5403	0.4
0.2	0.2	0.2000	0.2	0.1989	0.2
0.2000	0.2	0.2000	0.2	0.2505	0.2
0.2000	0.2	0.2000	0.2	0.2029	0.2

（续表）

实际值	理想值	实际值	理想值	实际值	理想值
0.6000	0.6	0.6000	0.6	0.5403	0.6
0.4000	0.4	0.5000	0.4	0.5155	0.4
0.6000	0.6	0.6000	0.6	0.6009	0.6
0.6000	0.6	0.5000	0.6	0.5155	0.6

表 4-22　资源优化结果

实际值	理想值	实际值	理想值	实际值	理想值
0.5000	0.4	0.5000	0.4	0.4833	0.4
0.2667	0.2	0.2000	0.2	0.1833	0.2
0.2667	0.2	0.2001	0.2	0.1833	0.2
0.2000	0.2	0.2000	0.2	0.2333	0.2
0.5000	0.6	0.5000	0.6	0.4833	0.6
0.4000	0.4	0.4000	0.4	0.4000	0.4
0.4000	0.4	0.4000	0.4	0.4333	0.4
0.2667	0.4	0.4000	0.4	0.4000	0.4
0.5003	0.4	0.5000	0.4	0.4031	0.4
0.2000	0.2	0.2667	0.2	0.2000	0.2
0.2000	0.2	0.2667	0.2	0.3006	0.2
0.1996	0.2	0.2000	0.2	0.2998	0.2
0.5003	0.6	0.5000	0.6	0.6000	0.6
0.4000	0.4	0.4001	0.4	0.3988	0.4

（续表）

实际值	理想值	实际值	理想值	实际值	理想值
0.4002	0.4	0.2667	0.4	0.3006	0.4
0.3999	0.4	0.4001	0.4	0.2998	0.4
0.4000	0.4	0.4000	0.4	0.4000	0.4
0.2000	0.2	0.2001	0.2	0.2667	0.2
0.2000	0.2	0.1998	0.2	0.2667	0.2
0.3000	0.2	0.2000	0.2	0.2000	0.2
0.6000	0.6	0.5999	0.6	0.6000	0.6
0.4000	0.4	0.4000	0.4	0.4000	0.4
0.4000	0.4	0.4000	0.6	0.2667	0.6
0.3000	0.4	0.4000	0.6	0.4000	0.6

③ 基于粒子群神经网络优化的相关证据合成的世界银行项目环境后评估应用

对世界银行项目环境后评估，可从项目的生态子系统、资源子系统对这两个方面来分析。对生态子系统评估时，将生态子系统指标包括乔木林、灌木林、经济林、人工种草、水保措施面积、治理度占总面积百分比、治理度占流失面积百分比、库容、可淤面积、已淤面积、淤积量、治理面积、治理程度、输沙量、减沙量、减沙效益、化肥施用量相结合对项目生态子系统进行评估；对资源子系统具体评估时，往往采用将农田土地利用比例、果园土地利用比例、林地土地利用比例、牧草地土地利用比例、水域土地利用比例、水土流失面积、人均土地、人均耕地、人均基本农田、灌溉面积总数、节水灌溉、梯田、坝地、水地相结合对项目资源子系统进行评估。对第一种结合评估可用水保措施面积、治理度占总面积百分比、治理度占流失面积百分比等评估指标，对第二种结合评估可用水域土地利用比例、水土流失面积、水地等。这样从第一种分析得到评估的基

本可信数 m_1，从第二种分析得到评估的基本可信数 m_2。由于 m_1、m_2 用的水保措施面积、治理度占总面积百分比、治理度占流失面积百分比等评估指标，对第二种结合评估用的水域土地利用比例、水土流失面积、水地等有影响，故它们是相关证据，应满足 $m_1 = m_a \oplus m_x$ 和 $m_2 = m_b \oplus m_x$，在证据合成时应对它们进行修正。

可把对本项目资源－环境评估看成一个证据合成问题；可将环境－资源评估状况分成好、一般、差三个等级，识别框架为 $\{\theta_1, \theta_2, \theta_3\}$，其中 θ_1 代表好，θ_2 代表一般，θ_3 代表差；从对林草的覆盖状况做出评估得到基本可信数 m_a，从对梯田、坝地、水地的改善做出评估得到基本可信数 m_b，从水土流失状况做出评估得到基本可信数 m_x。这三个证据是相互独立的，可用 Dempster 合成规则合成上述三个方面分析评估的结果得到综合评估的结果。

对上述的世界银行项目进行分析，通过对上述相关指标的测定与分析，专家对该项目的环境－资源评估，其结果的基本可信数如表 4－23 所示。

表 4－23　相关证据合成

基本可信数 ＼ 焦元	$\{\theta_1\}$	$\{\theta_2\}$	$\{\theta_3\}$
m_1	0.55	0.37	0.08
m_2	0.48	0.45	0.07
修正 m_1	0.5225	0.0855	0.0485
修正 m_2	0.2332	0.4010	0.0533
修正后合成的 m	0.2608	0.7325	0.0056

基于粒子群神经网络优化证据理论的延河流域地区世界银行贷款二期项目环境后评估，首先，建立质量高的学习样本。其次，将粒子群神经网络与证据理论相结合设计学习方法，通过粒子群神经网络优化计算对专家意见的综合修正系数，用优化的系数修正专家预测的意见，修正

后用 D－S 证据合成规则进行专家意见的合成得到专家群体的预测结果。该方法为延河流域地区世界银行贷款二期项目环境后评估合成提供了理论基础与计算方法。

设有环境后评估专家 m 人，从 m 人中选择 n 人的预测数据作为学习样本。世界银行贷款二期项目环境后评估结果为好、中、差三种。后评估结果好为状态 θ_1，中为状态 θ_2，差为状态 θ_3，未知状态为 Θ，识别框架 $\Theta=\{\theta_1，\theta_2，\theta_3\}$。

设第 i 人的基本可信数为 $m_i(\theta_j)$，$i=1，2，\cdots，n$；$j=1，2，3$。$m_i(\theta_j)$ 对应的综合修正系数为 $\alpha_i(\theta_j)$，则对第 i 个专家的基本可信数的修正公式为

$$m_i'(\theta_j)=\begin{cases} \alpha_i(\theta_j)\ m_i(\theta_j)，& \theta_j\neq\Theta \\ 1-\displaystyle\sum\nolimits^{\theta_j\subset\Theta} m_i'(\theta_j)，& \theta_j=\Theta \end{cases}$$

对基本可信数进行修正后，用 Dempster 合成规则进行合成，就可得出代表环境后评估结果。$\alpha_i(\theta_j)$ 的取值用神经网络基于学习样本进行优化，其取值范围是 [0，1]，在使用的计算机性能很好的情况下，可用增加优化系数的随机初始值的数量来寻找更好的优化结果。当随机初始值的数量大于一定数量时，优化的结果呈现出较稳定的结果。

延河流域地区世界银行贷款二期项目环境后评估的 PSO－BP 优化的相关证据的系数如表 4－24 所示。

得出结论如下：

a. 改变粒子数、粒子权重，初次训练的 PSO 优化结果是一致的。

b. 经过多次训练，粒子数 30、粒子权重 0.8 和粒子数 25、粒子权重 0.6，得出相似的结论，即在 α_1 小于 0.4 时，训练的结果都不够理想，SSE 甚至高达 0.0849；在 α_1 为 0.9 左右时，训练的结果比较理想。

c. 环境后结果的确定以合成基本可信数在好、中、差三个状态上数值为依据，经比较，确定改进的合成方法用 PSO－BP 得到的优化修正系数 $\alpha_1=0.9501$，$\alpha_2=0.2311$，$\alpha_3=0.6068$，$\beta_1=0.4860$，$\beta_2=0.8913$，$\beta_3=0.7621$，用该系数对 m_1、m_2 修正后合成得到的结果为 $m\{\theta_1\}=0.2608$，$m\{\theta_2\}=0.7325$，$m\{\theta_3\}=0.0056$，项目的环境－资源后评估结果中等。

表 4 - 24　PSO－BP 优化的相关证据的系数

| 粒子 25，权 0.6 | | | | | | | 粒子 30，权 0.8 | | | | | | |
α_1	α_2	α_3	β_1	β_2	β_3	SSE	α_1	α_2	α_3	β_1	β_2	β_3	SSE
0.2802	0.1257	0.0184	0.0213	0.7555	0.4724	0.0013	0.0318	0.7629	0.8856	0.6059	0.8513	0.2892	0.0069
0.1161	0.3556	0.2963	0.0670	0.8472	0.0263	0.1496	0.9501	0.2311	0.6068	0.4860	0.8913	0.7621	8.3521e－015
0.7915	0.3628	0.5351	0.4386	0.5105	0.6944	6.9896e－009	0.4864	0.6080	0.6740	0.1037	0.3042	0.4138	0.0397
0.9501	0.2311	0.6C68	0.4860	0.8913	0.7621	1.0739e－018	0.4434	0.2221	0.5152	0.1214	0.0882	0.2651	0.0161
0.9501	0.2311	0.6068	0.4860	0.8913	0.7621	6.0148e－012	0.2725	0.0639	0.4449	0.2068	0.6986	0.3888	0.0182
0.9991	0.7707	0.2739	0.8970	0.4562	0.1355	1.1718e－012	0.4521	0.3367	0.3963	0.0867	0.3364	0.8856	0.0035
0.0272	0.9347	0.3523	0.4774	0.3771	0.6402	0.0884	0.8310	0.3477	0.8141	0.0402	0.4781	0.2873	1.6809e－008
0.0546	0.4931	0.4443	0.2789	0.0030	0.8987	0.0867	0.9029	0.6314	0.6731	0.7588	0.7117	0.4889	6.0608e－016
0.7904	0.1678	0.3190	0.2807	0.3062	0.1495	1.5943e－016	0.1149	0.1370	0.8242	0.1948	0.6068	0.7420	0.0437
0.7697	0.4489	0.4600	0.6089	0.0995	0.5087	2.4692e－013	0.9501	0.2311	0.6068	0.4860	0.8913	0.7621	4.1592e－016

PSO 和 BP 算法相结合对神经网络进行学习训练的方法，克服了 BP
算法的收敛速度慢、易陷入平坦区的缺点，使得神经网络学习收敛速度快
且精度高。

对世界银行贷款项目建立学习样本，利用 PSO－BP 优化的相关证据
合成的修正系数，使修正的系数更加合理，该方法易于计算机实现。理论
分析和实验结果表明了用相关证据及其合成的方法对世界银行贷款项目进
行分析评估方法的可行性和有效性。

4.2.6　延河流域世界银行项目投资效果影响因素的通径分析

运用通径分析方法对世界银行贷款项目投资效果影响因素进行深入剖
析，探求影响世界银行贷款项目投资效果的主要因素和次要因素。

（1）通径分析原理

通径系数（path coefficient）分析法不是一般的标准化多元回归分析，
也不是简单的相关分析，它是相关分析的补充和发展，因素之间的相互作
用有直接的也有间接的。通径系数分析法基本思路是将简单相关系数分解
为许多部分，以显示某一个变量对因变量的直接作用效果和间接作用效
果。具体而言，它把每一个自变量 x_j 与因变量 y 的相关系数 r_{jy} 剖分成 x_j
对 y 的直接作用 b_j^* 和 x_j 通过其他自变量 x_k 对 y 的间接影响 $r_{jy}b_j^*$。用矩阵
表示为

$$
\begin{bmatrix}
1 & r_{12} & r_{13} & \cdots & r_{1p} \\
r_{21} & 1 & r_{22} & \cdots & r_{2p} \\
r_{31} & r_{32} & 1 & \cdots & r_{2p} \\
 & & \cdots & & \\
r_{y1} & r_{y1} & r_{y1} & \cdots & 1
\end{bmatrix}
\begin{bmatrix}
b_1^* \\
b_2^* \\
b_3^* \\
b_r^*
\end{bmatrix}
=
\begin{bmatrix}
r_{1r} \\
r_{1r} \\
r_{1r} \\
r_{1r}
\end{bmatrix}
$$

其中，b_i^* 为直接通径，表示自变量 x_k 对 y 的直接影响；$r_{jy}b_j^*$ 为间接通
径，代表 x_k 通过 x_j 对因变量 y 的间接影响。通过通径分析可以把各变量通
过其他变量对 y 的间接作用以及直接作用进行比较、分析，得出各变量对

y 的总作用。总起来，x_1 对 y 的作用是通过一条直接路和（$p-1$）条间接路而实现的，总作用 r_{1y} 等于各路径系数之和，即 $b_1^* + r_{12}b_2^* + \cdots + r_{1p}b_p^* = r_{1y}$，同样地，可以对 r_{jy} 进行各种原因的剖析，通过这种剖析的研究，我们可以选择适宜的路径较好地实现对 y 的控制。

为了检验通径分析效果的优劣，我们还需要进一步检验剩余通径系数，其计算方法为

$$b_\varepsilon^{*2} = 1 - (b_{1y}^* r_{1y} + b_{2y}^* r_{2y} + \ldots + b_{py}^* r_{py})$$

由于经济现象之间往往是相互影响的，而实际工作中不可能把因变量的所有影响都包括在内，所以 P 个自变量往往不能完全拟和 Y，总是存在拟和残差，这样就存在一个独立于 P 个自变量的之外的影响 Y 的因素 ε，b_ε^{*2} 表示称为剩余效应。如果 b_ε^{*2} 很小，说明通径分析已经抓住了主要的影响因子，否则，通径分析可能遗漏了主要影响因素，需要更新选择变量。选出主要变量后，我们除了常规相关系数的比较分析等外，可以利用通径分析将各自变量对 Y 的间接作用排序，得出各变量对 Y 影响效果序列。

（2）数据资料及实证分析

① 数据资料

本书使用的资料是来源于作者 2008 年 5 月到陕西延安的调研资料。在分析中本人首先选择的指标为：以人均农业总产值为因变量 y；简易公路长度、农业支出、人口密度、受过高级教育人数比例、大型铁木农具原值、农田土地利用比例 6 项指标分别为自变量 JG、NZ、RM、GJ、TN、TL。由于数据有限，本书仅对这六项指标进行分析（如表 4-25 所示）。第一次通径分析结果如图 4-16 所示。

表 4-25　初始选取指标

简易公路长度（JG）(km)	农业支出（NZ）(万元)	人口密度（RM）(人/km²)	受过高级教育人数比例（GJ）(%)	大型铁木农具原值（TN）(元)	农田土地利用比例（TL）(%)	人均农业总产值（Y）(元)
496.89	3325.7	51	0.41	108.49	32.54	969.65
62.09	995.48	46	0.22	8.33	30.25	1054.24

（续表）

简易公路长度（JG）(km)	农业支出（NZ）(万元)	人口密度（RM）(人/km²)	受过高级教育人数比例（GJ）(%)	大型铁木农具原值（TN）(元)	农田土地利用比例（TL）(%)	人均农业总产值（Y）(元)
40	903.66	49	0.51	216.47	30.29	1106.27
394.8	1426.55	56	0.55	65.06	37.06	1124.83
539.8	3920.92	52.67	3.56	114.23	20.85	1134
67	1526.66	48.68	2.58	8.33	22.89	2806.53
48	958.76	51.96	2.01	216.47	17.86	2393.52
424.8	1435.51	57.58	3.55	77.25	21.43	2741.33

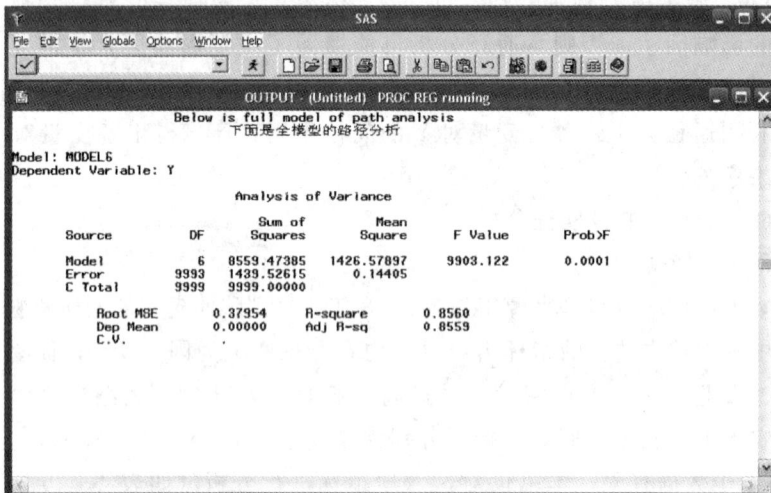

图 4-16　第一次通径分析结果

此时结果为：误差为 0.515976，说明指标选取不合适，有的指标没有涵盖。经过大量的实验，重新选择指标为：以人均纯收入 y，农村大路长度、治理度占总面积百分比、人口密度、受过高级教育人数比例、农业机械原值、灌溉面积总数、年用电量 7 项指标分别为自变量 DL、ZM、RM、GJ、NJ、GM、YD。由于数据有限，重新选择指标进行分析，运用计算机处理得到如表 4-26 所示的相关矩阵。

表 4-26　相关矩阵

农村大路长度 (DL) (km)	治理度占总面积百分比 (ZM) (%)	人口密度 (RM) (人/km²)	受过高级教育人数比例 (GJ) (%)	农业机械原值 (NJ) (元)	灌溉面积总数 (GM) (%)	年用电量 (YD) (万度)	人均纯收入 (Y) (元)
1127.84	20.45	51	0.41	209.8	204	227.37	1356
165.84	19.64	46	0.22	0	50	56.14	677.02
598	21.98	49	0.51	472.22	54	75	697.29
364	19.9	56	0.55	91.67	100	96.23	734.02
1489	41.48	52.67	3.56	209.8	532.067	2798	1953
223	35.82	48.68	2.58	0	270.067	833	1880.3
612	48.1	51.96	2.01	472.22	102	405	1420.32
654	41.39	57.58	3.55	91.67	160	100	1723.1

相关系数为：

$$
R=\begin{bmatrix}
1 & 0.273 & 0.284 & 0.369 & 0.335 & 0.719 & 0.677 & 0.48 \\
0.273 & 1 & 0.273 & 0.863 & 0.229 & 0.441 & 0.466 & 0.76 \\
0.284 & 0.346 & 1 & 0.459 & -0.005 & 0.153 & 0.041 & 0.28 \\
0.369 & 0.863 & 0.459 & 1 & -0.101 & 0.674 & 0.618 & 0.88 \\
0.335 & 0.229 & -0.005 & -0.101 & 1 & -0.155 & -0.007 & -0.14 \\
0.719 & 0.441 & 0.153 & 0.674 & -0.155 & 1 & 0.946 & 0.77 \\
0.677 & 0.466 & 0.041 & 0.618 & -0.007 & 0.946 & 1 & 0.63 \\
0.48 & 0.769 & 0.284 & 0.883 & -0.14 & 0.777 & 0.639 & 1
\end{bmatrix}
$$

第二次通径分析误差很小，结果比较满意（如图 4-17 所示）。

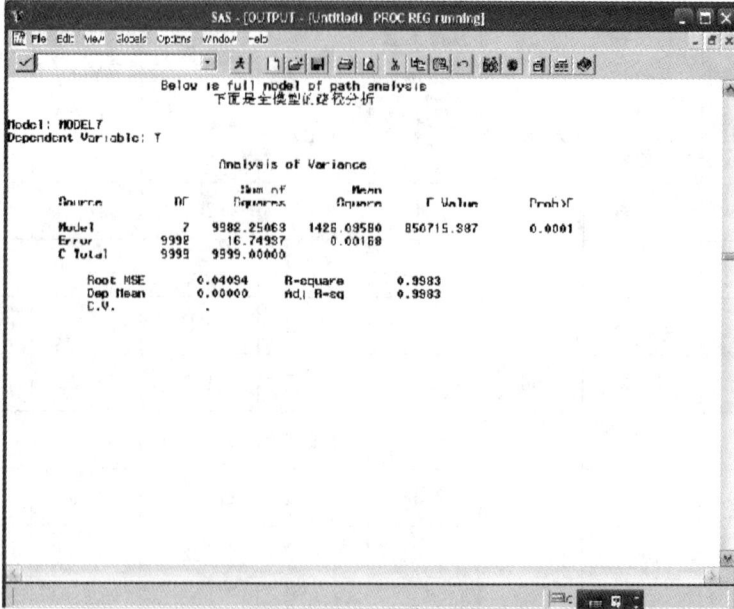

图 4-17　第二次通径分析结果

农村大路长度总作用为 0.48，治理度占总面积百分比总作用为 0.76，人口密度总作用为 0.284001，受过高级教育人数比例总作用为 0.883，农业机械原值总作用为 -0.14，灌溉面积总数总作用为 0.777，年用电量总作用为 0.639。

农村大路长度与灌溉面积总数、年用电量之间存在着较强的正相关，相关系数分别为 0.719、0.677；治理度占总面积百分比与受过高级教育人数比例之间存在着较强的正相关，相关系数为 0.863；灌溉面积总数与年用电量之间存在着较强的正相关，相关系数为 0.946；农村大路长度与受过高级教育人数比例，农业机械原值之间存在着正相关，相关系数分别为 0.369、0.335；治理度占总面积百分比与灌溉面积总数，年用电量之间存在着正相关，相关系数分别为 0.441、0.466；人口密度与受过高级教育人数比例存在着正相关，相关系数为 0.459；农村大路与治理度占总面积百分比，人口密度存在着正相关，相关系数不高，分别为 0.273、0.284；治理度占总面积百分比与人口密度，农业机械原值存在着正相关，相关系数不高，分别为 0.273、0.229；人口密度与灌溉面积总数 X_6、年用电量 X_7 存在着正相关，相关系数不高，分别为 0.153、0.041；农业机械原值与人口密度、受过高级教育人数比例、灌溉面积总数、年用电量存在着负相关，相关系数分别为 -0.005、-0.101、-0.155、-0.007。

② 计量结果

运用 SAS 统计分析软件，对 1998 年、2004 年的资料进行通径分析，结果如表 4-27 所示。从通径图中可以看出误差 ρ_{7e} 较小，说明未研究的自变量和误差对因变量 Y 的通径效应系数即剩余通径系数很小，且统计检验在置信度 95% 的条件下都是显著的，说明已选出了主要的变量。各自变量 x_j 对 y 的直接作用为 b_j^*，x_j 通过其他自变量 x_k 对 y 的间接作用为 $r_{jy}b_j^*$，同时，为了将各变量之间较复杂的关系表达得更加清晰、直观，绘制通径图如图 4-18 所示，将表 4-27 中各自变量对 y 的间接作用进行整理排序得到表 4-28。

表 4-27　通径分析作用

直接作用	间接作用	总作用
DL 对 y -0.057164	$DL{\rightarrow}ZM{\rightarrow}y$　0.163377 $DL{\rightarrow}RM{\rightarrow}y-0.048218$ $DL{\rightarrow}GJ{\rightarrow}y$　0.032093 $DL{\rightarrow}NJ{\rightarrow}y$　0.007920 $DL{\rightarrow}GM{\rightarrow}y1.313863$ $DL{\rightarrow}YD{\rightarrow}y-0.931873$	0.48
ZM 对 y 0.598454	$ZM{\rightarrow}DL{\rightarrow}y-0.0156058$ $ZM{\rightarrow}RM{\rightarrow}y-0.0463505$ $ZM{\rightarrow}GJ{\rightarrow}y-0.07505943$ $ZM{\rightarrow}NJ{\rightarrow}y-0.00541425$ $ZM{\rightarrow}GM{\rightarrow}y-0.80586047$ $ZM{\rightarrow}YD{\rightarrow}y-0.6414374$	0.76

（续表）

直接作用	间接作用	总作用
RM 对 y -0.169782	$RM \rightarrow DL \rightarrow y - 0.016234$ $RM \rightarrow ZM \rightarrow y - 0.207065$ $RM \rightarrow GJ \rightarrow y - 0.039921$ $RM \rightarrow NJ \rightarrow y - 0.000118$ $RM \rightarrow GM \rightarrow y - 0.279584$ $RM \rightarrow YD \rightarrow y - 0.056435$	0.284
GJ 对 y 0.086975	$GJ \rightarrow DL \rightarrow y - 0.0210935$ $GJ \rightarrow ZM \rightarrow y - 0.5164658$ $GJ \rightarrow RM \rightarrow y - 0.0779299$ $GJ \rightarrow NJ \rightarrow y - 0.0023879$ $GJ \rightarrow GM \rightarrow y - 1.23163255$ $GJ \rightarrow YD \rightarrow y - 0.8506616$	0.883
NJ 对 y 0.023643	$NJ \rightarrow DL \rightarrow y - 0.01914994$ $NJ \rightarrow ZM \rightarrow y - 0.137045966$ $NJ \rightarrow RM \rightarrow y - 0.00084891$ $NJ \rightarrow GJ \rightarrow y - 0.008784475$ $NJ \rightarrow GM \rightarrow y - 0.28323894$ $NJ \rightarrow YD \rightarrow y - 0.009635325$	-0.14
GM 对 y 1.827348	$GM \rightarrow DL \rightarrow y - 0.0411009$ $GM \rightarrow ZM \rightarrow y - 0.26391821$ $GM \rightarrow RM \rightarrow y - 0.0259766$ $GM \rightarrow GJ \rightarrow y - 0.05862115$ $GM \rightarrow NJ \rightarrow y - 0.0036647$ $GM \rightarrow YD \rightarrow y - 1.3021454$	0.777
YD 对 y -1.37648	$YD \rightarrow DL \rightarrow y - 0.0387000$ $YD \rightarrow ZM \rightarrow y - 0.2788795$ $YD \rightarrow RM \rightarrow y - 0.0069610$ $YD \rightarrow GJ \rightarrow y - 0.05375055$ $YD \rightarrow NJ \rightarrow y - 0.000165501$ $YD \rightarrow GM \rightarrow y - 1.728671208$	0.639

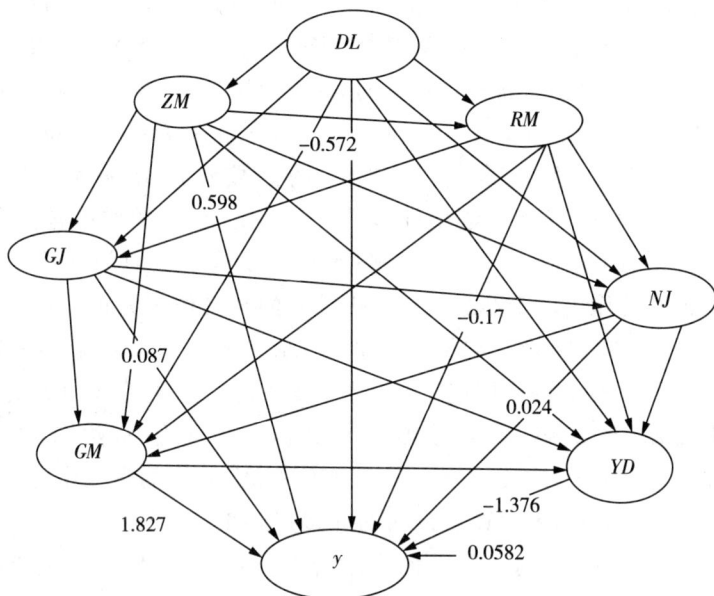

图 4-18　通径图

表 4-28　自变量对 y 的间接作用

自变量	间接作用排序					
DL	GM (1.3139)	ZM (0.1634)	GJ (0.0321)	NJ (0.0079)	RM (−0.0482)	YD (−0.9319)
ZM	GM (0.8059)	GJ (0.0751)	NJ (0.0054)	DL (−0.0156)	RM (−0.046)	YD (−0.6414)
RM	GM (0.2796)	ZM (0.2071)	GJ (0.0399)	NJ (−0.0001)	DL (−0.0162)	YD (−0.0564)
GJ	GM (1.2316)	ZM (0.5164)	NJ (−0.0024)	DL (−0.0211)	RM (−0.0779)	YD (−0.8507)
NJ	ZM (0.1370)	YD (0.0096)	RM (0.0008)	GJ (−0.0088)	DL (−0.0191)	GM (−0.2832)
GM	ZM (0.2639)	GJ (0.0586)	NJ (−0.0037)	RM (−0.0259)	DL (−0.0411)	YD (−1.3021)
YD	GM (1.7287)	ZM (0.2789)	GJ (0.0537)	NJ (−0.00016)	RM (−0.0069)	DL (−0.0387)

③ 实证分析

分析表 4-28：在第一列，有五个 GM，两个 ZM，说明 GM 不仅自身对 y 有影响，而且也是其他变量对 y 产生影响的最大的间接变量。第二列有四个 ZM、两个 GJ，但第三列又有三个 GJ、三个 NJ，第四列有三个

NJ、两个 DL，第五列有三个 DL、四个 RM，第六列有五个 YD，我们用"直观法"得出，间接影响效果排序为 $GM>ZM>GJ>NJ>DL>RM>YD$。由数据明显看出，各变量对 y 的直接作用按绝对值大小排序为 $GM>YD>ZM>RM>GJ>DL>NJ$，由变量与 y 的相关关系看，GJ 对 y 的直接作用为正，GJ 通过 ZM、GM 对 y 的间接作用分别为 0.5164658、1.23163255，协助 GJ 对 y 起增进作用，GJ 对 Y 的总的作用居于第一位；GM 对 y 的直接作用为正，正向的间接影响抵消了负向的间接影响，使 GM 对 y 的总的作用居于第二位；ZM 对 y 的直接作用为正，它通过 GJ、NJ、GM 的正向的间接影响抵消了通过 DL、RM、YD 的负向的间接影响，使 ZM 对 y 的总的作用居于第三位；YD 对 y 的直接作用为负，但它通过变量 DL、RM、NJ 的间接影响皆为负，通过 GJ、GM、YD、TD 的间接影响为正，YD 对 y 的总影响为第四位；DL 对 y 的直接作用为负，但它通过 NJ、GJ、GM、ZM 的正向的间接影响抵消了通过 RM、YD 的负向的间接影响，使 JY 对 y 的总的作用居于第五位；RM 对 y 的直接作用虽为负，它通过 ZM、GJ、GM 的正向的间接影响抵消了通过 DL、NJ、YD 的负向的间接影响后，RM 对 y 的总的影响仅为 0.284，居于第六位；NJ 对 y 的总的作用居于最后。综合以上直接因素、间接因素以及综合作用，得出结论：要提高 y，必须提高 GJ、GM、ZM，适当提高 YD，基本保持 DL、NJ，适当减少 RM。

（3）综合评估结论

延河流域世界银行贷款项目成效主要体现为"三增加、三减少、三改善"，即增加了基本农田、增加了粮食产量、增加了群众收入，减少了坡耕地面积、减少了土壤侵蚀量、减少了贫困人口，改善了农业生产条件、改善了生态环境、改善了群众生活水平，促进了水土资源的可持续利用和生态环境可持续维护，发挥了水土保持在我国经济社会发展中的重要基础作用。

延河流域世界银行贷款项目后评估得出：农民的收入逐年增加，生活水平明显提高。项目区生态环境有了改善，严重的水土流失得到了有效的遏制，项目的实施促进了土地利用结构的调整，使坡耕地和荒地的面积逐年减少，基本农田、果园、林地、人工草地的面积逐年增加，土地利用结构趋于合理化。项目区群众的生活、生产条件得到极大改善，文教卫生事业迅速发展，妇女社会地位大幅提高。区域性气候格局在时空分布上发生明显变化，植物长势良好，生态系统逐渐步入良性循环轨道，减少了洪水灾害和河库泥沙的淤积，特别是减轻了入黄泥沙，有效地控制了水土流失。项目通过改善农业生产条件和农村基础设施，调整农村产业结构，扶持主导产业的形成；项目区村村通路、通电，生产道路到田边，彻底改变了以往人背、畜驮的状况，本项目对社会发展产生了很好的影响。由于项目实施大规模、高标准集中连片的综合治理，大量的坡耕地退耕后栽植林草或修成梯田，沟道建坝蓄水，林草植被度提高，因此有效地控制了水土流失，增加了土壤含水量、空隙率和养分，提高了生物的抗旱能力，生态环境有了改观。

4.3　新时代管理案例 1
——小岗村的"互联网＋"土地流转

【案例正文】

摘要： 本案例描述了小岗村土地流转的发展历程。40 年前，小岗村 18 位农民以"托孤"的形式，冒着巨大的风险按下红手印，将村集体土地"分田到户"，拉开了中国农村改革的序幕。40 年后，小岗村将分散的土地重新集中后，开始大规模流转，以集约化、规模化经营，提高土地产能，实现土地效益的最大化。同时，小岗村在土地流转过程中存在着一些问题——农业风险高、土地流转难、老龄化和空心化，这些因素制约着土地流转的顺利开展和土地流转的方向用途。2016 年，"土流网"正式入住小岗村，小岗村全面开始了"互联网＋"土地流转的全面布局。政策的支持、平台的建立、信息的透明，让我们看到在互联网时代小岗村土地流转发展的巨大能量。

关键词： 小岗村；互联网；土地流转。

引言：

小岗村隶属安徽省凤阳县小溪河镇，是淮河岸边的一个普通小村庄。40 年前的小岗村，只有 20 户人家 100 多人，是远近闻名的"三靠村”——吃粮靠返销，用钱靠救济，生产靠贷款。那时小岗村流传着这样一句顺口溜：“小岗家家穷光蛋，磙子一住就要饭。”学大寨的时候，小岗村就形成了一条不成文的规定：每家可派出一人外出“搞生活”（乞讨），人口多的可派两个。

1978年，公社调整了小岗生产队班子：严俊昌为队长，严宏昌为副队长，严立学为会计。那年秋季安徽遭遇了百年一遇的特大旱灾，11月24日，晚饭后，严俊昌溜达去了严立华家，商量怎么解决温饱问题。后来，人越聚越多，18个人，最后以按手印的方式，立下了“生死状”——如果生产队长严俊昌因“包产到户”而坐牢，我们就给他送牢饭，如果他被杀头，其他17位农民要共同把他的子女养到18岁。在会上，队长严俊昌特别强调：“我们分田到户，瞒上不瞒下，不准向上面任何人透露信息。”当晚小岗村农民秘密地把原归生产队集体所有的800多亩土地中的304亩包产给20户人家。

1979年春，小岗的“秘密”被一级级传上去。凤阳县委书记陈庭元经实地考察后批示，干到秋天再说。可还没到秋天，地委书记王郁昭又来考察，回去后开了常委会，最终决定支持小岗。6月，时任安徽省委书记的万里来到了小岗。离开时，车开得很慢，他探头车外，叮咛严俊昌一定要把地种好。车走了一段，万里再次探头车外，叮嘱严俊昌要向党讲真话。车至村头，万里第三次招呼严俊昌过去：“如果有人查你，你就说我同意的，让你干5年。”

1979年秋收，小岗生产队正式记载的粮食产量是13.3万斤，比以前翻了4倍。“那年景，村民们不分白天黑夜地干活，月亮上来了看着光就下田，家家过门墩都有粮食，直堆到屋坝子。”大包干第一年，严俊昌家就新盖了六间茅草房，后来又盖了几次。“拖拉机、电视机、手表，慢慢地什么都有了。”至1984年，家庭联产承包责任制在全国普及推行。

1978年，这是一个冒天下之大不韪的举动，也是一个勇敢的甚至是伟大的壮举。[①]

---

① 小岗村的今夕．百度文库，2015－11－15.

4.3.1　"探路者"的挑战

（1）红色旅游

这是一个普通工作日的上午，小岗村友谊大道上车辆穿梭，人来人往。路口的牌楼下，一群来自合肥的退休教师正在合影，参观小岗村是他们"党员活动日"开展的活动之一。在"当年农家"茅草房景点，一百多名外地游客分批进场。"这还不算多，节假日人流量更大"，工作人员说道。

临近中午，三百多名身着校服的高中生结束参观，从大包干纪念馆里鱼贯而出，来到金昌食府吃午饭。饭店里满满当当。大包干带头人之一的严金昌早已习惯了这样忙碌的状态。不过，这一年在开饭前，严金昌增加一点"形式"。"以前都是大家主动找我合影或提问，但我觉得我更有义务宣传小岗，让更多人了解小岗，所以从今年开始，我会在开饭前给大家讲一讲小岗的故事。"严金昌现场"开课"，为学生们讲起了"大包干"。

"这两年小岗的客流量明显增加，我们的生活也有了明显变化。"严金昌说，自从习总书记视察小岗后，游客越来越多，生意自然也就越来越好。以严金昌家为例，以前有的子女在外地打工，看到近几年小岗发展不错，都陆续回来，帮父亲一起操持"农家乐"生意。"现在有 4 个子女在食府，遇到人爆满的时候，还要喊其他子女来帮忙。"严金昌透露，近两年收入比之前增加了至少两成，去年一年的利润就达到十几万元。

近年，小岗村的红色旅游、现代农业观光游、乡村风情游等发展迅速。2017 年，小岗村还策划了"红色旅游看小岗""福而思源学小岗"等旅游特色线路，打造小岗研学基地，举办小岗村梨花节等，不断树立新的品牌。来的人多了，就逐渐带起了当地的餐饮、住宿等产业。

小岗村的旅游业发展要追溯到 2005 年，时任小岗村党支部书记沈浩为小岗确立了红色旅游的发展方向。2008 年，改革开放 30 周年时，小岗村又启动了国家 4A 级旅游景区的申请工作，并在 2009 年初获批。此后，小岗村陆续获得全国红色旅游经典景区、全国特色景观旅游名镇名村、安徽省农家乐旅游示范点、中国美丽休闲乡村等称号。2017 年，旅游总收入约5600 万元，带动农民增收 200 多万元。

旅游业的快速发展让部分小岗人有了在家门前就业的机会。在培训中心、游客中心、大包干纪念馆、沈浩纪念馆的工作人员，以及在景点附近摆摊的农民，大多是小岗的村民。

"以前也在外面打工，到了年纪，家里让结婚就回来了，现在有了孩子，更出不去了。"一位游客中心的工作人员说。

旅游业的发展也推动了当地以"岗二代"（18 位带头人的儿女）为主体的农家乐的兴起。

"我在上个世纪 90 年代也出去打过工，后来发现来老家参观培训旅游的人越来越多，就回来开餐馆，2006 年开始做'农家乐'，算是这一片最早的。现在一年纯收入大概有 20 万。"大包干农家菜馆总经理、"岗二代"关正景说。

关正景兄弟姐妹四人，其他人均在外工作安居，只有他在小岗村和父母同住。他的父亲关友江是当年"大包干"18 位带头人之一。2008 年，胡锦涛总书记就曾经在他家的院子里与小岗村民交谈。

关正景非常看好小岗旅游业的发展，正在筹划扩张他的"农家乐"，准备在现址对面的自家宅基地上再起一栋楼用于住宿。

不过，游客停留时间过短是小岗村旅游业面临的最大问题。因为缺少旖旎的自然风光，游客只需半日就可以结束行程，动作快一点的，两小时就可以走完。行程短促，游客大多只在当地餐厅吃一顿饭，很少会留宿。

停留时间短，意味着消费少，对当地经济拉动有限。而且，小岗旅游资源的特殊性，使得前来参观的游客更喜欢去国家领导人访问过的"农家乐"。例如，18 位带头人之一严金昌的两个儿子因住宅相接，虽然都开了"农家乐"，但国家领导人视察过的哥哥家，生意可以说是整条街上最好的，无论早晚，吃饭的人都络绎不绝，而隔壁的弟弟家，则相形见绌，门庭冷落。

此外，和其他热门景点相比，小岗村吸引的游客数量并不多，近年来参观人数也并未随着全国旅游趋热而有显著增长。2017 年，小岗的旅游人次 74 万，与 2011 年的 71 万相差无几。

为了改变这种局面，凤阳县计划在小岗村新建 11 处景点，包括小岗干部学院、天荒红街、研学基地、当年小岗、乡愁院子、漫享田园、国家农业公园、中国红乐园、梨园公社、麦田大地艺术园、石马文化园等，重点突出农村改革和美好生活的景象。

（2）资本进村，"流转"走样

红色旅游仅仅是政府对小岗村众多扶持项目的一部分。随着关注度的不断增加，小岗村从各级政府与社会各界获得的财政与社会资金远远超过一般农村，这使其在道路、环境、住房、医疗、教育等方面的建设水平比一般农村高出一大截。

现在的小岗村像极了城市的一角：干净整洁的街道、大型的住宅小区、统一的徽派建筑风格、现代化的便民服务中心。在当地消费，无论是住宿、餐饮、超市购物，还是路边售卖自家农产品的流动摊贩，都可以用手机支付。

小岗村的土地流转让农民由单打独斗走向农业规模化经营，小岗村开始实行一二三产业融合，形成以现代农业、观光旅游为主导的产业体系。集体经济壮大了，民生投入更有了底气。

从凤阳县的公开信息看，2017 年，将有一系列的项目在小岗村实施，如人民法庭装饰工程、居家养老服务中心装饰改造、小岗村卫生院外墙与绿化工程以及手术设备采购、小岗学校道路改造工程及机器人竞赛设备采购、小岗村西外环路建设工程、小岗干部学院二期建设工程、小岗村马家坝水库和四面塘坝清淤扩挖弃土运输工程、石马和严岗二期基础设施工程等。

2018 年 4 月 27 日，滁州市财政局下达给凤阳县 1000 万元，用于小岗村"三年大提升"行动。6 月 5 日，凤阳县局为小岗各餐饮经营户免费配送了消毒柜、灭蝇灯、切菜台、货架、排气扇等设备，此举意在创建餐饮示范一条街，进而推进小岗村 5A 景区的建设。

不过，小岗人在获得政府大力支持的同时，也在一定程度上失去了发展的选择权。

自改革开放以来，小岗村被树立为农村改革的标杆，发展道路就被锁定在"农"上。1980 年，小岗村产粮 22 万斤，人均收入 420 元。1990 年，小岗村产粮 48 万斤，人均收入 630 元。90 年代，当地不断调整种植结构，种过花生养过猪，均因商品率太低而无法形成优势产业。

"没有什么厂子，只能种地，农业又挣不了什么钱。"这种说法在村民们口中出现的频率很高。

根据《小岗村的故事》记载，1984 年，小岗村 18 位带头人之一严宏昌办起塑料制品加工厂。时任凤阳县委书记为此专门找他谈话："不能因为这样一个工厂，闹得上上下下都以为小岗出了问题。"其实这位书记上一年还为严宏昌想办的轮窑厂跑过贷款，希望能借此推动小岗集体经济的发展。1993 年，严宏昌再次尝试办厂，他联合外部资金创办了三家工厂，但最终都关门了。

2005 年左右，以"改革开放第一村"为主题的"大包干"红色旅游在小岗村兴起。旅游业成为小岗的主要产业之一，工业也退出了小岗村发展的官方选项。2010 年 12 月凤阳县发布《凤阳县小岗村总体规划》，要将小岗打造成一个集新农村建设、现代农业发展、旅游观光于一体的示范村。

目前，无论是在小岗村超市中售卖的，还是在大包干纪念馆区展示的冠有小岗之名的加工食品，其加工企业都不在小岗村。已知的三家，一个在凤阳县小溪河镇，一个在滁州市，一个远在天津。近几年，小岗村广受关注的 4300 亩高标准农田、土地确权登记和流转以及"资源变股权、资金变股金、村民变股民"的"三变"改革都不是由小岗首发推动的。

中国人民大学教授刘守英表示，小岗村已经成为中国农村改革的一个符号，这一光环既为它赢得了许多其他村庄无法得到的政策支持和关照，也让这个普普通通的村庄背上了难以承受的包袱。

① "圈而不用"，致农田抛荒闲置

在小岗村土地"化零为整"过程中，资本大举进入带来新气象的同时也带来了不少新问题，如企业经营的土地出现大面积抛荒与闲置，行政力量过多介入致使地流转中部分农民权益受损，引发当地群众的不满和质疑等。

最近几年，小岗村土地流转进入新阶段，流转速度明显加快。已转包的土地绝大部分交由农业产业化企业经营。

2013 年进入小岗的企业主要有：美国 GLG 集团（糖业加工；一次性买断 500 亩，实际流转 1000 亩）、广东从玉菜业（蔬菜种植；一次性买断 260 亩，实际流转 1300 亩）、普朗特（农业观光；流转 500 亩）、金小岗（种植蓝莓、大樱桃、观光旅游；流转 1300 亩）、鸿浩公司（种植黄花梨；流转 780 亩）、天津宝迪（种猪养殖；流转 600 亩）以及凤阳县的小岗面业（流转 500 亩）等。

这些企业大多是 2009 年以后通过当地政府招商引资引进的项目。从玉菜业小岗公司董事长曹勇说：2008 年，他作为从玉发展项目的选址负责人到小岗做过短暂考察，因考虑到当地缺水而放弃落户小岗村的打算。但当时县里一位主要领导热情地从安徽追到广东，并让水文局出示一摞文字材料证明小岗的地下水可用于蔬菜生产灌溉。从玉菜业最终决定在小岗发展。

小岗村"村两委"是土地流转、引资入农的积极推动者。时任小岗村村委会副书记的余谦说："对于土地流转，村集体一开始的态度就是为了让招商项目能落地，属于先有项目后有地，被动式去搞土地流转，然而现在则开始积极作为、主动介入，即先把土地流转集中，再找项目结合在一起。"

这些企业进入小岗"务农"的目的也有较大差异：一是"带着情怀"搞农业，如 GLG 集团投资者是一名美国华裔，为乡村发展而落户于此。二是带着"淘金梦"搞农业，如金小岗流转了 1300 亩土地，种植美国大樱桃、蓝莓等高价值农产品，同时发展休闲观光农业。三是"有名无实"搞农业。例如，有的企业进来"拿地"后多年不务农，却不断申报政府项目资金；有的企业名曰种果树，土地却长期半抛荒，并申请财政部门特色种植奖励项目资金。

小岗村被企业流转的数千亩土地中，有不少经营情况令人忧虑。有的是企业长期"圈而不用"，导致大量耕地被长期闲置或抛荒；有的则是处于半抛荒状态，地里虽然种上林木，但长久无人问津；还有是"反租倒包"，如从玉菜业约 800 亩耕地在抛荒几年后，以 400 元每亩的价格租给邻村一家面业公司；GLG 集团以 100 元每亩的价格将 200 多亩土地倒包给当地村民种植甜叶菊。

"一夜之间，多家企业来小岗租地，租地面积一家比一家大，小岗村民以为迎来了'历史性的发展机遇'。"严俊昌和另一位大包干带头人严美昌说。然而，不久后村民发现，企业流转的土地，很多都在"晒太阳"，有的闲置了好几年，"从玉菜业租地一千多亩，几年没见种过一棵菜。"对此，从玉菜业小岗公司董事长曹勇解释称，项目建成之后发现缺水仍是"最致命"的制约因素。面对这种情况，无论是凤阳县还是小岗村的干部群众都颇为惋惜，但流转合同签订到二轮承包期满，各方都显得无能为力了。

眼见一些土地被抛荒闲置，小岗村民十分痛心。"如果企业比农民种得好，咱欣慰，如果还不如农民，甚至撂荒，那就让人反感。"小岗村民严立田坐在自家被抛荒的地头上心疼地淌眼泪。有些农户开始偷偷私种，但被发现之后，种的麦子被直接毁掉，小岗村民为此一度到县里上访。

这些项目投资方都是政府招商引资来的"优待"企业，并且都与农户一次性签订了长达10多年的土地流转协议，但协议中没有对土地闲置浪费如何约束的条文。因此一旦土地出现抛荒和闲置，无论是农民还是村集体或者政府主管部门都没有手段和措施督促承包经营者。"对企业来说，只要不改变农用地的用途，土地流转后种什么，甚至种不种，监管上都还是空白，缺乏相应的强制退出机制。"凤阳县农委经管站站长张金荣说。

"地都荒了，农民虽然拿到钱，但如果全国都像小岗这样，国家不就危险了？"当年大包干带头人严宏昌曾担心道。

②流转"走样"，侵犯农民权益

在小岗村民与村集体签订的土地流转合同中，都有一条这样的条款："若遇国家或地方建设需要，征用或征收该块土地时，甲乙双方应无条件服从。"凤阳县农委相关人士表示，流转合同中的上述条款并没有备案，"应该说不合理"。村民认为这实际上是一条"钓鱼"条款，"村里先把你的地流转了，租几年后说要征收，你就得无条件服从"。在小岗村的大严村民小组、小严村民小组，被征地超过承包面积一半的农户占到六七成，全村一次性买断近千亩。一开始有些农民觉得"可以搞点钱花"，但等其意识到有后顾之忧时，已经永远失去了土地。

52岁的村民吴广发说："原来几十亩地，现在还剩下二三亩，只够口粮。按照失地农民养老保险安置政策，要到60岁以后，才有每月150元的补助。我们夫妻俩还有这么多年才能拿那么点补助，你把我的土地弄过去了，我去干啥？"

在小岗村，村委会"打包"从农民手里流转的土地，然后代替农民与承租土地方签订合同，这就易造成流转主体错位，形成暗箱操作空间。GLG小岗村天然零卡产业发展部部长方照透露，在GLG项目征地过程中，村委会"以项目名义征地1000亩，实际给我们用地500亩"。不少村民反映，不理解村里为啥从农民手中流转那么多地，流转征走后一些地也一直闲着，不知道做什么用，村民不断申请村里公开土地流转、征收之后的去向，但一直没得到答复，甚至被斥为"窃取村里的秘密"。

不少村民提到当地曾强制农民签订土地流转或征收协议。对于村里要征用的土地，如果同意签字，面积就按 4.99 亩补偿，如果不签字，就按 4.074 亩补偿，两种算法形成变相强迫。

小岗村民韩庆红说，他家共有 16 亩多承包地，从 2006 年开始，因为修建大包干纪念馆、GLG 集团征地，他已陆续失去了好几亩地。今年村委会再向他征地 4 亩多地，征地协议还没签，地里即将成熟的小麦却被强行铲掉了。

与许多既无工业基础又无丰富资源的中西部普通农村一样，小岗村民多年来一直靠传统的粮食种植和打工收入维持生计。随着土地流转和征地规模的日渐扩大，农民惜地心态越来越强烈，对于流转征地中存在的土地利用率不高、非粮化倾向和收益分配比重不平衡等问题颇为担忧。

不少小岗村民和基层农业干部认为，小岗土地流转中暴露的新情况和新问题也是当前中西部农村土地"从分到合"过程中面临的普遍问题，亟待从政策层面完善土地流转的限制性政策和退出机制，从而避免新一轮土地集中过程中出现"新圈地运动"。[①]

（3）小岗背后的问题

虽然头顶"改革开放第一村"的光环，但小岗村在过去 40 年里仍然和全国农村一样起起落落，例如，在 20 世纪 80 年代初快速发展，在 90 年代曾遭遇重重摊派，现在又同样面临老龄化、空心化的问题，等等。

"我记得包产到户以后的头几年回家，老百姓还劲头不减，使满马力向前奔，他们每晚到了深夜都不愿离开我家，常常和我讨论除了种地还能干点啥。"从湖北洪湖走出来的刘守英在《我们一家子教我的"改革"》一文中写道。

根据刘守英回忆，从 80 年代中后期开始，卖粮难的情况出现了，化肥农药价格翻番上涨，但就是不见粮价升。到了 90 年代前后，老百姓种地负担沉重，一亩地收成就 400 多元，但各种提留摊派加起来居然高达 500 多元，有些农民甚至靠贷款才能完成上交。

"从那时开始，一部分农民开始出村谋生，出不去的农民就留在土地上挣扎。乡村不再是希望的田野，农民不再相信在农业上能寻到出路。尽

---

① 张哲麟. 小岗村土地流转调查：资本大举进村流转"走样"[N]. 经济参考报，2013－10－21.

管后来陆续取消粮食统购订购，再后来取消沿袭了两千年的皇粮国税，但村里乡亲脸上从此没有再现 80 年代那样的灿烂。"刘守英感叹道。

"种得越多，亏得越多。"如今虽然现在有了粮食补贴、综合补贴、良种补贴以及农业的政策和商业性保险，但还是不能从根本上解决种粮挣钱难的问题。

从小岗村友谊大道入口处费孝通题字的"凤阳县小岗村"牌坊步行出发不久，就能见到连片的庄稼地。初夏时分，本是收获时节，但 5 月 24 日晚间开始的一场大雨，彻底终结了小岗今夏的小麦丰收梦。

"今年麦子灾害大，水多的麦田，减产一半都不止。"一位大爷站在自家的麦田旁看着颜色发黑的麦子叹息着，"小麦赤霉病严重，麦头死了半截，长了芽。"

在拉着麦粒回家的路上，另一位姓缪的大爷估算了一下自家的收成，"今年麦子晒干了不到 1000 斤，大概能卖得 700 元，其中，使用收割机大概 200 元、打地机 200 元，农药和肥料 200 元，今年算是白忙了。"

"很想把土地流转出去，但没有人接手，又不能荒着，只能自己种。"很多在田间劳作的村民表达了想将土地流转出去的意思。

从数字上看，2018 年初，小岗村已流转土地面积为 8885.6 亩，占全村耕地面积的 61.2%，远高于全国约 33% 的平均水平，其中 4300 亩是 2016 年 9 月安徽农垦集团有限公司为扶持当地经济与凤阳县签署的承包协议，即把土地分成四个小部分，由农垦集团返租给农民，为农民提供保障，减少农民多年来经受的自然风险，经营风险和市场风险。

但土地流转过程中出现的问题层出不穷。当承租人出价低于村内现有的土地租金时，一些村民就会抱着再等等看的心态。在农村，即便是同一个家庭的耕地大多也是分散的，各家耕地犬齿交错，但凡有一家不同意，都会对土地规模化经营形成阻碍。而且，小岗村的地理条件在发展农业上并不具有明显优势，其所在的丘陵地带高低不平，灌溉成本和土地一次性平整费用相对较高。

同全国其他农村地区一样，小岗村也没能逃脱老龄化的命运。走在小岗的街道上，碰到的多是老人。小岗的各村民小组大多已经拆迁，集中入住石马、严岗两大住宅区，但新小区显得有些空空荡荡，有的房子一看就没人住过，甚至已变得破败。

在地里收割麦粒、弯腰拔秧插秧的也大多是老人。一位在梨园工作的大爷说，梨树挂果后要套袋，现在套袋的工人都是从河南请来的，一天120元，而且不少也是六七十岁的老年人。

"在小岗，过去十年，跟着我们一路干到现在的人，原来五六十岁，现在也有六七十岁了。"梨园公社种植专业合作社创始人黄庆昶说，"未来，谁种田？这是农业的产中环节面临的最大问题。"

小岗村面临的这些问题——农业风险高、土地难流转、老龄化和空心化，也都是中国农村的共性问题。

这些问题也是乡村产业振兴面临的现实挑战。安徽大学中国三农问题研究中心副主任常伟认为，新型城镇化带来人口大量流出、农村人口老龄化程度不断加深、农业生产成本上升较快、农业生产风险性因素凸现，农业规模经营在提高集约化程度的同时，也带来了风险因素的集中，都是乡村产业振兴需要解决的问题。[①]

4.3.2　小岗村600亩土地已经出租

（1）总书记表扬严德友租地种葡萄

"欢迎品尝小岗村葡萄！全新品种，个大、味美、绿色、无公害，25块钱一箱……"2008年8月12日下午，在凤阳县体育文化广场上，小岗村原村主任严德友热情地叫卖着。这一天，第四届小岗村葡萄节开幕，小岗村村民纷纷走上街头，把自家田里结的最好的葡萄堆出来，供大家品尝、选购。

严德友家种了80亩葡萄，其父亲是"大包干"带头人之一的严俊昌。今年他打算再扩大150亩种植葡萄新品种。

小岗村的土地承包经营权流转最早可追溯至2001年之前，但早期的土地承包经营权流转大多是在亲戚朋友之间、流转规模也比较小、流转双方不确定性因素较多。2001年，江苏省张家港市长江村的润发集团承包了小岗村7户村民的80亩土地种植葡萄。80亩土地是流转的性质，每亩租金500元，1年共4万元，润发集团承租20年。润发集团为中国民营企业500强，有丰富的葡萄种植经验和技术。

---

① 小岗村："趟路者"的新挑战 | 改革开放四十周年·出发地. 腾讯新闻, 2018-7-10.

2003 年底，润发集团欲将葡萄园转给小岗村人经营，当时小岗村却无人承租。身为小岗村村委会主任的严德友接手了 80 亩葡萄园。

"葡萄种植的周期是三年，头三年基本上是不赚钱的，2004 年我接手之后，正好进入丰产期。"严德友说，"润发集团不拿任何收益，我只要继续支付给村民土地租金就行了。"

严德友的葡萄园亩产 2000～3000 斤，市场价格 1～5 元/斤不等，每亩的收入在 5000 元左右，每亩成本平均支出是 2500 元，一年一亩葡萄园的收益可达到 2500 元左右。这样算下来，严德友一年的纯收入约 20 万元。

严德友雇了本村的十几名工人，每人的工资 600～1000 元不等。在葡萄园开业之初，这些工人曾和严德友一起，到长江村接受润发集团的葡萄种植技术培训。"工人们都很忙，每年 1 月份开始修剪葡萄架，10 月份以后要给土地松肥、清淤。"严德友说。

2004 年以来，小岗村周围的葡萄市场较为稳定，严德友的葡萄园收入也稳步增长，到了 2007 年，严德友的 80 亩葡萄园供不应求。

2008 年，完成初步资本积累的严德友，承租下了村内的 120 亩土地，价格仍然是 500 元/亩，2009 年，那 120 亩土地的葡萄获得丰收。拥有 200 亩葡萄园的严德友，成为小岗村名副其实的种植大户。

胡锦涛总书记来凤阳考察时表扬了严德友，他很赞成用这个办法自愿流转土地："农村要想发展，就要自愿搞好统分结合，把土地租给那些想干的人，集中经营，可使土地走上规模化。"

"我们以前将地租给别人栽葡萄，当初并不知道这叫流转，因为我们也是在摸索当中。但不管怎样，小岗村的这种做法现在得到了总书记的认可，我们放心了。"总书记的话，给农民们吃上了定心丸。

在润发集团和严德友带动下，小岗村 80 多户村民的 400 多亩土地也种上了葡萄，2008 年 9 月 27 日，小岗村葡萄专业合作社成立，合作社法人代表为严德友，社址就在严德友葡萄园内，该社葡萄种植面积 600 多亩，年产值 300 多万元，纯收入为 200 多万元。可是就在三年前，有人还说合作社的成立是在开历史的倒车……

（2）"大包干"带头人的租地实践

2004 年，由安徽省财政厅派选派的干部沈浩来到小岗村，他想带领小岗村民以土地承包经营权流转为切入点，发展现代农业。土地合并以后，租给上海一家公司办合作化农场，建起特色农业科技园、优质有机猪标准化连锁养殖基地和高效饲料实验农场。

按照 2005 年 3 月成立的"小岗村发展合作社"的协议，2006 年 1 月 25 日小岗村党支部书记在村民大会上提出了酝酿已久的发展思路：把土地集中起来，以"安徽省凤阳县小岗村发展合作社"为龙头，整合资源搞适度规模经营。村委要求村民将全村 1400 亩耕地（当时，全村共有 2000 亩地，耕地面积 1800 亩，扣除前几年办的葡萄园 400 亩，其余共 1400 亩）以土地持股的形式成立合作社。合作社资本金为 305 万元，由小岗村和滁州市粮食局以及上海大龙畜禽养殖有限公司联合出股，股份分别为 10％、5％、85％。

2006 年 2 月 10 日，时任安徽省委书记的郭金龙到小岗村调研。在研讨会上，大包干带头人之一严宏昌当时很激动，他说："小岗要立足自身基础图发展，不能开倒车。"2 月 18 日，沈浩召开全村大会，宣讲土地经营方案及征求意见时，严宏昌缺席会议，合作社的事情经过调整后获得通过。①

2 月 20 日，小溪河镇派出 4 名工作人员进驻小岗村，与小岗村 5 位村干部分成两组进行量地。2 月 21 日下午和 2 月 22 日上午，时任凤阳县委书记的马占文专程来到小岗村，察看量地事宜。与此同时，镇司法所已经参与土地出租合同条款的制订……但一些农民对这个养殖场的事情充满了怀疑，并不十分愿意用土地入股。

严宏昌说："你看看现在租出去的这百十亩地，不都正荒着吗？要是都租出去，都荒了怎么办？"即使主张合作社的严金昌也说："租出去后，想到村头那地荒着，也觉得心里怪不踏实的。"严宏昌曾对媒体说："开发商至今掏不出一分钱的租金。"并对沈浩说："不可信，如果见不到钱，我就叫村民不签合同。"

村民的担心并非空穴来风。2004 年，小岗村与上海大龙畜禽养殖有限公司成立了"风味养猪场"。2005 年，该养猪场效益很差。严留昌称："当年说风味猪场的猪养成后比普通猪能多卖 5 毛一斤，到年底却卖不出去，结果价格卖得比本地普通猪还要便宜两三毛。让我入股养猪我不会干。"

① 翁士洪. 农村土地流转政策的执行偏差——对小岗村的实证分析 [J]. 公共管理学报，2012，09 (1)：17—24.

一些小岗村民直言，有些土地流转项目虽然从未拖欠农民的流转租金，但流转土地长期不用，让人怀疑企业的动机："要么是圈地，要么是借机套取国家资金。"

小岗村流转出去的土地中，几乎全是计划从事苗木、蓝莓、樱桃等特色经济作物种植。"我们经历过吃不饱肚子的饥荒年代，如果以后土地流转出去都不种粮，那以后我们吃什么呢？"一位小岗村的老人说道。

经过长达3个月的争执讨论，4月20日下午，小岗村23户农民与合作社签订了合同，以每亩一年500元的租金将200亩土地集中起来发展合作经济，统一返租承包。这项合同的期限为20年，合同内容设定、租金5年一调整。5年后，农民可用土地入股分红或选择继续出租。

这其中就包括"大包干"的带头人之一严金昌。严金昌有5儿2女，全家人一共有35亩地。2008年的时候，严金昌家仍在种的口粮地只有10多亩，其余的20多亩地全都租给了别人搞养猪和花卉苗木种植，每年都有一笔很可观的租金收入。

"当时，由村委会出面协调，租地的公司与我们协商签订了协议。"严金昌说，这份协议一式四份，农民、租地公司和村委会各一份，还有一份是要送去公证的。在出租土地的协议里，不仅注明了租地的时间长短、租金多少，还注明了土地的用途，还有一点，就是如果合同到期了，土地要满足复耕条件，承租方还要支付复耕费。

除了严金昌把地租给上海一家公司用来养猪外，村里还有另外两名村民被聘为养猪场的饲养员，"这就是公司带农户的模式。"

（3）租地前提是农民自愿

小岗村委会为租地搞规模经营这种模式搭建了一个平台。首先由村委会陪同有意租地的企业或个人去选地，选好地之后，再由村委会出面去和拥有承包经营权的村民协商。如果村民同意租地，就在村委会的见证下，双方签署正式协议。

"公司和经营者个人私下同农民签订协议是没有保障的，个体农民同一个公司的实力也是不对等的，村委会介入正好可以保障租地双方的利益。"小岗村村民委员会副主任，曾经是"大包干"带头人之一的关友江说。

小岗村目前租地协议最长的年限是20年。在双方签署协议中，村委会要做好把关工作，主要是首先租金价格不能低于500元/亩，还要对租地的企业或经营者把关，看看他们有没有能力来做这件事情。此外，还要约定租地的用途，不能改变土地用途。

每年 3 月份，租地的公司或个人会提前把租金送到村委会，再由村委会于 3 月 15 日统一发放给出租地的村民。

"村委会最难做的就是协调工作，要不断地同村民们协商。"关友江举了一个实例。山东一个企业正准备到小岗投资建蔬菜大棚，要租 60 亩地。协商时，有村民提出要提高租金标准。为此，协商一度暂停。"不是租金不能提高，只是现在还不具备抬高的基础。如果以后米价上涨就可以抬高。"最后，村民还是同意了继续以每亩每年 500 元的价格出租，但在签订的协议中加了一条内容："如果米价上涨了，租金也要同比上涨。"

对于租地会不会让农民土地流失的问题，关友江觉得没有必要担心："租地是以农民自愿为基础，农民觉得划算才租，不划算是不会租的。而且土地始终是在小岗村里，谁也拿不走"。

对于把土地量化为股份入股的模式，关友江说，村民们觉得还是出租土地拿租金来得实在，他们担心一旦入股的公司或合作社亏了钱，那年终的分红也泡汤了。①

后来，小岗村又准备调查统计村里宅基地的情况，想把一些分散的农户聚集到一起建房，然后把空出的宅基地集中起来复耕。

（4）小岗村改革再次领跑

① 确权颁证，农民群众吃上"定心丸"

2015 年 7 月 8 日，在凤阳县小岗村大包干纪念馆前，安徽省农村土地承包经营权确权登记首批颁证启动仪式在凤阳县小岗村举行。随着象征土地"二代身份证"的《农村土地承包经营权证》的颁发，又再一次盘活了沉睡的土地资产。从 18 个"红手印"，到 18 本"红证书"，小岗村土地的再次改革，不仅能让农民拿到每亩 800 元的土地流转费，做到了旱涝保收，有的人不种地了还能从事别的工作。

关友江是当年"大包干"按红手印的 18 位带头人之一。在他刚刚领到的大红证书上，清楚地标出了承包地实测面积、地块编码等信息。"颁了证，土地就有了'身份证'，变成了'活资产'。"关友江说，现在土地可

---

① 总书记表扬严德友租地种葡萄. 食品商务网，2008－10－22.

以放心流转、入股、拿租金、分红利，还能用土地到银行抵押贷款。

2006 年，时任小岗村第一书记的沈浩就开会动员村民流转一部分土地，提高土地利用率，为招商引资办工业、开发旅游业出让"地盘"。他告诉大家，只有搞现代农业，小岗才能获得大发展。

大包干带头人关友江说，现在大家都明白这个理了。但在当时，很多人误以为是要收回个人承包的土地，所以顾虑重重。

村民们回忆，当时反对的声音很激烈，最大的反对声就来自当年的大包干带头人。会刚开起来，好几个大包干带头人就悄无声息地退场了。

对这些大包干带头人来说，当年的创举让他们获得了无比的荣耀，他们对分田到户有着浓重的情结。有的带头人说："过去冒险分了田，现在却要回到大集体，这不是搞倒退吗？"

严金昌记得，当时沈浩挨家挨户做工作，说土地流转不是卖地，只是流转了经营权，承包权永远是咱们农民的。

最终，严金昌被沈浩说服了。他在许多村民犹豫观望的时候，率先把自家的 35 亩土地流转了出去。

严金昌算了一笔账，如果还种地，每亩地种上"一麦一豆"，除去化肥、农药、农膜外，每亩地年收入不到 1000 元，碰上天灾减产，就更收不上钱。而土地流转后，每亩土地一年可获得 800 元的租金，首先这收入就没减少。"土地转出去了，家里的劳动力都解放了，还能干点别的。"

时任村主任的关友江，也把自家近 30 亩地流转了出去，一签就是 15 年租期。

2008 年，关友江在全村开了第一家农家乐——大包干菜馆，儿子儿媳从务农改为经营菜馆，关友江说，现在一年十几万的收入是没跑的了。

看到别人"吃螃蟹"都赚到了钱，观望的村民们坐不住了，纷纷要求流转自己的土地。

"当年为了温饱，现在为了致富。"严金昌说，把土地流转出去有收入，到流转土地的企业做管理员赚工资，家里还经营着农家乐。这几天，他又筹划在自家空地上再建一栋三层小楼，扩大农家乐经营规模，他说："十九大报告明确提出第二轮土地承包到期后再延长 30 年，我们可以甩开膀子干了。"

"政策越来越好，咱还不得铆足了劲儿干！"最近，村民周党之正打算引入火龙果种植，利用小岗村每年 80 多万的⋯⋯⋯⋯游采摘的项目。

"'大包干'让农民吃饱饭，确权颁证让咱吃下了⋯⋯岗村党委书记吴夕明说。全村 13000 多亩土地全部确权，每⋯⋯⋯任小置、亩数清清楚楚，"确实权、颁铁证，稳定土地承包关系，⋯⋯位的衷心欢迎。"

55 岁的程夕兵是村里有名的"种粮大户"，目前拥有 350 多亩地。⋯了自家 20 亩，其他都是流转来的。程夕兵说，他一开始只是帮外出务工的邻居代种，后来发现机械化不仅省时省力，还可以降低生产成本，就主动租用村民的地。

程夕兵现在又搞起了农机大院，和别人一起入股了十几台农用机械，上了三台烘干设备，还准备建一个育秧室和米厂。

程夕兵算了一笔账：没有烘干设备之前，水稻质量参差不齐，只能卖给个体粮贩，一斤水稻 1 块 2；上了烘干机，烘干过的水稻就可以卖给国家粮库，一斤可以多卖一毛多钱。

程夕兵说，他更长远的设想是，从粮食种植、烘干、加工，再到消费者的餐桌，"打造我们自己生产出来的放心粮"。①

"习总书记两年前考察小岗时说，不让种粮的人吃亏。现在十九大又提出保持土地承包关系稳定并长久不变，第二轮土地承包到期后再延长 30 年，我心里更有底了，一定要好好干，有个好收成。"

之后，小岗村完成了 1.36 万亩土地的承包经营权确权登记颁证，发放证书 875 本，发证率 100%，为发挥土地要素资源、增加农民财产性收入奠定基础。截至 2016 年底，全省完成发放农村土地承包经营权证 1215 万本，占已测绘农户的 99.9%，完成建立农户确权档案 1213 万户，占已测绘农户的 99.7%。落实了土地承包经营权登记制度，农民才能吃上"定心丸"。②

② 确权颁证，农民变"股民"

2015 年 7 月 7 日，凤阳县小岗村举行了首批"兴农贷"贷款集中放款

---

① 胡杰. 农村改革发源地：小岗村 18 位农民曾签托孤"生死状". 新京报网，2018－04－02.

② 小岗村民喜领首批土地权证，安徽农村改革再次领跑. 华夏经纬网，2015－07－09.

农户利用手里的集体股份股权证书作抵押，与中国农业行签订贷款协议，获得 90 万元贷款。

兴农贷"，小岗村首期出资 200 万元，设立小岗村风险补偿基小岗村、凤阳融资担保有限公司、凤阳县农业银行各自按照 3∶4∶3分担贷款风险。

"不管怎么改，都不能把农村土地集体所有制改垮了，不能把耕地改少了，不能把粮食生产能力改弱了，不能把农民利益损害了。"这是党和政府的要求。

那么如何才能把集体资产用活呢？为了更加详细地了解情况 2018 年 6 月 10 日，安徽建筑大学经济与管理学院的课题组一行 4 人来到小岗村调研。小岗村村委会的工作人员为他们介绍道："从 2016 开始，为破解农民贷款无抵押物的问题，我们小岗在探索用土地经营权作抵押向银行贷款。"特别是确权颁证之后，村民们更加大胆地去搞土地流转、入股、拿租金、分红利。"我们还对小岗村品牌等部分无形资产进行评估登记，折算成 3026 万元入股成立了小岗村创新发展有限公司，实现小岗村村民人人持股。"此举又进一步壮大了集体经济。

"去年，小岗村创发公司经营较好，给村集体股份合作社分红 156.8 万元。2017 年 2 月 7 日，经村民代表大会表决通过，提取公益金 6.72 万元，每个股东可以分红 350 元。加上村集体为大家购买的'新农合'、'新农保'和政策性保险，春节前，村民们领到的集体经济分红，每个村民约 600 元。"小岗村一位年轻的村干部介绍说。

关友江、严金昌在安徽农业银行获得"兴农贷"的首批贷款为 10 万元。当年的"带头人"又是此次"红证书"变成"活资产"的立潮人。下一步，小岗村将继续在试点基础上总结经验，力争在更大范围推行这项政策。

关友江的儿子关正景等一批"岗二代"们，还想通过电商为小岗注入互联网因素，利用小岗村的品牌优势，打造"互联网＋大包干"模式，让好的农产品卖上好价钱。如今，小岗村的原生态大米、小黑花生、蓝莓果干等土特产畅销网络。

"去年，小岗村完成了集体资产股份制改革，村民变'股民'。在此基础上，'兴农贷'的设立让村民通过股权质押进行贷款，有效解决了村民贷款无抵押物的难题。"时任小岗村党委第一书记李锦柱说。"兴农贷"把股权证的权能进一步延伸，让"红证书"变成活资产，为现代农业发展和乡村振兴注入了新动力。

殷玉荣 2012 年返乡创业，现在经营一家养猪场。"这次获批 10 万元贷款，解决了流动资金短缺问题。"殷玉荣说，以前为贷款绞尽脑汁找抵押物，这次没想到能用股权证抵押贷款，太方便了！获得首批贷款的 9 户农户分别从事养殖业、粮食种植业及草莓、樱桃等经济作物的种植。

小岗村深化农村集体产权制度改革，不仅是对金融惠农的最新探索，而且有效地推动了农村土地经营权流转，促进了土地规模经营和集约经营中存在的融资难问题。

未来几年，小岗村将在夯实农业生产的基础上，实施产业兴农战略，推进一产、二产、三产融合发展。作为改革排头兵，小岗村还将进一步加大农村土地流转指导、协调、服务和监督管理，积极培育农村土地流转中介服务组织，建立完善农村土地流转交易信息网络，提供可流转土地的数量、区位、价格等信息，满足土地供求双方的需求。

此外，小岗村还和安徽农业担保公司合作实施"劝耕贷"，主要服务种养大户、家庭农场、农民专业合作社、农业产业化龙头企业、粮食产业联合体等新型农业经营主体。在小岗村，不论是新型经营主体还是普通农户，只要想发展，有项目，有资金需求，都会得到金融支持。

"要尊重广大农民的意愿，激发广大农民的积极性、主动性、创造性，激活乡村振兴内生动力。"这是习近平总书记对实施乡村振兴战略做出的重要指示。

40 年前，正是小岗人自主实行"大包干"，从而走上了温饱的道路。而今，乡村要振兴，仍然需要广大农民发挥主观能动性。这也是包括小岗村在内的中国广大农村必须要走的一条路。

"小岗人绝不甘于落后。现在新一轮农村改革开始了，有着大包干精神和沈浩精神的激发，小岗人一定会取得新突破。"对于小岗村的未来，严金昌信心满满。

现在的小岗，启动了土地承包经营权抵押贷款的试点。为了发展现代生态农业，提高农业效益，小岗村还与安徽农垦公司下辖的省农业服务公司、方邱湖农场共同组建了"安徽农垦小岗现代农业发展有限公司"，共同经营4300亩高标准农田，通过土地管理承包联产计酬，将土地拆分成13块适度规模的管理单元，分包给农户管理。农业服务公司负责种子、化肥等所有农资供应，并提供耕、种、收全程的技术服务和指导，农户只负责田间管理，产生的收益在扣除核定成本的基础上，农户与农业服务公司五五分成。以承包300亩土地为例，若小麦亩产达800斤，水稻亩产1200斤，扣除成本，农户约获得100斤小麦和200斤水稻的收益，每亩均收益可达300多元，年收入就能超10万元。

程夕兵也是参与土地管理承包的农户之一，今年他从小岗农业服务公司承包了214亩地。"还是科学种田效益高。跟着现代农业专业队，我们种田更有底气。"看着农垦种粮获得了高产，老程干劲十足。刚吃过午饭，他就开着灭茬机到刚刚收割过的麦田里灭茬。"下半年的收成都在地里了。"

谈起自己的种地史，程夕兵一肚子苦水：2014年，他流转了300多亩地，第一年种玉米因为雨水大，种子烂在地里，亏了3万多元；去年种植小麦又遇到连阴天，小麦霉变生芽，亩产只有四五百斤，损失严重；去年下半年种水稻，本来产量还不错，但是遇到干旱天气，有十几亩田地势高水上不去，几乎绝收。

种粮效益不高，种地赚不到钱，一直是困扰村民们的难题。与农垦的合作，让小岗农民看到了种地赚钱的希望。"秧苗由农业服务公司提供，插秧是机械化，农民不用下田干活，现在种田轻松了，钱也不少挣。"正在田边观察机器插秧的小岗村民马井力介绍："以前在外打工，年收入不过六七万元，还顾不了家，现在给农垦公司种田，收益共享，用自己的拖拉机作业还能获得额外收益，一年下来也能挣十来万元。"

2016年4月25日，习近平总书记到小岗考察，走过高标准农田示范点时说："现在正值抽穗灌浆的关键时期，要加强田间管理啊！"

得到习总书记肯定的小岗村，正着力在"红证书"上做文章。"近些年，小岗村不乏一些有想法的年轻人，但主要是融资难、贷款难的问题。"小岗村工作人员继续为我们介绍说，"现在，小岗村创建了小岗村创新发展公司与中国农业银行凤阳县支行、凤阳县中都融资担保公司共同设立风险补偿基金，对小岗农民实行全域授信，发放'兴农贷'。"

"在小岗村，只要有发展愿望，有创业项目，有资金需求，就会得到金融支持。"

领到贷款后,村民们对未来的发展充满信心。"这几年来小岗村的游客越来越多,对草莓观光和采摘的需求也越来越大。"一位村民说,"拿到这笔贷款后,我准备在 20 亩的基础上扩大规模,改善基础设施,提升草莓品质,相信发展会越来越好。"

打造更多发展平台,做强集体经济实力。小岗村将继续依托创发公司,积极开展参股、控股等形式的合作;成立小岗村环卫、绿化、建筑、旅游等公司,壮大集体经济;探索进行投融资业务;有针对性地对接央企和大型国企,通过品牌与其合作,为小岗企业上市做探索。

产权清了,机制活了,集体强了,强村富民就不仅仅是梦想了。

4.3.3　"互联网+"土地流转

(1) 一个村庄的觉醒

"土地经营权流转对农民的最大好处,是劳动力解放出来了。我有了租金收入,还可以给企业打工,也可以干我的小买卖,就好像麻雀出笼了,可以满天飞,到处找食了。"年届 73 岁的大包干带头人之一严金昌老人说到这里,笑出了声。

这位带头搞大包干的老人,现在又有了新身份——"严总"。2016 年 6 月,进入小岗村的"土流网"邀请严金昌担任"土流网"小岗村服务中心总经理。了解"土流网"的模式后,严金昌觉得这条路子可走:"村民出借土地最担心的是拿不到租金。'土流网'有实体店在小岗,不怕企业租金要不回来。"

在"土流网"小岗村土地流转中心成立大会上,严金昌说:"小块种地、小机械种地不如大块种地、大机械种地。如果土地流转出去,不光有流转收入,解放的劳动力还能去打工赚钱"。

村里头几年搞土地流转,他便积极响应。现在严家没有一个人在种地。家里的地除了一部分征作酒店建设用地,还有近 20 亩土地流转在外,每亩 800 元年租金,一年有 1 万多元的收入。严金昌的四个儿子开饭店、超市、澡堂,年收入五六万元到十几万元不等。"几个孩子都当老板,现在农村变了,离了土地我们也照样搞到饭吃。有地的在地上下工夫,没地的就自己做点事。"说起儿子们,严老一脸满足,眼角眯出了褶。

土地依然重要，但不再是农民安身立命的唯一筹码。这种根本的转变并非一蹴而就。2008 年十七届三中全会通过的《关于推进农村改革发展若干重大问题的决定》提出"加强土地承包经营权流转管理和服务，建立健全土地承包经营权流转市场"。2009 年中央一号文件《中共中央国务院关于 2009 年促进农业稳定发展农民持续增收的若干意见》再次强调要建立健全土地承包经营权流转市场。

2008 年，一个叫伍勇的年轻人捕捉到了变革的信号。伍勇当时在成都市双流镇参加当地的土地改革，帮村里招商引资。在跟农民聊天的时候，他发现各地的土地流转价格相差悬殊，条件差不多的土地有的几十元，有的几百元，存在严重的信息不对称现象；有些农民外出打工还得求别人种自己的地，否则地荒了还要交罚金。2009 年政策一下来，伍勇果断决定建立一个平台，专门发布土地流转信息，让土地公开、有价地流转起来。

"我一直在等机会，这是一个最大的机会，而且我自己有个情结，我觉得这能改变农民的生活"。"土流网"创始人兼 CEO 伍勇的长相白净，有一张娃娃脸，笑起来有些腼腆。

伍勇的父母都是农民，家里靠种苗木为生。在成都念书时，他通过抢注大学域名赚了几十万元。靠这笔钱，他做了自己一直想做的"互联网＋农业"的事业。

2009 年，"土流网"上线的第一年，就发布了大约 900 万亩土地的流转信息。这些地源一部分是伍勇自己骑摩托车到乡镇里一个一个收集来的，一部分来源于用户自发上传的。

伍勇将此归功于媒体的报道："大学生创业做土地流转，在当时还是很新奇的，所以媒体都跑来报道，一下子就火了"。

除了借助媒体的传播效应，伍勇还用了其他的推广办法，比如优化关键词搜索，保证用户在百度搜索"土地流转"这个词的时候，第一个看到的就是"土流网"。这种办法比较好地解决了土流网早期买家特别难找的问题。再比如到农村刷墙，虽然看起来土，但很管用，能吸引那些不会上网又不看新闻的村民。

鼓励土地流转的苗头刚出来，基层干部放不开手脚。伍勇上门找资源，一些干部质问他："这不是政府做的事情吗？怎么是你们在做？"

农民则担心是不是来骗地的。"我们当时去线下看地，农民直接把我们轰出去了，说什么也不肯租，就怕以后永远要不回来了。"土流网商务总监唐彩云说。

伍勇记得，平台刚上线的时候，由于市场不成熟，他想找个合伙人都找不到。因为别人一听到他的想法，通常的反应是：第一，土地流转是违法的；第二，对这么大的事情，国家一定会和你抢生意，成功的概率不大。所以"土流网"早期只有几个人在运营。

话说 2011 年，小岗村起步搞土地流转。村民担心拿不到租金，害怕万一大户或企业整合了大片土地，以后自己就不能分田种了。村集体于是出面替企业做担保，即如果企业还不起租金，村集体拿钱补贴村民。这个办法一出，村民们半信半疑地拿出了自家的土地。陆陆续续有将近 7000 亩地流转了出去，这些地占村里将近一半的耕地面积。

严金昌回忆，当初企业也没有经验，对小岗村的环境也没做细致的考察，第一次流转就签了每亩 800 元的价格，其中有家企业接收了近 4300 亩土地用来种粮食，之后又陆续入驻了 12 家企业和大户，流转合同大多签到了 2027 年。而这一切也给后来的工作留下了隐患。

凤阳县地处皖东丘陵地带，小岗村因处于高岗地区而得名，土质、气候等自然条件还算优越，一年种两季水稻与一季麦子。为了能旱涝保收，种植水稻必须兴修水利，而这恰恰是小岗村的短板。人们只能采取挖深塘的方式蓄水，但这种防旱的方法治标不治本。

据严金昌统计，2016 年当地从 8 月 7 日到 9 月 14 日间一滴雨都没下，而此时正值水稻需水旺盛期，水塘却枯竭了。9 月 14 日后又连续下了一个多月的雨，正值水稻收割期，田里却水汪汪的没法种麦子。

就这样，这家包了 4300 亩土地的粮食企业年年种年年亏，最终跑了。

销路的迷茫也是农业企业的短板。有家企业埋头种菜却不会打开销路，蔬菜大片烂在田里，最终这家企业也跑了。

流转后怎样使企业或大户长期稳定地干下去，是土地流转必须面对的问题。小岗村后来以 600 元/亩的价格把 4300 亩土地转让给了一家农垦企业，其他跑路的荒地也尽快做二次流转。即使这样，当时村里仍有 2000 亩左右的撂荒地。

老百姓对此很有意见："土地是农民的命根子，你不能荒了我的土地。给你种十年后该地还能种，给你荒十年后它就成荒地了"。

　　小岗村周边的土地一般在 600～700 元/亩左右，小岗村 800 元/亩的价格显然高了。水利条件不好不适合种粮食，有些看地的人思量着种果树、药材，但一算账回不了本也打退堂鼓了。"打电话问的人很多，来看地的也多，但就是定不下来。"严金昌也很丧气。

　　那可否降低租金呢？当有人提出这个解决方式时，严金昌叹了口气。一方面，村民觉得这个价格是当初在合同里定好的，不愿意做出让步，企业跑了就找担保的村集体，拿财政补贴；另一方面，村集体思量着各地租金差异巨大，如果降低租金，村里还得给村民补上差额，何不等一等看是否有愿意出不低于 800 元的企业呢？大家就这样僵持着，这一等，一两年就过去了。

　　不管租金是否降低，只要能尽快二次流转，问题都是可以解决的。小岗村获取外界信息的渠道有限，是不是可以试试市场化的手段？

　　如此，小岗村和伍勇的"土流网"一拍即合。

　　(2) 一家公司的嬗变

　　小岗村村口，干净的水泥路两旁是两排白墙黛瓦的民房，其中有一家外面挂着的橘黄色招牌很醒目，招牌上写着"土流网"三个白字，旁边还有一串电话号码。这就是严金昌担任总经理的那家直营服务中心，也是"土流网"为数不多的一家以直营方式运作的服务中心。

　　因为早期人手有限，"土流网"发展了一些土地贩子作为经纪人帮忙找地，交易完成后按成交金额的一定比例付给他们佣金。土地是非标品，同样一块地，因为能否从事有机农业生产这样的因素，价格有可能相差十倍甚至百倍。而土地经纪人提交的信息是否属实，"土流网"员工除距离较近的可以实地查看外，大部分只能靠电话核实。有一些土地经纪人借机钻空子，夸大一些地块的价值。有人上当后便投诉"土流网"。随着交易量越来越高，投诉的也越来越多。

　　这不是唯一让伍勇头疼的问题。他抢注域名赚来的几十万元眼看就要花光了，公司只能靠给农业公司做营销推广过活。这样下去难以为继，伍勇必须想一个新办法。

　　2012 年，"土流网"开始向土地需求方按成交金额的一定比例收取服务费。同时，为了降低投诉、控制土地经纪人欺诈带来的风险，"土流网"找来在当地有公信力又有做土地流转经验的人来注册土地流转服务中心。

服务中心以加盟的方式与"土流网"合作，"土流网"收取 30000 元左右的加盟费。服务中心主要是帮助"土流网"管理和约束土地经纪人，审核土地经纪人提交的土地信息，陪同客户看地。服务中心和土地经纪人都能从每笔交易中获得抽成。这一模式如此运行：

首先，土地经纪人负责找地，把信息录入系统。"土流网"总部进行电话核实，包括土地面积、方位、种植作物等多个参数。服务中心负责实地审核，包括拍照和查看经营权证、林权证、合同等，也会去村委会确认农民身份，审核通过后录入的信息会发布出来。

其次，作为信息服务平台，"土流网"引来土地需求方客户，服务中心陪同客户看地。客户有意向后，"土流网"要评估土地价值。评估主要参考三个标准：第一，土地测评的标准化数据，如土壤成分、酸碱度、坡度、干湿度、日照降雨情况等；第二，当地整体人文环境，如水利设施、交通便利程度、以前作物产量与收入及政策支持程度等；第三，以往交易数据。"土流网"累积了 7 年的交易价格数据，实时更新每个区县水旱地的成交均价。最终按权重给出综合估价，客户与农民再协商定价。

最后，未进行土地确权的地区去村委会盖章，已确权的地区去农林局盖章，然后签署流转合同。

新模式推行一年后，"土流网"实现盈利。此时，土流政策也愈发明朗起来。2013 年中央一号文件《关于加快发展现代农业进一步增强农村发展活力的若干意见》，指出："用 5 年时间基本完成农村土地承包经营权确权登记颁证工作。"

确权是土地流转的关键一步，只有产权明晰的土地才能进行经营权转让。

"以前找农业部的人，他们总是敷衍，现在他们主动找你分享经验，主动了解你的业务。""土流网"政企合作负责人李晓妹说道。五六年前，她在"土流网"的竞争对手那里工作，对政策的变化深有体会。

2014 年 12 月，"土流网"获盛大资本的 5000 万元 A 轮融资，伍勇开始"大把花钱"，用于扩大规模与市场。"但他们（投资方）还嫌我花得慢了。"伍勇笑着说。

"土流网"高级副总裁陶慧龙解释说这个问题跟公司的发展风格有关："我们都是从农村出来的，比较务实，但另一方面是很抠门。2009 年到

2013 年，我们只想着求生存；2011 年我们从生活成本稍高的成都搬到长沙也是为了活得更久些。直到资本介入后我们才开始谋求发展。"

土地流转政策的持续松动，也让资本对这一领域的创业公司投入更多关注。2015 年，"土流网"完成来自复星集团旗下的复娱文化、经纬中国的 1.5 亿元 B 轮融资。

目前"土流网"有线下土地流转服务中心 195 家，土地经纪人 10000 至 12000 人，已挂牌土地 3.5 亿亩，已交易 1 亿亩。林地与耕地各占比 30%～40%左右，坑塘水面占比 10%～20%左右，有少量工业与商业用地。

在资本和政策的双重推动下，新的路子日趋清晰。2014 年为了盘活土地经营权，中央发文允许使用承包土地的经营权向金融机构抵押融资。"土流网"借势加深与银行的合作，从早前帮银行处置土地抵押形成的坏账，到后来发挥多年积累的线上大数据（如某一地区每月土地成交均价以及土壤酸碱度、有无水电附属设施等影响土地使用的数据）优势，开始帮银行选项目、评估土地价值。银行觉得"土流网"选的项目风险小，专业能力不错，在 2015 年经营权抵押贷款细则落地后，便加深了与土流网的合作。

"其实做企业你只有给予更多的服务，自己给自己创造机会，才能让合作伙伴看到我们的能力。""土流网"金融负责人匡婧说。

土地经营权抵押贷款早有先例，但都不甚成功。现在"土流网"拉来了政府、银行、保险公司、担保公司，大家一块做。"土流网"先和政府谈好，拿到信用背书与抵押物后登记变更，银行放款，土流网估价，一旦出现违约，保险公司先赔付银行的钱，"土流网"把土地快速变现，实现赔付。

整个过程中，政企合作尤为关键。政府掌握着确权的权利，权属不清晰，就没法跟银行谈贷款问题。就像人们跟银行贷款买房，得先去房产局登记一样。"只有和政府合作好了，才好与银行和保险公司谈合作。"李晓妹说。

为了获取更多机会，"土流网"主动帮政府搭建了农村产权交易和经营权抵押贷款交易的管理系统。据"土流网"技术负责人曾科介绍，这个系统可以记录土地供应、土地需求、土地合同等信息，还能在线上解决土地纠纷、办理土地经营权抵押贷款证书，甚至包括技能服务。

"现在正好有个契机,就是 2016 年一号文件要求各地到 2018 年底完成土地确权工作。基层政府希望加快土地流转,加快土地价值变现,希望我们能给他带来源源不断的客户,帮他流转出去。未来这个系统会把几百个县市都接进来。"曾科说。

目前,"土流网"已经和 6 个县签署了合作协议,正在谈合作的有近 20 个地区。

目前,土流网提供的土地金融服务在湖南汉寿已经得到了初步验证。2015 年至今,累计放款 6000 多万元,每笔高至 300 万元,低至 10 多万元,共几十户,户均 100 万元左右,年化利率 9% 左右。匡婧称,等把一两个地区做透,这个模式会逐步在全国 200 个试点地区铺开。

(3) 经营大户来了

在离小岗村几公里外的凤阳黄湾乡梨园村,一块 50 亩大小的土地上排列着几十个蔬菜大棚,大棚里有七八垄一两米高的芸豆,深浅不一的青色藤蔓上缀着一分米长的芸豆。

这些大棚的主人叫王从成,五十多岁,曾是江苏某国有农场的职工,种了一辈子田地。20 世纪 90 年代初他就有 100 亩的承包地,而后不断扩大规模,四年前停薪留职开始跳出来做大规模流转。

因为江苏的土地流转较早,剩下的很少,于是王从成决定去流转较晚的安徽找地。2015 年底,王从成在"土流网"上联系到了当地的"土流网"经纪人罗宗礼。在他的带领下,看了好几片地,最终以 720 元/亩的价格,选了现在这块土地,大小有 2000 亩。

经验老到的王从成采用了国有农场"先订后销"的定制化生产和运营模式。例如,先跟杭州销售商谈好,再预留出几百亩土地种植紫薯和花生,麦子则是卖给安徽较大的种子公司,甘薯销售给附近的粉丝加工铺,无公害水稻销往江苏。

梨园村蹲点书记陈详峰很看好这种模式,他想先让王从成把蔬菜大棚搞起来,建立起自己的销售合作商。老百姓看到王从成赚钱了也愿意搞大棚,于是村里盖大棚,村民带土地来种,和王从成的产品捆绑销售。

"他种西红柿你也跟着种,他拉出去卖了,你也搭个顺风车一起卖了,人多了就成立个合作社,把我们村打造成凤阳的蔬菜基地。"陈书记说,"土地流转是这几年势在必行的东西,要发展致富就必须搞这种模式。"

　　王从成不仅在凤阳租了地，在邻县的全椒县他还有一个 1000 亩左右的农场。目前，他投入 200 万元添置了插秧机、旋耕机、收割机等 20 多台农业机械。2016 年又新建了一个 800 平方米、4 米多高的仓库，准备储备粮食，等来年有了资金再添置烘干设备。他信心满满地打算在凤阳再大干一场。

　　王从成也没躲过 2016 年旱涝灾害带来的损失。那年，接连几场雨浇坏了他家的南瓜，玉米、红薯又因为需水期一滴雨没下旱死了。他皱着眉头说："2016 年的纯利少了一半，只有 50 万元左右。"凤阳一带规模较大的农场都垮掉了。

　　"但我还能赚。"讲到这里，他又有些得意，"我们农场出身的，不说事前铺好销路，即使管理经验也比他们先进十年二十年。"这样的经验包括怎么给水稻烘干、烘干到什么程度、怎么做病虫害预防等。

　　他庆幸 2016 年盖起了大棚，能靠蔬菜弥补谷物的损失。王从成算了一笔账：大棚一年可以种四季，10 月底种的芸豆现在已经上市了，估计有 2000 斤左右，3.5 元/斤卖给销售商，除去种植成本 2000 多元，一亩地也能赚 4000 多元。然后再换下一茬，种小白菜之类适应市场的蔬菜。

　　专业种植的经验帮王从成降低了天气带来的影响。土流经纪人罗宗礼说："他家种得好，不像其他家都跑了，土地全扔了。"

　　作为撮合交易的中间人，土流经纪人还要协调不同利益方之间的矛盾。罗宗礼说，有些本地种粮户觉得外地企业或大户进入后，原本同村人免费给自己种的地现在流转给了别人，自己的利益受到了损害，便暗中捣鬼阻挠外地大户入驻。遇到这种情况，罗宗礼一般会利用人脉关系，买包烟拿瓶酒去说点好话，有时也建议外地大户雇佣本地人打农药什么的。"大家有了共同的利益，一切都好办。"皮肤黝黑的罗宗礼，说话的时候大哥范儿十足。

　　出现大户跑了的情况怎么办呢？"一方面，我们不建议农户做太大规模的流转，一般不会超过 400 亩，再大的话就超出了承受范围。因为农户毕竟不是企业，个人玩不转。一方面，我们会选择有责任心的企业，企业到我们小岗来，不是说招几个村民种地就满足了，其实这样对村民的收益并不大，我们希望有利益联结机制，比如 GLG 开发的低卡零糖产品，需要原材料甜叶菊，我们村里就支持村民大规模种植甜叶菊，发展食品工业项目，目前已推出了零卡系列茶饮料，投入了市场。"小岗村村委会的一位工作人员为我们调研一行人介绍说。

2016 年 4 月，小岗村开始实行农业全程社会化服务的"331"模式，即政府提供技术、资金和烘干仓储三项服务，建立一支专业的农业经纪人队伍，帮助农民规避自然、经营责任和市场三项风险。

"前几年，天津宝迪 10 万头原种猪养殖基地落户小岗。为了延伸农业产业化链条，发展农产品深加工业，我们会帮企业申请一些项目，搭建一个平台。比如猪的粪便处理之后用到田里，就是很好的肥料，这样既不会污染环境，又构建了原种猪养殖、育肥、屠宰、肉食品加工和销售等过程中的一个产业链条。"

"现在走进省级农业标准化示范区小岗村宝迪种猪科技有限公司，不见污水、粪便，也没有刺鼻的臭味。污水进入处理站，处理后可循环利用，粪便高温发酵后可做有机肥料。"小岗村村委会的工作人员为我们介绍说。

"我们还推动了宝迪和农垦的合作，由宝迪免费提供沼液，将农垦的 4300 亩地块打造成有机农田。"

小岗大力推广应用节水、节肥、节约的绿色增产技术，修建灌渠，补基础设施的短板，加快农业结构调整。沿着高效农业的路子走下去，农业就能成为有奔头的产业。

（4）土流的本质是解放劳动力

从王从成家出发，往西开车十几分钟，便是大溪河镇的指王村。最近这里的 57 户人家流转了 708 亩土地，600 元/亩，户均 10 亩，农民王润发家便是其中之一。

77 岁的王润发慈目浓眉，戴着个黑帽子，两手插在口袋里。他有四个儿子，全家二十多口人，早些年分到 26 亩土地，现在全都流转出去了。

"儿子们都在外打工，我们老两口没气力干活，原来将土地交给村里其他 3 户人家种，去年每户各给了我 3 袋稻子，而在这之前都是免费。"

现在，靠土地流转，王润发每年有 1 万多元的租金收入。除此之外，他还能靠给大户家做田间管理，每月再另外挣 1800 元。

"原来每年给儿子打电话要钱，现在好了，儿子孙子来家，我们给他们钱。以前没钱总吃咸菜，现在都不吃了，骑着电动车去超市买饼吃；也不养猪养鸡了，又脏又累。"谈起土地流转的变化，王润发抿着嘴笑了。

土地流转为留守老人赚得了养老钱，也让他们开始享受晚年生活。罗宗礼说，有的老太太晚上没事了，拿一个小音箱，三五成群地在广场上跳舞。人只有在物质上满足了才晓得享受。

原本是因为农民外出打工，土地无人耕种，所以小岗村试行了土地流转。现在，外出打工的人又陆续回来了。严金昌介绍说，小岗村现在共有23个生产队，1060多户，4100多人。原来大概有10%的人在外打工，现在大部分人都回来了，因为小岗村也有许多工作机会。

严金昌的两个孙子大学毕业后都回来了，一个在创新发展公司做管理，一个在小岗干部学院上班，"虽然工资两千多元也不高，但吃住都在家里头，老人孩子都能照顾到。"

除了像大包干纪念馆、沈浩纪念馆、小岗学院、游客中心这样的公职单位需要人，农业企业以及经营大户也需要人员锄田、除草、追肥等。王从成雇的临时工一般一天能挣60元到70元。相比于月收入两千多元的公职人员，这样的日薪也不低，甚至比村里月薪一千多元的环保工人还要高。

"农村深化改革的目的，我认为是为了提高土地的利用价值，流转后的专业企业或大户科学种植，提高了土地的附加值。"土地流转除了使农民受益外，严金昌觉得还有这样一层意义。

2013年，农业部第一次在全国范围内大规模开展种粮大户和粮食生产合作社的摸底调查。调查显示，我国目前共有种粮大户68.2万户，粮食生产合作社5.59万个；种粮大户粮食平均亩产486公斤，高出全国平均水平133公斤，产量占全国粮食总产量的12.7%；粮食生产合作社平均亩产545公斤，高出全国平均水平192公斤，产量占全国粮食总产量的8.2%。由此可见，土地规模化生产成为农业发展十分关键的问题。

现在小岗村有12家企业及大户，有种菜的，有种蓝莓、樱桃、石榴、金银花等经济作物的，还有一家养猪的。最大的一家有4000多亩地，最小的有100亩左右。

为了解决农产品卖不出去的问题，小岗村划了5平方公里的土地作为农产品深加工工业园区，并提出"三年不收税，后两年减税"的优惠政策，吸引企业入驻。

地方敢放开手脚干，跟中央的新政策有关。以前农民很担心流转后会出现改革开放前的大集体情况，失去土地。曾经失地的苦，严金昌至今仍刻骨铭心。2016年10月，中共中央办公厅、国务院办公厅发布《关于完善农村土地所有权承包权经营权分置办法的意见》，指出始终坚持农村土地集体所有权的根本地位，严格保护农户承包权，加快放活土地经营权，逐步完善"三权"关系。

"今年 4 月习总书记来小岗村考察时说，土地'三权'会分开，所有权归集体，经营权流转后归企业或大户，但承包权还是农民的。这就给农民吃了定心丸。有地的农民不会失业，永远有饭吃。"严金昌说。在他身后挂着两米多高的大幅照片，是 2016 年 4 月 25 日习近平总书记视察小岗村时看望严金昌一家时拍的。

现在土地流转再一次让老人尝到了改革的甜头。在他家客厅的一旁整齐地码着小岗村的土特产，另一旁放着六张铺着白塑料膜的大饭桌；客厅后面是他四儿子的农家乐饭店。

他说："土地是国家的，不在乎谁来种，只有顺应时代变化的才是最好的。"①

4.3.4　结语

"小岗村真漂亮、真干净！"这是许多游客发自内心的赞叹。

"村里给每个人都买了保险，还给种地的农户买农业保险，发展的好处大家都能享受到。"小岗村民自豪地说。"村里每年固定投入资金，改善教学条件，为小岗村的未来添砖加瓦。"小岗学校校长邱建闯高兴地说。

发展的目的是改善民生。近年来，小岗村在医疗、教育、住房、公共设施建设等领域加大投入，不断提升村民的"获得感"。

教育强了，小岗村的未来才有希望。

"学校软硬件设施不断完善，建立了教师生活津贴补助、教育教学奖励制度，建设了 20 多套教师周转房，组织 18 名教师到合肥琥珀中学、蚌埠第三实验小学等外地学校开展教学教研活动。今年还与天津市河北区红心路小学结成共建对子，这使得小岗学校教学质量得到明显提升。"小岗学校校长邱建闯说。

"百年人计，教育为本。小岗村每年给小岗学校的教育经费为 50 多万元。这几年，小岗学校每年初中升学率在全县东片都是比较高的，小岗还培养出了硕士生、博士生。"小岗村党委委员、村委会副主任赵玲说。

---

① 李志刚. 重返小岗村，土地流转四十年. 新经济 100 人，2016－12－15.

"获得感"还来自身边一草一木、一砖一瓦。

小岗村人仍然时常深情地回忆起1980年万里同志视察小岗时的情形。"我出国时看到外国人住漂亮的小楼,开着小汽车,我相信你们也能这样。"当年,万里同志对小岗村民的殷切期望正在变成现实。

如今,小岗村街道平整洁净,统一规划建设的房屋前鲜花怒放,不时可见停放的私家车。高大的香樟散发着清香,树下三五成群的老人带着孩子嬉戏,不时传来阵阵笑声……

从"三步走"振兴小岗战略到建设"四型"村庄;从建设"美好乡村示范村",到"两年大变样";从"一个中心、三大组团、三条轴线"的空间布局规划,到"三年大提升",乡村振兴再起步;从衰败破旧、垃圾遍地,到乡风文明、村容整洁,小岗村一步一个脚印。

李锦柱介绍,去年以来东环路等一批大项目和影响群众生产生活"最后一公里"的小项目建设齐头并进;规划建设村民新居1002套,近八成村民住进了新区,完成了通水泥路、自来水、天然气、宽带网络和村庄亮化、绿化、美化等工程。石马新区剩余235套新居将于年底前建成使用,届时所有村民将住进新区。

小岗村的改革已经深入乡村的深层肌理,并且还在不断探索新的治理机制。

长期以来,在村级事务管理过程中,虽然村"两委"为村民做了很多事,可村民要么知晓率不高,要么参与积极性不高,甚至还产生许多埋怨,村干部往往出力不讨好。如何发挥村民参与村里发展建设的积极性和主体作用,提高基层民主和村民自治能力,小岗村对此进行了探索。村"两委"在友谊大道两侧改建和居民新区建设中,引导、组建村民理事会参与村级事务的决策与管理。

"村民理事会成员全部由村民自己推选,村民信任,村里事办起来就更顺畅。""大包干"带头人严金昌被推举为村民理事会成员后,在友谊大道两侧改建中发挥了作用。无论是道路怎么修建、友谊大道两侧的绿化用什么树种,还是文明新风户怎么打分评比,全部由村民理事会表决说了算;工程结束后施工方要想结算工程款,也必须得到他们的签字确认。村"两委"主要负责总体统筹规划、规范、引导、服务和督促推进以及对文书、合同的把关,对施工、履约的监督。

涉及老百姓重大利益的问题，由群众自己说了算。今天，小岗村民按下的红手印，依然可以决定小岗村的未来。

小岗村已经与安徽财经大学合作，引进了"社区党建、社区协商、社会营造"的"三社"融合的社会治理新模式；还将与安徽大学合作，进行村民自治试点及经验总结，筹划分片区成立村民理事会、石马三期建房理事会，让村民的主体作用得到更大发挥。

小岗村为了提升村民文明素质和文化软实力，组建了腰鼓队、锣鼓队、旱船队等，还连续十年举办小岗村迎春联欢晚会。每逢重要节日，村里都举办文化活动，评选"小岗好人""好媳妇、好婆婆""文明卫生户""致富带头人""美德少年"等，还举办"走进新时代，共话新发展"迎新春联谊会。村民在文化的熏陶中，团结意识和凝聚力明显增强，对村里的各项工作支持、配合的人越来越多。"现在小岗村谋发展、谈项目、想创业的人越来越多，发展的氛围越来越好。"

小岗村成立环境执法队，充实 5 名专职工作人员负责小岗村环境卫生；建立农村矛盾义务调解机制，设立小岗村综治维稳中心，开展"法治宣传和矛盾纠纷排查化解"专题活动，助力"平安小岗"建设。村里聘请 5 位老党员、乡贤担任义务调解员，2017 年以来调解各类矛盾 30 余起。小岗村党委共有 9 个支部，100 多名党员，人多、面广，企业、学校和在外务工的党员学历较高。因此，村党委在常规的党员学习之外，经常组织大家向外地来交流的党组织学习，并建立党员微信群，及时沟通信息、交流心得体会、学习工作方法。"小岗村建设、发展任务重，与外地交流多，因此，党组织的凝聚力、战斗力是在攻坚克难中得到提升的，是在学习奋斗中不断增强的。"李锦柱说。

改革没有完成时，只有进行时。

"跟很多有名的村镇比起来，小岗还需要进一步壮大集体经济""小岗对外交流不够，要进一步开阔眼界""农民增收的步子还要再快一些"……以"红手印"启动的改革进程，从一开始就源自人民对发展的渴望。在新的改革征程中，小岗人将不忘初心，继续奋力领跑，破藩篱、闯新路，描绘乡村振兴的美好画卷。①

---

① 40 年改革领跑路：小岗村从"分田到户"到"乡村振兴". 中安在线，2018－05－21.

【案例正文附件】

附录：小岗村今昔

当年"大包干"带头人立
"生死状"的院落

今日小岗村居民院落

"土流网"在小岗村挂牌

安徽省首批《农村土地承包
经营权证》在小岗村颁发

"淘宝网"上畅销的小岗村特产

作者在小岗村调研

【案例使用说明】

一、教学的目的与作用

(1) 本案例适用于"土地经济学"、"土地合同管理"等课程。

(2) 本案例的教学目的在于通过对小岗村土地流转的历史进行回顾与分析，重点介绍和分析小岗村从 2001 年开始进行土地流转所取得的成果和遇到的问题，以引导学生结合相关的理论知识对目前乡村土地流转模式进行思考。案例中引用了一些专家学者及小岗村的相关负责人的观点来体现他们在土地流转的各个环节中的思考。同时，对小岗村探索发展方法的一些介绍可以使学生更容易地通过理论结合实际来学习和掌握相关的书本知识。

二、案例分析思路

本案例标题"小岗村'互联网＋'土地流转"是意指小岗村目前的土地流转主要模式，突出了本案例的研究重点。

本案例主要以时间轴为序，介绍了小岗村土地流转的传统模式以及从无到有逐步发展起来的"互联网＋"土地流转模式，后者在新时代里为小岗带来了新的活力。传统的模式有：当地农户参与、项目运营商参与、成立当地合作社。在土地流转传统模式遇到瓶颈时，小岗村积极参与到互联网的大潮中，积极发挥电商的作用，促进土地流转项目的推广与合作，实现了流转土地认购协议的网上签订和费用的网上支付。这极大地激发了土地流转的活力，将线下的土地流转转变成了"O2O"模式，让本属于少数人参与的"土地流转大宗交易"变成人人可以参与的新型消费方式。

三、启发性思考题

(1) 为什么土地承包后就能提高效率？从制度经济学视角怎么解释？

(2) 为什么产权清晰能减少交易费用呢？

(3) 小岗村村委会在土地流转合同管理中起到的作用有哪些？

(4) 小岗村村委会在土地流转中有什么作用？应做哪些工作？

(5) 小岗村村委会在土地流转中是否存在越权代理的行为？签订土地流转合同中，哪些属于无效合同？

四、理论依据与分析（思考题参考答案）

(1) 为什么土地承包后就能提高效率？从制度经济学视角怎么解释？

农村承包责任制改革，是以家庭为生产单位，把农村土地等生产要素的占用权、使用权及收益权划分给农民，让农民在生产要素上的投入（劳动）与收益相对称，刺激农民的生产积极性，获得更高的收益。这实质上是一种产权制度的重新安排，也是作为农村生产要素的产权变明晰过程。

科斯第三定理表明，在交易费用大于零的情况下，产权安排的不同会对资源配置效率产生影响，即产权的清晰界定将有助于降低人们在交易过程中的成本，改进经济效率。由于市场的交易是纷繁复杂的，存在很大的不确定性，一个人的利益容易受到他人的侵害，这就会增大交易的成本，损害交易中一方或双方的利益，甚至是社会整体的利益，由此妨碍交易的进行。

（2）为什么产权清晰能减少交易费用呢？

首先，产权界定不清会使不同产权主体之间的交易因为其边界不清而纠缠，甚至交易费用高得使交易无法进行。其次，通过划分产权，明确不同产权主体的权利、责任边界，使权利与责任相对称，能够建立起有效激励与约束机制，减少交易成本。界定了产权的边界与主体，主体就会有努力的动力，就会稳定地获得与努力程度相一致或相对称的预期收益。这样，产权主体才会为产权权能行为承担责任，并且努力提高财产利用效率。再次，当外部性出现时，通过重新界定产权，适时地排解产权纠纷，也有助于降低交易费用。

（3）小岗村村委会在土地流转合同管理中起到的作用有哪些？

认真做好土地流转的核查，在普遍检查的基础上针对无序流转和口头协议等问题做好合同管理的办法。对转让土地的，除了让转让双方签订合同，必须经村委会同意，明确流转时限和用途。

（4）小岗村村委会在土地流转中有什么作用？应做哪些工作？

一是确保"农地农用"。村委会是农村承包土地流转跟踪监管工作中的第一道"把关人"，须确保流转双方不得以任何名义改变流转土地的农业用途，要求流转主体双方签订土地保护责任书，将流转土地的位置、数量和保护责任与义务落到实处。

二是指导流转程序。很多农民对土地流转的具体程序并不是很清楚，这就要求村委会在农民进行土地流转时，对其流转方式、流转效益做出指导，切实保障农民的利益不受损害，然后引导和监督流转双方按照正规合法的程序来进行土地流转。

三是协调流转纠纷。在土地流转中，土地纠纷难以避免，这时村委会需要出面做出协调，判断是经济纠纷、民事纠纷还是其他纠纷，然后根据不同情况进行处理。

四是规范流转合同。目前土地流转的不规范主要表现在：口头协议多，缺少书面的材料，受农村传统习俗的影响，认为邻里乡亲没有必要签订流转合同，一旦发生纠纷后没有处理依据；不经发包方同意，私自流转，致使流转行为不受法律保护；流转合同不统一，个别地方条款烦琐，操作性不强；等等。这些都为土地流转带来阻碍及后续纠纷问题，村委会应规范土地流转合同，并建立土地流转台账，及时掌握了解流转情况，进行归档。

（5）过去，小岗村村委会在土地流转中是否存在越权代理的行为？签署土地流转合同中，哪些属于无效合同？

过去小岗村村委会在土地流转中存在越权代理的行为。村委会违背农民意愿，未经农户同意，私下与企业签订土地包租合同，然后强行流转农户的土地承包经营权。土地流转合同中，以下属于无效合同：

一是违背承包方意愿的强制签订合同，无效。需要确保承租意愿是真实的，比如未与承包方沟通擅自越权代签订的合同无效（走法院也会认定为无效合同）

二是依法应经发包方同意而未经同意的。需要确保出租意愿是真实意愿，未经发包方同意的合同同样无效。

三是不属于同一集体经济组织的承包人之间互换土地承包经营权的。如果是土地互换或置换，那么需要确保置换双方在同一集体内，因为互换只能限定在同一集体内才符合法律规定。

四是越权发包土地的。例如农民个人承包的土地由村集体越权发包的，合同无效。

五是未按规定承包年限发包土地的。例如签订的合同年限超过土地承包期限的。目前土地承包期限是耕地 30 年、草地 30～50 年、林地 30～70 年，特殊林木的林地承包期经国务院林业行政主管部门批准可以延长。签订承包合同期限，均以第二轮（1998 年）开始计算，耕地 30 年，草地不超过 50 年，林地不超过 70 年。超过这个时间期限的合同无效。

4.4　新时代管理案例 2
——江淮汽车的前世今生及发展战略分析

【案例正文】

摘要： 本案例描述了江淮汽车公司（以下简称为"江淮汽车"）自建厂以来经历的两次重大转型。第一次战略转型是在汽车厂成立初期，江淮汽车决定重点发展技术成熟的客车、货车底盘，实施单一业务的集中化战略。2002 年后，公司迅速将生产的战略目标调整为集中在商用车领域，同时对商用车领域的经营采用多元化策略，在这一战略目标指导下，公司进入商用车市场；2003 年，开创了全国卡车"轿车式"营销、服务的先河。第二次战略转型是在 2007 年之后，江淮汽车又将战略目标从单一制造"商用车"的汽车公司转型为"商用车＋乘用车"的综合型汽车公司，实行全面的多元化战略和国际化战略。本案例通过分析江淮汽车的发展战略，目的是让人们了解以下内容：江淮汽车的优势与劣势、机会与挑战在哪；江淮汽车战略组合矩阵究竟如何；江淮汽车八项业务在波士顿矩阵图中的处在哪个位置；运用通用矩阵与波士顿矩阵对江淮汽车发展战略进行分析，结论是否一致。SWOT、波士顿矩阵和通用矩阵分析是企业市场战略分析广泛采用的分析工具，对各行业企业战略选择和定位都具有指导意义。本案例主要适用于项目决策分析、企业战略管理等课程，也可配合相关教学内容和中国汽车发展现状进行分析。

关键词： 江淮汽车；SWOT；波士顿矩阵；通用矩阵。

引言：

为什么孙悟空不怕太上老君的炼丹炉，却被红孩儿烧得三魄出舍？吴承恩在《西游记》中这样写道："此火不是燧人钻木，又不是老子炼丹，非天火，非野火，乃是妖魔修炼成真三昧火！"

"三昧真火"不仅在古典神话故事中杀伤力惊人，就在现今的中国汽车市场依然威力不减。放眼当前中国汽车市场，尽管大环境的"微增长"、"价格战"情况持续不断，但自主品牌却凭借"时尚"、"品质"、"超值"

的三昧真火，彻底点燃了国人积压已久的消费热情。

中国早在 2009 年便超了越美国，成为世界第一汽车产销大国。但目前也只能说中国是全球汽车产销量第一的国家，中国还没有成为全球汽车强国，中国汽车工业在技术开发水平、品牌影响力等方面与世界汽车强国还有一定的差距。

中国汽车工业协会发布的数据显示，截至 2016 年 1 月至 10 月，汽车产销量分别完成 2201.6 万辆和 2201.7 万辆，高于上一年同期 13.8 个和 12.3 个百分点。受 1.6L 汽车购置税减半政策影响，中国汽车工业协会预计，2017 年中国汽车批发销量为 2856 万辆（政策退出）至 2968 万辆（政策延续），其中出口为 76 万辆，进口 100 万辆。2017 年中国汽车市场需求约为 2880 万辆至 2992 万辆。

江淮汽车作为中国最大的自主汽车品牌之一，在本土占据着很大的市场份额。如今，日渐理性的消费者、更加精细化的市场区隔，都对汽车行业的生产提出更高、更精准的要求，汽车企业需要更敏锐地捕捉潜在用户市场和把握需求的趋势，进而进行前瞻性布局。

4.4.1 商海沉浮，"自主"江淮傲立江湖

有"江淮汽车教父"之称原江淮汽车董事长左延安自 1990 年便担江淮汽车掌舵人，正是在他的带领下，江淮汽车从一个濒临倒闭的小厂变成一家依靠自主发展的稳健汽车集团。

20 多年前，江淮汽车起步时，由于找不到合资伙伴，性格倔强的左延安决定先做汽车底盘，之后，江淮汽车从做底盘过渡到生产轻卡，当轻卡做到细分市场的佼佼者后，再进入 MPV 和 SUV 市场，MPV 也做到了细分市场第一名。2004 年，江淮汽车开始布局轿车业务，2007 年小心谨慎地杀入轿车市场。江淮汽车以稳健风格实现了一次次转型。

"不要老是在跑步的时候左右看，这样你能跑得快吗？我们就盯准自己的目标，不放松，用余光看对手，不要被人家的套路打乱思路。"左延安说。过去几十年的商战，大家看到了不同企业家有不同的打法，如有的赤手空拳，有的白手起家，有的傍个大款，有的剑走偏锋，结果自然大相径庭。20 世纪 80 年代，像江淮汽车这样的国有汽车企业就有七八家，30 年后，其他汽车企业几乎烟消云散，唯有江淮汽车，傲立江湖。

(1) 创业之初（1958—1970）——怀揣梦想，把握机遇，江淮汽车应运而生

1958 年，为了修建巢湖大闸，安徽省成立了专门负责维修保养修闸机械的巢湖闸机械修理厂；巢湖闸顺利修建后，时任修理厂厂长的王庆源提出将修理厂升级为汽车配件厂。经过精心的准备与筹划后，王庆源一行人怀揣梦想从巢湖来到了合肥，来到了这片让他们扎根、奋斗的地方。

1962 年中国汽车工业公司在武汉举办了汽车产品订货会，巢湖闸机械修理厂也打算到订货会上去凑凑热闹。但当时修理厂的状况是没有生产汽车零配件的工程机械，没有专业的工程师，甚至连正规的厂名都没有，只有几个懂得机械维修的技术工人。急迫之下，修理厂两位技术员临时商议出了"巢湖汽车配件厂"的公司名称，随意刻了个"萝卜章"便赶赴了订单会的现场。出乎所有人预料的是，这次巢湖机械修理厂的无心之举竟然拿到了包括离合器、制动系统在内多达几十个小产品生产的订货合同，这让这家小厂在惊喜的同时又有些忐忑不安。

为了让公司有个正式身份，王庆源一行人不辞劳苦，到处奔波，几经周折，终于在 1964 年，巢湖汽车配件厂获批正式挂牌成立，它便是江淮汽车的前身。

机会总是留给有准备的人。同年，巢湖汽车配件厂抓住了中国汽车工业公司给予的机遇，并在其协助下，让南汽公司把 1 吨越野车整车制造及发动机项目无偿转让给巢湖汽车配件厂。

有了项目，还要有资金！一家有难，多家支援。当时巢湖市政府亲自出面卖掉了几家原本隶属于公安系统的中小企业，并自筹资金开始了新厂房的建设。此外，他们还向全国范围内的相关企业"求援"，消息发出后竟出人意料地得到了全国众多机械制造企业的支持，许多企业甚至愿意自掏腰包，免费将设备提供给巢湖汽车配件厂使用。

吃着"百家饭"，巢湖汽车配件厂不断壮大工程师队伍。生产汽车的技术人员可以说是来自天南海北，其中有南汽公司派出的一个工程师专家组，还有另一汽公司派出汽车工程师队伍，甚至还从 20 万名劳改犯中挑选了 1200 名有相关生产经验且案情并不严重的犯人加入生产队伍。就是这样东拼西凑的技术人员竟然顺利完成了订货会上承诺客户的所有零部件生产。

生产汽车零部件并不是巢湖人的终极目标。

1968 年，筹办中的江淮汽车制造厂，其中有一名不起眼的钣金工，有一次一声不吭地拿起榔头"乒乒""乓乓"地敲打着几张铁皮，敲打的结果是他用手工加工出来的驾驶室竟然和身旁日本汽车的驾驶室一模一样！这是江淮汽车的老职工津津乐道流传的小故事。随后，职工们凭着满腔热情与艰苦奋斗的精神，以"生产汽车向九大献礼"为动力，在 1969 年中共"九大"召开前完成第一批共 20 台"江淮"汽车的生产任务。配件厂从此更名为"江淮汽车制造厂"。

（2）转折之势（1970—1996）——精准定位，生产专用底盘，完成第一次战略转型

"文革"之后，江淮汽车便一直在省机械局领导下生产汽车零配件及部分商用车，几乎不涉足乘用车领域，因此，江淮汽车在很长一段时间内均属于"只干活、不出名"的阶段，只有在某些军队车辆及部分工程车辆身上才能找到"江淮"的字样。

20 世纪 80 年代末期，改革开放的春风已经吹进了各行各业，江淮汽车找准自我定位，进行第一次转型。将精力投入到客车和货车底盘领域，着重研究生产客车、货车底盘。这还得从江淮汽车原董事长出差的小故事说起。说起董事长左延安与江淮汽车的第一个梦，还得追溯到 20 世纪 80 年代末他的一次偶然出差。出差途中，左延安因为乘坐长途汽车很不舒服，便突然想到，中国一直是用卡车底盘改装客车，江淮汽车为什么不能造舒适、安全、经济的客车专用底盘呢？

1990 年，江淮汽车创造性地开发出了一款客车专用底盘，结束了我国长久以来不能自主生产客车底盘，只能由货车底盘进行改装的历史，这也让江淮汽车在客车底盘领域站稳了脚跟。同年 5 月，36 台轻卡及 24 台使用江淮汽车底盘生产的客车出口至玻利维亚。

此后的几年里，江淮汽车在客车底盘领域发展非常顺利，成为当时国内客车市场上当之无愧的领军企业，1995 年便登顶国内客车底盘销量冠军。1996 年江淮汽车接手合肥客车厂，开启了与韩国现代集团在客货车领域的首次合作。同年，面向中高端市场的江淮轻卡上市。此后江淮汽车又陆续推出了面向高档、中档、低档消费市场的多种轻卡车型，以满足不同用户的需求。江淮汽车完成了第一次战略转型。

（3）飞速发展（1996—2006）——摸爬滚打，走多元化特色发展道路

江淮汽车经过几十年在汽车行业的摸爬滚打，在 1997 年 5 月，发展成由多家相关公司整合而成的安徽江淮汽车集团有限公司。两年后重组，江淮汽车正式改制为安徽江淮汽车股份有限公司。

在改制后，江淮汽车用敏锐的眼光发现人们对乘用车的需求，于是决定开发生产一款多功能商务车，以此逐渐向乘用车方向转型。2000 年 11 月，江淮多功能商务车生产基地正式开工建设。

2001 年，江淮汽车股份有限公司上市，这为江淮汽车向乘用车领域进军增添了信心。江淮汽车又对国内汽车市场进行分析观察，决定开发一款兼具轿车的舒适性和轻型载客型客车的载客能力以及能够轻松穿梭复杂路面的 MPV 车型。

2002 年 3 月，第一台名为"江淮瑞风"的多功能 MPV 下线。大面包造型的 MPV 拉开了江淮汽车进入乘用车市场的序幕。

2003 年 10 月，江淮汽车与韩国现代汽车公司合资生产的第一台名为"格尔发"的重型卡车成功下线。"格尔发"的名字源于英文"GALLOP"，意为"飞奔"、"奔跑"，标志着江淮汽车正式拉开了生产重型卡车的序幕。

2004 年 10 月，江淮汽车推出了针对商务、旅游、客运等市场不同需求的瑞风Ⅱ系列及彩色之旅系列车型。

有过成功，也经历过挫折，江淮汽车就这样走到了国内汽车井喷式的发展时期。江淮汽车在商用车领域虽说有着自己的一席之地，但与国内许多自主汽车企业一样，也面临缺乏自主开发和设计能力，缺少核心竞争力的问题。在国内众多汽车厂商纷纷与乔治亚罗、宾尼法利纳等意大利设计公司合作的同时，江淮汽车却走了一条与众不同的道路，他们在意大利都灵投资 1100 万欧元筹建了"JAC－意大利设计中心"，而这家位于意大利都灵的公司也成为中国汽车企业在欧洲的首个设计中心。

对于自主品牌企业的长久发展来说，公司之间合作关系的散伙似乎不是件坏事儿。就在意大利设计中心如火如荼建立的同时，江淮汽车与韩国现代汽车公司的合作关系也走到了尽头。从 2007 年开始，江淮汽车与韩国现代汽车公司长达 10 余年的技术合作将告一段落，江淮汽车由此彻底走上自主研发的道路。当时这条消息在国内汽车市场引起了不小的震动，许多业内人士表示与韩国现代汽车公司的"分手"可能会导致江淮汽车在技术

上的缺失。

但是，左延安认为："像江淮汽车这样没有任何外资背景的自主品牌，一定要走一条渐进式的积累无形资产的过程。""江淮汽车没有吃过一口偏饭。每上一个新产品都是磕头买进来、烧香卖出去的，在市场里提篮叫卖。"左延安感慨地说。

宣布与韩国现代汽车公司分手后，江淮汽车又将目光投向了日本，2006年年底，江淮汽车在日本东京投资筹建的设计中心揭牌，这家设计中心在开始阶段将主要负责车型及竞争对手情报搜集、人才招募及合作管理的任务，项目总投资为3亿元人民币。很显然，脱离韩国现代技术背景的江淮汽车非常希望在自主研发、设计能力等方面有所突破，而投资日本建立设计中心则是江淮汽车离开韩国现代汽车公司后走出的第一步棋。

（4）超越发展（2007—2014）——推陈出新，走出国门，完成第二次战略转型

2007年的1月份，合肥的天气出奇的寒冷。左延安和江淮汽车的许多高层领导都度过了极不寻常的一天。在三年苦苦地等待后，2007年1月17日，员工们苦盼的轿车准生证终于握在了手中。这张准生证让江淮汽车成为中国最后一个进入轿车领域的汽车企业，左延安也被业内称为"最后一个造轿车的人"。2007年，与韩国现代汽车彻底分手后的江淮汽车通过国家发改委核准，开始全面向乘用车市场进军，正式走上了生产研发轿车的道路。

在某年春节期间，一则名为"为撑面子，男子将车改成奔驰"的消息让一直不怎么出名的江淮"宾悦"火爆了一把。消息所指的改装车就是江淮在2007年上市的首款轿车宾悦。

在相继推出瑞鹰、宾悦后，江淮汽车逐渐摸清了乘用车市场的门路，继SUV与中型车后，江淮汽车又将目光锁定在了国内小型车市场上。2008年，江淮汽车的"同悦"及"同悦RS"两厢和三厢紧凑级轿车在11月份迅速上市。

2009年10月，包括三厢轿车、MPV车型在内的江淮"和悦"系列车型上市。

与国内许多自主品牌不太一样，江淮汽车的品牌新车从发布到上市的时间往往很短，上市阶段动作非常迅速，仅用几年的时间就形成了由瑞

鹰、宾悦、同悦、和悦组成的乘用车产品线。

2011 年，面对竞争日益惨烈的国内乘用车市场，江淮汽车同大多数自主品牌汽车企业一样开始走向海外市场。同年 3 月，江淮汽车向巴西出口了第一批 200 台轿车，与此同时由巴西经销商 SHC 公司投资建设的 50 家江淮汽车经销网点也正式开业，江淮汽车的出口业务就这样走上了正轨。

在不断推出新产品、拓宽市场渠道的同时，江淮汽车也在不断规划、挑战自身的产品结构。2012 年广州车展开幕前夕，江淮汽车正式发布"瑞风＋和悦"双品牌运营战略，"瑞风"主打公商务及个性化市场，"和悦"主打家庭消费市场，并规定未来车型统一采用"品牌＋字母＋数字"的命名方式。

2012 年 2 月 8 日江淮汽车召开董事会，选举安进为江淮汽车的董事长兼总经理，至此，左延安告别江淮汽车，安进正式坐上江淮汽车的"第一把交椅"。

2013 年 3 月江淮汽车双品牌战略下的首款产品瑞风 S5 正式上市。同时，江淮汽车开启了自己在乘用车领域的"2.0 计划"。

就在江淮汽车不断推陈出新，开始谋划自己在乘用车领域未来的时候，2013 年的"3.15"事件使江淮汽车在此后的产品投放节奏方面显得更加稳健。江淮汽车通过积极面对事件和对处理事件的快速反应，很大程度上降低了事件对品牌的负面影响，江淮汽车不仅重新赢得了市场，而且赢得了一次自身"跃进"的机会。

2013 年 11 月，江淮旗下全新一代三厢轿车"和悦 A30"作为"2.0 时代"的重要产品正式上市。

（5）创新升级（2014—至今）——三个精准，撸起袖子干自主

智能、互联、安全、绿色已经成为未来汽车的发展趋势。"不管是乘用车还是商用车，智能化带来的安全性、舒适性、轻便性和愉悦性等都是必须要具备的。"安进说。

2015 年 7 月，江淮汽车披露新能源汽车业务发展战略（i.EV＋战略）。

江淮汽车现有 iEV5、iEV4 和 iEV6S 三款新能源车在出售。另外，江淮汽车武汉新能源车生产基地在建设之中，与大众汽车的合作也在筹备之中。

显然，对于绿色减排，江淮汽车的布局已经开始。安进说："绿色很

好听，绿色也很残酷！比如在汽车行业如何把百公里平均油耗控制在 5L，如何做到让从研发到制造整个流程都稳定达到节能环保的标准，这是很大的难题。同时，如何处理好环保与节能、动力性的矛盾，也是全行业的重大难题。所以在调结构的时候，要把节能减排作为创新的着力点。"

2016 年 4 月，江淮汽车与蔚来汽车签署战略合作框架协议，同月，发布乘用车全新 LOGO。2016 年是自主品牌厚积薄发的一年，江淮汽车董事长安进说："破局不是指有多大的规模，而是指品牌向上。什么时候让客户意识到中国自主品牌可与世界知名品牌相媲美了，那才是破局。规模可以通过很多途径实现，但品牌向上才是中国汽车业下一步要解决的最重要问题。"

那么，究竟如何叫撸起袖子干自主呢？

"三个精准"是江淮汽车供给侧改革的重要路径。江淮汽车把走出去、自主破局、开放合作这"三个精准"凝聚在品牌向上上，将在 2016 年 65 万辆汽车的基础上突破至 70 万辆。以品质塑品牌、以服务创品牌，对"品牌向上"的渴求，已渗入到江淮汽车每一个员工的骨子里，并落实在对消费者的行动体验上。

江淮汽车董事长安进说，从经营产品向经营品牌转变是江淮汽车 2017 战略规划重要的精气神。

无论是长城 H9 还是江淮 S60，安进认为都是自主品牌在寻求品牌向上道路上的破局之举。

安进认为，一个强势的汽车品牌，不仅要具备在本土抢占市场的能力，还要能在国际上、在海外找市场，并占有一席之地。坚持发展、开发国际市场，必然要经历一番痛苦的过程。国际市场的消费习惯与国内不同，往往更以车辆的质量和性能为准则，这激励着江淮汽车不断提升产品质量和服务水平。

汽车强国应该以什么为标志？安进认为主要有两个：一是车可以卖出贵的价格；二是至少有 20％的车能出口。

江淮汽车董事长安进认为："无论是合资还是合作，江淮都是存在的、发挥作用的，而不是靠着别人分钱。""在与国外合作中，江淮汽车不是简单代工，而是与对方共同设计制造，最终向市场提供有竞争力的产品。这是制造业与互联网相互融合的案例。双方发挥各自优势，是'互联网＋'最好的实践。"

（6）我国汽车销量分析

近十余年来，我国汽车市场发展迅速。2016 年，伴随着政策的利好，如购置税政策减半、部分城市的能源车不限购等，在一定程度上刺激了汽车消费，我国汽车市场的销量逐渐止跌趋稳。据中国汽车工业协会和中国产业信息网统计分析指出：2016 年上半年，全国共计实现汽车销量 1282.98 万辆，同比增长 8.14％。其中乘用车 1104.23 万辆，同比增长 9.23％；商用车 178.74 万辆，同比增长 1.87％。2009—2015 年，我国汽车销量持续上升，2009 年我国汽车的销量为 1364.68 万辆，发展到 2015 年的销量为 2459.76 万辆，增长率趋于稳定，其中乘用车销售随汽车销量的增长而增长，商用车市场每年的销量变化相差不大，具体销量情况如图 4－19 所示。

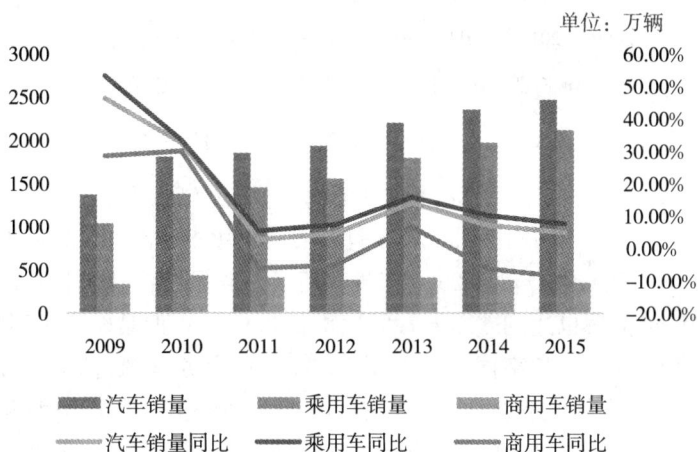

图 4－19　2009—2015 年我国汽车销量情况

（数据来源：中国汽车协会）

（7）江淮汽车销量分析

江淮汽车股份有限公司自 2001 年在上海证券交易所上市之后，发展更加迅速。根据中国汽车工业协会的统计，公司 2015 年市场占有率为 2.39％，比 2014 年上升 0.49 个百分点，2015 年公司销量排名全国第九，部分主导产品在细分市场处于领先地位。江淮公司 2009—2016 年的产销量情况如图 4－20 所示。从图中我们可以清晰地看出其产销量持续上升，仅在 2012 年和 2014 年有所下降，2009 年总产销量分别为 32.4 万和 31 万辆，至 2016 年底总产销量分别为 65.1 万和 64.3 万辆。由此可以看出江淮汽车正以稳健的步伐开拓前进。

单位：辆

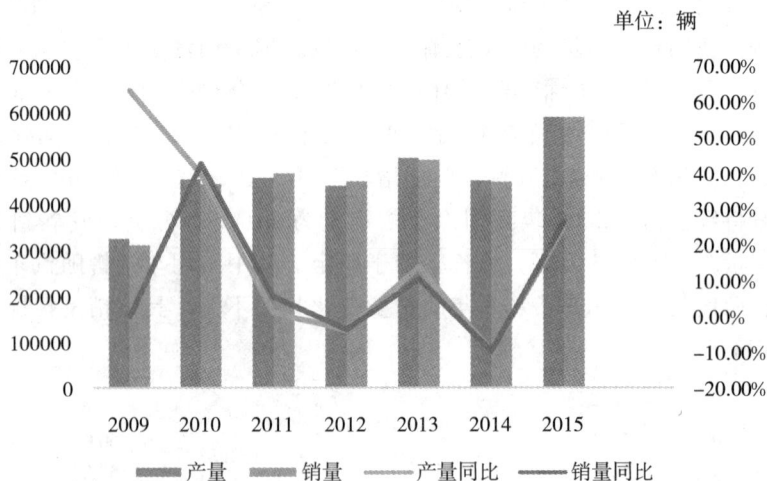

图 4-20　2009—2016 年江淮汽车销量情况

2016 年，江淮汽车销售各类汽车合计 64.3 万辆（含底盘），同比增长 9.40%。其中，乘用车销售 36.7 万辆，乘用车中 SUV 的贡献最大，年销量高达 27.6 万辆，SUV 从 2013 年推出后，一直维持高速增长；多功能乘用车 MPV 年销量也达到 6.5 万，同比增长 9.91%；但是轿车仍不尽人意，2.7 万的年销量使增长率同比下降了 20.72%；商务车销量 27.6 万辆，轻型货车的贡献最大，年销量 1.9 万辆，同比增长 16.40%；中型和重型货车分别以 29.15% 和 43.95% 增长，但总体的销量不大。2016 年公司新能源乘用车电池供应问题得到缓解，全新纯电动 SUVIEV6S 产品竞争力增强，借助新能源汽车技术的优势推出了纯电动物流车。自 2010 年底纯电动轿车投放市场以来，公司已成功开发并投放了 5 代产品，由于产品具有性能稳定、性价比高的优势，纯电动乘用车在 2015 年和 2016 年的销量分别为 1.1 万和 1.8 万辆，同比增长 74.59%，处于全国新能源汽车生产领先地位。首款纯电动 SUV—iev6S 于 2016 年上市，进一步增强了公司新能源乘用车的竞争优势。

2009—2016 年江淮汽车产销数据表明，按公司主要产品细分市场的划分标准，对运动型用途乘用车（SUV）、多功能乘用车（MPV）、基本型乘用车（轿车）、轻型货车、中型货车、重型货车、客车非完整车辆（专用底盘等核心零部件）、多功能商用车、客车、新能源车系列的销售情况进行分析，各产品细分市场竞争情况、各业务类型销量所占比例见图 4-21 所示。从图中可以直接看到江淮汽车各业务的销售增长情况，不言而喻 SUV 的增长最快，而轿车在经过前几年的增长之后持续下跌，其他如卡车、MPV、底盘的销量都很稳定，平缓发展。2009—2016 年江淮汽车各产品销量情况如图 4-22 所示。

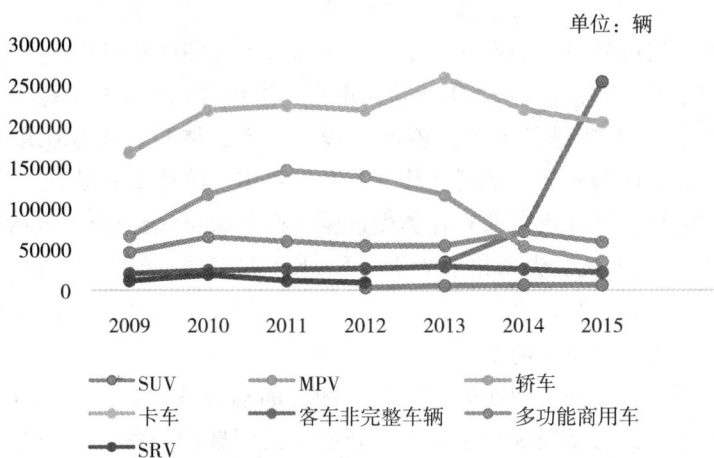

图 4-21　2009—2016 年江淮汽车各业务类型销量

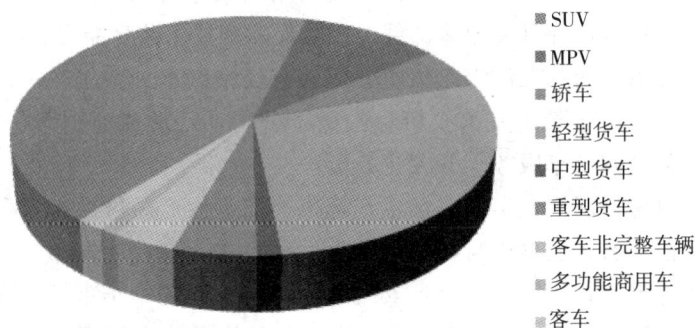

图 4-22　2009—2016 年江淮汽车各产品销量

4.4.2 江淮汽车的优势与劣势、机会与挑战

江淮汽车拥有一支近5000人的高水平研发团队，构筑了5个层次研发体系，拥有国家级企业技术中心，是国家"火炬计划"高新技术企业。目前江淮汽车共拥有授权专利8082件，其中发明授权575件，实用新型5011件，外观设计2496件。生产宝斯通独立悬架底盘、后横置底盘、后单胎校车底盘、前置前驱底盘和后置公交底盘等，在技术上满足了商务接待用车、公交、巴士、校车等汽车的要求，其中宝斯通独立悬架底盘是行业中切入高端市场最早的产品，主要针对高端公务和商务接待用车。

客户服务方面：从2013年开始江淮汽车逐步重视体验式营销，从用户选车、购车到4S店进行维护保养的过程，均突出体验。通过让用户直接感受的方式来进行互动，达到品牌的提升以及用户满意度的提高。

生产方面：江淮汽车拥有各类先进生产设备5200余台套，包括亚洲最大的6000吨压力机、尖端技术的德国KUKA和瑞典ABB焊接机器人、德国数控加工中心、自动喷涂机器人等国际一流设备，在硬件方面保证生产高品质产品来满足市场需求。

供应链建设方面：现在为江淮轿车配套的动力系统、仪表系统、发动机管理系统、助力系统等都是在安徽合肥开发园区的一批合资企业（如伟世通、江中、摩丁等）中生产的。江淮汽车建立了世界领先、国内优良的工艺标准，充分保证产品性能等各项指标，从战略层面到业务流程管理层面，与关键总成件、核心零部件供应商均结成伙伴关系，强化零部件一体化供应能力培育，提升关键零部件的配套保障和技术共享能力。

财务资源方面：江淮汽车集团公司拥有江淮汽车、安凯客车两家上市公司和江淮专用车等十几家全资、控股子公司，已形成商用车、乘用车、客车、零部件和汽车服务等五大业务板块。

产品口碑：江淮汽车以底盘生产起家，底盘生产为国内行业第一；轻卡生产为前三名，性价比高；中重卡为后起之秀，高性能发动机合资项目即将完成并投产；将客车整合到安凯公司，主打高端豪华市场；瑞风商务车市场销量第一，素有MPV制造专家之称。江淮汽车每项产品定位极其精准，产品针对性强，并逐渐发展壮大，在自主品牌中占有较为重要的一席地位。

人力资源方面：在江淮汽车现有的 1.7 万名员工当中，技术人才占比 23％，各类专家 400 余人。在人才开发方面，江淮汽车始终坚持"以我为主，兼收并蓄"的理念，形成了具有江淮汽车特色的人才开发模式。在人才培养方面，江淮汽车和很多"985"、"211"等重点大学建立合作关系，每年招聘 500～800 名应届大学毕业的本科生和研究生，进行自主培养，构建起企业的人才储备。在本土人才的培养上，江淮汽车坚持"以德为本，绩效优先"的用人原则，将员工培训当作日常工作的一部分，将职业成长当成员工理所当然的事情，同时提高员工福利，让员工主动成长。

区域设置方面：江淮汽车位于安徽省省会城市合肥市，《长江三角洲城市群发展规划》将合肥定位为Ⅰ型大城市，与合肥同为大城市的还有杭州和苏州。预测到 2030 年，合肥常住人口将达到 1000 万。这意味着在劳动力方面，无论是劳工还是技术员的人力资源均相当丰富。根据长江三角洲城市群发展规划，国家将构建以上海为核心，南京、杭州、合肥为副中心，以高速铁路、城际铁路、高速公路和长江黄金水道为主通道的多层次综合交通网络；将加快建设南京、杭州、合肥、宁波等全国性综合交通枢纽，着力打造集铁路、公路、民航、城市交通于一体的综合客运枢纽，大力推进综合货运枢纽和物流园区建设。因此江淮汽车的未来市场也具有相当可观的前景。

营销管理的机制变革方面：江淮汽车把全国的市场划分为三十个商务中心，每一个商务中都在当地协同经销商一起开发市场、研究竞争产品、服务好消费者。如此的机制变革激活了营销人员的创新精神，使其将任务导向变为顾客价值导向。

市场空间方面：根据江淮汽车公布的数据，2016 年 1～11 月江淮汽车各系列车型累计销售 585990 辆，同比增长 10.08％。其中轿车部分，11 月共计销售 3072 辆，实现了 26.84％的同比高增长。SUV 依旧是江淮汽车的销量主力，2017 年前 11 个月，江淮 SUV 共销售 247999 辆，同比增长 12.80％，凭借着时尚的造型，智能、安全的配置，得到消费者的认可与青睐，依然呈现着稳固的市场地位。今年 MPV 市场迎来了消费升级的新机遇，江淮汽车相继推出了二代瑞风 M5、瑞风 M3 宜家版、瑞风 M4 三款车型，MPV 的产品矩阵逐步完善。2016 年 1～11 月，江淮瑞风 MPV 累计销售 58708 辆，同比增长 8.61％。商用车、重型货车 11 月共销售 5378 辆，同比增长 144.12％。轻型货车和中型货车的表现依旧强势，2016 年 1

一11月分别销售179178辆和11569辆，同比增长分别为15.47%和30.52%。中国庞大的汽车消费市场给予了江淮汽车可观的成长空间。

江淮汽车集团在这几年里确实取得了很大的成效，但是在这个过程中，也经历了种种质量安全方面的问题。

产品质量方面：2013年江淮汽车"同悦"侧围面板生锈的质量问题，2015召回缺陷车事件，再到后来的"假国四"事件，伴随着生产的飞速发展，江淮汽车的产品质量问题也不断出现，在众多江淮汽车的车主投诉中，几乎每位车主都会提到"自购买之日起便问题不断"这一句话。

设计方面：虽然逐步形成了自己的风格，但是在它身上偶尔还是会看到其他品牌的影子，因此很难对年轻消费者产生较大吸引力。

乘用车、商用车销量方面：2016年上半年江淮汽车乘用车新车销量为187708辆，依靠新车效应和SUV产品，相比去年同期上涨17%，在中国汽车品牌中排名第六。其中SUV车型共售出141797辆，占到总销量的78.8%，轿车和MPV车型分别售出13794辆和32117辆。江淮汽车在轿车方面的颓势由来已久，2016年上半年轿车销量大幅下滑态势，可以说SUV车型增量但不增收。轻卡和MPV板块才是江淮汽车最盈利的板块。2016年是自主品牌汽车企业厚积薄发的一年。安进认为，近年来自主品牌汽车企业通过不懈努力，取得了一定成绩，但依旧不能算成功。

中国私家车市场方面：2015年，中国汽车保有量达到1.72亿辆，比2014年净增1781万辆，增长率10.3%，但是中国千人汽车保有量只有125辆，低于世界平均的165辆。如今，我国社会生产力迅速发展，经济建设又好又快，我国的各个等级的公路建设取得了很大的成绩，人们出行更加方便了，私家车市场逐步成熟，消费者的消费观念、消费方式和消费心理的变化及购买能力等为整个汽车市场提供了机会，对江淮汽车更是一个很好的机会。

政策和投资环境方面：国务院出台了投入60亿元支持节能车生产的新政策；国家推行公务用车改革，要求采购时只选择国产车，其中江淮汽车榜上有名，因此其市场前景广阔。

新能源技术方面：根据数据统计，2016年11月份国内新能源乘用车销量达到4.18万台，而1~11月总体销量达28万台，同比增长102%。其中纯电动车销售20.8万台，增长145%；插电混动车销售7.3万台，增长35%。虽然新能源汽车目前在发展上仍存在较多问题和挑战，但从涨幅上不难看出我国新能源汽车正在进入飞速发展期，而这也给企业带来新的发展机遇，同时也将迎来新的技术升级。

基础设施方面：江淮汽车设有国家级技术研发中心，与上海同济大学同捷科技股份有限公司联合成立"JAC 同济同捷汽车联合研发中心"，与合肥工业大学联合成立了"江淮汽车－合肥工大汽车技术研究院"，2005年 6 月江淮汽车在意大利都灵成立了设计中心，2006 年 11 月 5 日在日本成立了设计中心。

产品细分方面：在 2016 年广州车展中，江淮新能源汽车高调展示了iEV6、iEV6E、iEV6S 乘用电动车，还展示了帅铃 i3、帅铃 i5、帅铃 i6 商用电动车，产品涵盖乘、商两大板块，覆盖每个细分市场，可以看出江淮汽车品牌向上又有了突破。

"互联网＋"趋势方面：现代社会，对厂家和经销商来说，服务是营销的重要的手段，让消费者满意的服务是厂家赖以生存的生命线。"互联网＋"时代的到来，给各个行业都带来不小的考验，同时也给各个行业带来机会，比如打车、购车、租赁服务等业务的开展。汽车行业如果可以做到网上预约，在家门口试驾，继而发展保养、维修、检测等一系列服务，通过搭建的网络平台，让 4S 店在线上线下都能够服务到用户，那么就可以让用户拥有更加简洁、便利、低成本和高效率的品牌体验。"互联网＋"更多考虑的是后汽车市场，因为后汽车市场和互联网接轨会比较快，后期可以从整个互联网应用、互联网车载信息等方面进行前瞻性的延展技术。安进董事长说过："互联网企业与传统汽车企业应该回归合作的本源。"

市场推广方面：这些年大数据、云计算的发展相当迅速，通过对后台大量数据的分析和利用，可以找出江淮汽车产品的消费者区域分布、年龄、性别、消费能力等一系列和产品有关的问题，还可以通过网络语言和数字把消费者的面貌刻画出来，以此提高企业营销投放的精准度。

危机预兆：2010 年 12 月 17 日，当江淮汽车在合肥奥体中心庆祝第200 万辆汽车下线时，安进便意识到危险来了。"其实当时已危机深重，为了这 200 万辆，我们内部营销已经出现很多泡沫。"他实事求是地分析，"2011 年中国汽车市场增速将放缓，如果再不做调整就迟了。"

原材料方面：目前的趋势是整个宏观经济从紧，石油涨价引发橡胶和塑料涨价，铁矿石涨价导致金属制品涨价，股市短期萎靡不振导致大量资金流动受阻，人民币的升值导致了汽车出口产品受损。

市场竞争方面：同层次的国内汽车品牌具有电子配置好、内饰丰富、外观时尚年轻、市场渠道顺畅等优点，而这些汽车品牌瞄准中低端市场，对江淮汽车形成了很大的压力。

客户需求方面：创新和调整的出发点、落脚点还是顾客的需求。只有一个设计团队、一个企业把所有心思都放在研发用户真心喜欢的价值点上，并由此去定位、去创新，企业才会成功，只会模仿和简单复制的企业是不可能持久的。

新能源车市场方面：2016 年 8 月，江淮汽车共募集资金净额约 45 亿元，用于江淮汽车新能源汽车项目的建设。在谈及新能源汽车时，安进的言语中更多的是审慎与期冀，"现在新能源汽车产业欣欣向荣，却也遇到了困难。国家补贴速度在退步，地方补贴能力不足，技术标准要求越来越严，技术配套设施还不是那么完善，种种因素给这个领域增添了更多挑战。"

海外市场方面：江淮汽车也曾经是巴西汽车市场短暂的赢家。江淮汽车于 2010 年底进入巴西市场，第二年江淮汽车即在巴西市场看到了希望，实现销量 3.8 万辆。然而，好景不长，在政治和经济的双重打击下，巴西车市急转而下，销量骤减一半，使得江淮汽车承诺的投产计划迟迟不能实现。巴西汽车市场低迷的现状，使江淮汽车不得不调整在巴西的投资计划。

江淮汽车集团从开始依靠成本优势、国家鼓励政策发展壮大，到现在积极投入研发经费，开发新能源汽车市场，在营销策略上分品牌、有针对性的运作，加入国际新能源汽车市场，以及在巴西的上市都展现了江淮汽车正在强力地发展。虽然江淮汽车集团的内部和外部存在诸多威胁，但是随着国内经济发展，江淮汽车在本土仍然拥有巨大的市场腹地。江淮汽车进行内部战略调整，把江淮汽车这个中国自主品牌推向国际，实现产品线全面覆盖各个品牌的战略是多品种多定位的一种策略，这将使得江淮汽车集团走得更加长远。2016 年，江淮汽车的国际化业务"多点开花"，基于对重点市场、重点客户、重点产品、重点突破策略的坚持，因此出口量排名升至行业前五名。"作为企业，如果不努力去生产好车，即使它能活过今天，也没有未来。"安进认为，"有些人不看好 A60，我们自己也知道这个车推广起来是很困难的，但即便这个车卖得不好，我们也要做，因为它是先进技术和高质量标准的载体。如果不在这个载体上下很大的工夫，那么我们永远也不能进步。""江淮汽车不是自主品牌的老大，但我们一直很努力。"安进说。

由以上分析可发现，江淮汽车现状中的优势、劣势明显，可依据 SWOT 分析进一步对其进行归纳。SWOT 分析法最早是由哈佛商学院的安德鲁斯教授于 1971 年在他的《企业战略概念》一书中提出的，是一种能够比较客观而准确的分析企业现实情况的方法。"SWOT"是英文单词 Strengths（优势）、Weaknesses（劣势）、Opportunities（机会）、Threats（威胁）的缩写。通过对前一部分资料的分析和整合，SWOT 分析江淮汽车战略组合矩阵如何呢？

4.4.3　江淮汽车的分析延伸一（波士顿矩阵分析）

（1）概述

20 世纪 60 年代中后期，美国在经历了第二次世界大战后的普遍繁荣时期之后，进入了一个经济低速、缓慢增长阶段。多数企业面临的问题是：市场容量逐渐趋于饱和；市场需求变化大，产品寿命周期缩短；劳务费用上升，资金流动性差，企业面临的经营不确定性与不稳定性增强；竞争加剧导致企业平均收益下降。其中对跨行业、多种经营类型的企业影响最为显著。为了寻找其中原因，波士顿咨询集团对美国 57 个公司的 620 种产品进行了历时三年的调查，从中发现一个普遍规律，即市场占有率高的公司，产品质量高，研究开发及促销费用占销售额的比重高，资金利润率也高；反之，市场占有率低的公司，资金利润率也低。而在差别较大的行业中，可能存在市场占有率低而收益高，或者市场占有率高而收益低的企业类型。问题的关键在于要解决如何使企业产品的品种及其结构适合市场需求的变化，只有这样，企业的生产才有意义。同时，如何将企业有限的资源有效地分配到合理的产品结构中去，以保证企业收益，这是企业在激烈竞争中能否取胜的关键。

对于一个拥有复杂产品系列的企业来说，一般决定产品结构的基本因素有两个：市场引力与企业实力。市场引力包括企业销售增长率、目标市场容量、竞争对手强弱及利润高低等。其中最主要的是反映市场引力的综合指标——销售增长率，这是决定企业产品结构是否合理的外在因素。企业实力包括市场占有率和技术、设备、资金利用能力等，其中市场占有率是决定企业产品结构的内在要素，它直接显示出企业竞争实力。销售增长率与市场占有率既相互影响，又互为条件：市场引力大，销售增长率高，可以显示产品发展的良好前景，企业也具备相应的适应能力，实力较强；如果仅有市场引力大的产品，而没有相应的高销售增长率，说明企业尚无足够实力，则该种产品也无法顺利发展。相反，企业实力强，而市场引力小的产品也预示了该产品的市场前景不佳。

以上两个因素相互作用，会出现四种不同性质的产品类型，形成不同的产品发展前景：①销售增长率和市场占有率"双高"的产品群(明星类产品)；②销售增长率和市场占有率"双低"的产品群(瘦狗类产品)；③销售增长率高、市场占有率低的产品群（问题类产品）；④销售增长率低、市场占有率高的产品群(金牛类产品)。

四种不同的产品类型反映在波士顿矩阵图中，其中横轴代表相对市场占有份额，以 1.0 至 1.5 为分界线，划分出高、低两个区域；纵轴代表市场增长率，是指企业所在行业某项业务前后两年市场销售增长的百分比，在分析中通常以 10％增长率作为高、低的界限。市场增长率和相对市场占有率的各分界线将企业的业务类型划分为四个部分（包括问题业务、瘦狗业务、金牛业务、明星业务），如图 4-23 所示。

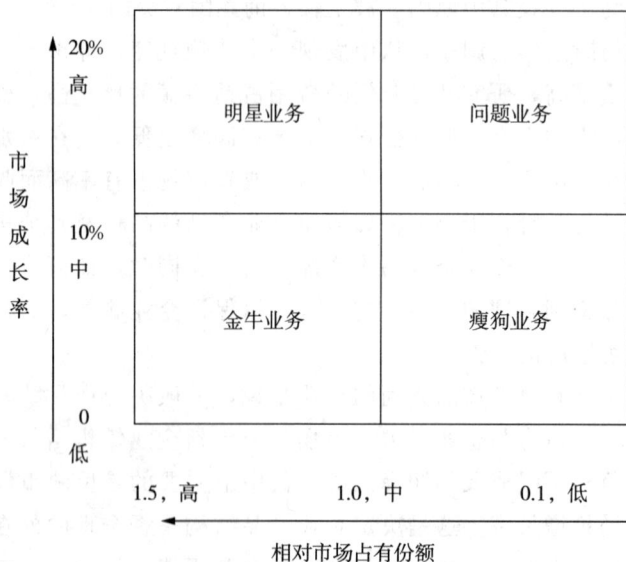

图 4-23　波士顿矩阵模型

（2）波士顿矩阵业务类型分析

① 问题业务

问题业务的特征是高增长与低竞争地位，这类业务的市场需求量大，市场增长率高，企业需要大量的资金投入支持其生产经营活动；然而较低的市场占有份额使该业务生成的资金很少，因此现金流量较差。问题业务未来可以通过企业采取一定的措施使其转化到明星业务。

② 明星业务

明星业务的特征是高增长与高竞争地位，这类业务正处于迅速增长的市场需求，而且占有较高的市场份额，最有可能成为企业的现金牛产品，需要加大投资以支持其迅速发展。采用的发展战略是：积极扩大经济规模和市场机会，以长远利益为目标，提高市场占有率，加强竞争地位。明星产品的管理与组织最好采用事业部形式，由对生产技术和销售两方面都很懂行的经营者负责。企业应优先保证明星业务所需资源，以保护或扩展其市场中的主导地位。

③ 金牛业务

金牛业务的特征是低增长与高竞争地位，这类业务所处的市场几近成熟，低速增长，高竞争地位对企业的盈利率较高，能够为企业提供大量的现金来源，又可用于支持其他业务。对于现金牛产品，适合于用事业部制进行管理，其经营者最好是市场营销型人物。

④ 瘦狗业务

瘦狗业务的特征是低增长与弱竞争地位，这类业务所处的市场已经饱和，可获得的利润很低。瘦狗业务如果可以自我维持，应缩小经营范围，若不能维持，则尽早采取措施，清理业务或退出经营。

在本方法的应用中，企业经营者的任务是通过四象限法的分析，掌握产品结构的现状及预测未来市场的变化，进而有效、合理地分配企业经营资源。在产品结构调整中，企业的经营者不是在产品到了"瘦狗"阶段才考虑如何撤退，而应在"现金牛"阶段时就考虑如何使产品造成的损失最小而收益最大。通过分析，在波士顿矩阵图中，江淮汽车八项业务究竟处于什么的位置呢？

4.4.4　江淮汽车的分析延伸二（通用矩阵分析）

（1）概述

美国通用电气公司（GE）针对波士顿矩阵所存在的问题，于 20 世纪

70 年代开发出一款新的投资组合分析方法（吸引力和竞争力矩阵）。该矩阵也提供了产业吸引力和业务实力之间的类似比较，但波士顿矩阵用市场增长率来衡量吸引力，用相对市场份额来衡量实力，而 GE 矩阵不仅在两坐标轴上增加了中间等级，考虑更多因素，而且将企业外部产业吸引力因素与内部业务实力因素归纳在一个矩阵内，形成"吸引力—实力矩阵"，并可以通过增减某些因素或改变它们的重点所在，很容易使矩阵适应经理的具体意向或某产业特殊性的要求。这种改良后的分析矩阵就是通用矩阵（如图 4 - 24 所示）。

通用矩阵的横坐标用企业竞争力表示，纵坐标用行业吸引力表示。运用加权评分方法对影响产品的行业吸引力各因素（包括市场增长率、市场规模、市场价格、盈利能力，市场结构等）和影响企业竞争力的各因素（包括生产能力、营销能力、技术能力、品牌知名度等）进行加权，按加权平均的总分划分高（强）、中、低（弱）三个等级，最终对企业的行业吸引力和竞争力进行评价。

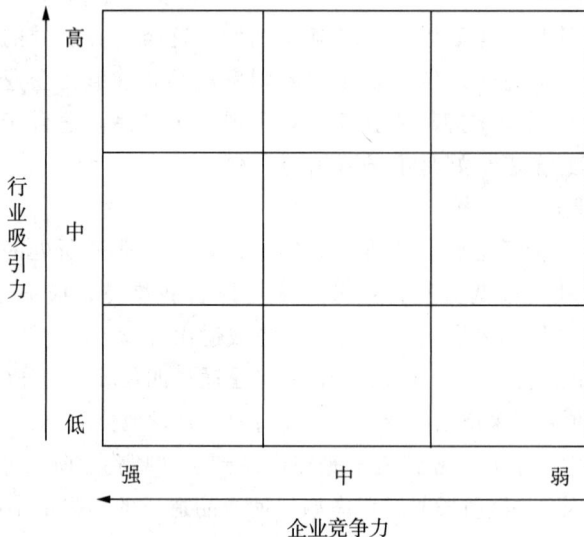

图 4 - 24　通用矩阵

（2）通用矩阵的战略应用及应用技巧

根据业务单元在市场中的吸引力和市场上的实力，通过对战略事业单位在矩阵上的位置分析，公司就可以选择相应的战略举措，有人将其归结为简单的一句话："高位优先发展，中位谨慎发展，低位捞它一把。"通用矩阵包括 9 种组合方格以及 3 个区域。左上角的 3 个格子上的产品最具有发展前途，企业应采取积极的投资发展战略、择优重点发展战略，扩大生产，增加盈利能力。右下角的三个格子的产品吸引力很低，企业因此采取退出战略，迅速获利，收回投资，放弃该业务。右上角到左下角对角线的 3 个格子的产品吸引力中等，企业可采取区别对待战略、适当盈利策略。企业的战略选择可以在通用矩阵中表示（如图 4 - 25 所示）。

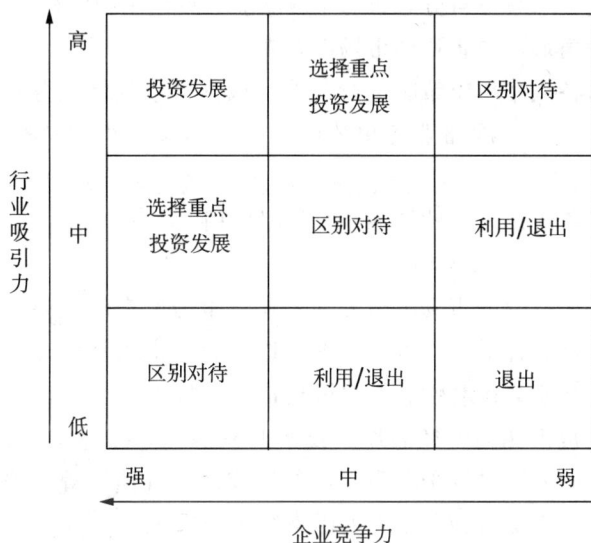

	强	中	弱
高	投资发展	选择重点投资发展	区别对待
中	选择重点投资发展	区别对待	利用/退出
低	区别对待	利用/退出	退出

行业吸引力（纵轴，从高到低）　企业竞争力（横轴，从强到弱）

图 4 - 25　通用矩阵战略应用

在战略规划过程中，应用 GE 矩阵必须经历以下五个步骤：

第一，确定战略业务单位，并对每个战略业务单位进行内部和外部环境分析。根据企业的实际情况，或依据产品（包括服务）或依据地域，对企业的业务进行划分，形成战略业务单位，并根据针对每一个战略业务单位进行内部和外部环境分析。

第二，确定评价因素及每个因素权重。确定市场吸引力和企业竞争力的主要评价指标以及每一个指标所占的权重。市场吸引力和企业竞争力的评价指标没有通用标准，必须根据企业所处的行业特点和企业发展阶段、行业竞争状况进行确定。但是从总体上讲，市场吸引力主要由行业的发展潜力和盈利能力决定，企业竞争力主要由企业的财务资源、人力资源、技术能力和经验、无形资源与能力决定。确定评价指标的同时还必须确定每个评价指标的权重。

第三，进行评估打分。根据行业分析结果，对各战略业务单位的市场吸引力和竞争力进行评估和打分，并加权求和，得到每一项战略业务单元的市场吸引力和竞争力最终得分。

第四，将每个战略单位标在 GE 矩阵上。根据每个战略业务单位的市场吸引力和竞争力总体得分，将每个战略业务单位用圆圈标在 GE 矩阵上。有的还可以用扇形反映企业的市场占有率。

第五，对各战略单位策略进行说明。根据每个战略业务单位在 GE 矩阵上的位置，对各个战略业务单位的发展战略指导思想进行系统说明和阐述。

（1）基于通用矩阵法的江淮汽车战略应用

① 指标判定（定义各因素）

选择要评估业务的市场吸引力和企业竞争力所需的重要因素，即外部因素和内部因素。针对江淮汽车，本书选取影响市场吸引力的因素为市场增长率、市场规模、盈利性、人才可获得性、技术环境；选取影响企业竞争力的因素为营销能力、知名度、技术开发能力、产品质量、行业经验。确定这些因素的方法可以采取头脑风暴法或名义群体法等，关键是不能遗漏重要因素，也不能将微不足道的因素纳入分析中。

② 业务市场划分

按照江淮汽车市场经营范围，将目标市场划分为：SUV；MPV；轿车；重、中、轻、型货车；专用底盘及变速箱、发动机、车桥等核心零部件（客车非完整车辆）；多功能商用车；客车；新能源系列等八个业务类型。

③ 评估步骤

评估市场吸引力和产品竞争能力所需要的指标；估测内部因素及外部因素的影响，并确定权重；对影响市场吸引力和产品竞争能力的因素采用里克特五级度量法，分别进行打分，对每一等级赋予一定的分值（1＝毫无吸引力，2＝没有吸引力，3＝中性影响，4＝有吸引力，5＝极有吸引力）（1＝极度竞争劣势，2＝竞争劣势，3＝同竞争对手持平，4＝竞争优势，5＝极度竞争优势）。

④ 江淮汽车业务市场分析

评分数据来源是根据权重由得分计算。最后，用权重乘以级数，得出每个因素的加权数，并汇总得到整个产业吸引力的加权值。具体内容见表 4－29 和表 4－30 所示。

表 4－29　市场吸引力多因素评定表

因素 业务类型	市场 增长率	市场规模	盈利性	人才 可获得性	竞争对手	加权后 总得分
SUV（A）	4	3	4	4	5	3.85
MPV（B）	2	1	3	2	3	2.10
轿车（C）	3	5	3	4	5	3.90
轻、中、重型货车（D）	1	2	3	3	2	2.25
客车非完整车辆（E）	1	1	3	3	2	2.00
多功能商用车（F）	1	1	2	3	3	1.85
客车（G）	2	1	2	3	3	2.05
新能源系列（H）	4	1	4	5	4	3.45
权重	0.20	0.25	0.25	0.20	0.10	

表 4－30　企业竞争力多因素评定表

业务类型	营销能力	知名度	技术 开发能力	产品质量	行业经验	总得分
SUV（A）	5	4	4	5	4	4.5
MPV（B）	4	4	3	4	3	3.7
轿车（C）	1	1	2	2	2	1.5
轻、中、重型货车（D）	3	3	5	4	4	3.65
客车非完整车辆（E）	4	5	4	5	5	4.55
多功能商用车（F）	3	3	2	3	2	2.7
客车（G）	1	1	2	3	2	1.7
新能源系列（H）	4	3	3	4	3	3.5
权重	0.30	0.20	0.15	0.20	0.15	

对照前面的分析，在通用矩阵图，江淮汽车的八项业务分别处在的哪个位置呢？

4.4.5　结语

安徽江淮汽车股份有限公司在其十多年的发展历程中战略目标不断随着市场形势转变，由最初专注于单一业务的集中化战略到基于差别化战略的产品多元化战略，再到多元化和全球化战略，使企业的市场地位不断提高并稳固，稳定中不断创新，从而获得较快发展。

正如江淮汽车董事长安进所言："汽车工业要转型的话一定要抓技术创新，走内涵改造发展道路。其中，突破口就是大家热议的电动汽车。"

安进曾坦言："技术不如别人，产能又多，怎么办？企业要做的，也正是总理报告中提到的技术创新驱动、产品转型中高端升级和供给侧改革。"

安进说："长期以来，我们总在讨论汽车强国应该以什么为标志，我认为主要有两个：一是车可以卖贵，使中国制造的车辆售价能达到世界汽车售价平均水平；二是出口业务增加，至少有 20％的汽车能出口。"

对于新能源汽车，安进认为："第一步要做到不要地方政府补贴；第二步做到不要国家补贴。事实上，碳积分交易就是一个不错的办法，希望有关部门尽快讨论完善、出台实施。"

江淮汽车边缘业务、核心业务、战略业务、新兴业务分别是什么呢？运用通用矩阵方法得到的结果与波士顿矩阵分析的结果一致吗？通用矩阵方法是否又存在什么弊端？这些问题都值得深思。

Study of JAC Past and Present Life
and Its Development Strategy

Abstract：

This case describes the two major transformations of JAC. There came the first strategic transformation. During the company´s early days, company decided to focus on the development of the mature technology of passenger car, truck chassis, centralized single business strategy. After the year of 2002, the company quickly adjusted its strategy to the field of commercial vehicles business. Finally, guided by the strategic objectives, JAC published refine, a new generation of commercial vehicles, and put it into the market , which implied that the company had entered the passenger car market. In2003, the company created a new marketing and service of the truck by a kind of " car type" in our nation. After the second strategic transformation in 2007, JAC also set the strategic objectives of the transition from a single manufacturing " commercial vehicle" into a " commercial car ＋ passenger car" to become a comprehensive automotive company, and then conducted the comprehensive diverse strategy and the international strategy. This case use SWOT, Boston matrix and general matrix of three methods to analyze the development strategy of JAC and the development of market segments of JAC products . What is the strategic combination matrix of JAC analyzed by SWOT ? Where is the eight business of JAC located in Boston matrix map? Are the conclusions consistent with the analysis of the development strategy of JAC using the general matrix and the Boston matrix? SWOT, Boston matrix and general matrix analysis are widely used in the analysis of the enterprise market strategy, which is a significant guidance to the strategic choice and positioning of various industries. This case is suitable for project decision analysis, enterprise strategy management and other courses. It can also be analyzed with the teaching content and the current situation of Chinese automobile development.

Key words: JAC; SWOT; Boston matrix; general matrix

【案例使用说明】

一、教学目的与用途

（1）本案例主适用于项目决策分析、企业战略管理等课程。

（2）本案例的教学目的在于通过对江淮汽车的发展历史进行回顾与分析，其中重点分析江淮汽车两次战略转型和三次产业升级发展以来，由单纯的商用车企业转向商用车和乘用车并举的多元化企业，由以国内市场为主转向国内国际两个市场并重、持续发展商用车、重点发展乘用车、创新发展新能源汽车的始末及取得的成果，以此来引导学生结合相关的理论知识对江淮汽车的多模块业务发展过程进行思考。案例详细陈述了江淮汽车目前的业务板块（如江汽、客车、重工、零部件）从无到有的过程，并引用了一些专家学者及江淮汽车的相关项目负责人的观点来体现他们在江淮汽车项目建设的各个环节中的思考。同时，运用 SWOT、波士顿矩阵、通用矩阵分析方法对一些江淮汽车产品进行分析，提出让学生思考的问题。本案例可以使学生更容易地通过理论结合实际来学习相关的知识要点，掌握三种方法的步骤，并提出相关思考题，引发同学们思考。可以将该方法工具推广应用到其他企业，帮助企业进行战略分析。

二、案例分析思路

本案例标题为"江淮汽车的前世今生及发展战略分析"，意指江淮汽车发展历程，并运用波士顿矩阵及通用矩阵分析江淮汽车发展战略，突出本案例的研究重点。本案例的主要内容可喻为"江淮汽车发展战略的五部曲"，即以时间轴为序将江淮汽车逐一发展起来的汽车业务比喻为"五部乐曲"。"五部乐曲"交织在一起构成江淮汽车从无到有、从初步探索到渐渐成熟的江淮汽车集团发展历史。这五部曲是：创业之初、转折之势、飞速发展、超越发展和创新升级。

江淮汽车在不断推出新产品、拓宽市场渠道的同时，顺应国家绿色发展、节能减排的大环境，持续发展商用车，重点发展乘用车，创新发展新能源汽车，全面布局新能源产业链，研发、采购全部自主。江淮汽车的稳健发展、全面进步，使其正成为民族汽车行业一颗耀眼的新星。

三、启发性思考题

（1）SWOT 分析江淮汽车战略组合矩阵如何呢？请绘制说明。

（2）波士顿矩阵对江淮汽车战略分析有什么帮助？在波士顿矩阵图中，江淮汽车八项业务究竟处于什么的位置呢？

（3）通用矩阵对江淮汽车战略分析有什么帮助？在通用矩阵图中，江淮汽车的八项业务分别处在的哪个位置呢？请绘图解答。

（4）比较波士顿矩阵、通用矩阵分析的差异。通用矩阵改进了波士顿矩阵过于简化的不足，请解释它是如何改进的？通用矩阵有局限性吗？如果有，又在哪里呢？用通用矩阵、波士顿矩阵分析江淮汽车发展战略，结果一致吗？

四、理论依据与分析（案例问题参考解答）

（1）SWOT 分析江淮汽车战略组合矩阵如何呢？请绘制说明。

江淮汽车战略组合矩阵如下：

SWOT 战略组合矩阵	优势（S）	劣势（W）
	S₁：技术技能的优势； S₂：有形资产优势； S₃：无形资产优势； S₄：人力资源优势； S₅：组织体系优势； S₆：成长空间优势。	W₁：产品质量安全上仍然存在一定差距； W₂：轿车品牌效应不高； W₃：车型外观不够丰富； W₄：平衡乘用车、商用车投入。
机会（O） O₁：中国私家车市场的成长； O₂：良好的政策和投资环境； O₃：政府部门大力扶持新能源技术； O₄：基础设施日益完善； O₅：产品细分市场； O₆："互联网＋"时代的巨大空间。	SO（扭转性）战略方案： ①提高产品质量和安全性； ②与政府合作提高品牌效应； ③招聘高素质人才，提高售后服务质量； ④利用"江淮"的品牌影响，进一步提高品牌知名度，进击中高端品牌形象，实施战略转型； ⑤整合江淮汽车的先进技术，运用到旗下各个品牌，提高自身的技术和质量； ⑥抢占新兴市场，保持市场份额； ⑦加强产品研发，丰富车观外形； ⑧大力发展 MPV（多用途汽车）市场。	WO（增长性）战略方案： ①充分发挥资源和国家政策优势，加快出口业务增长； ②发挥理念优势，利用劳动力成本优势，降低汽车成本； ③加大资金投入，提高自身研发能力，过渡为将技术优势作为核心能力； ④建立国际战略联盟，实现跨国公司的本土化； ⑤研发和投产大量新车，满足中国的汽车需求市场及各消费群体的不同需求； ⑥对东南亚、非洲等地区加大出口扩张力量，寻求发展，扩大市场份额； ⑦继续分品牌营销的策略，做到各品牌之间平衡发展。

（续表）

威胁（T）	ST（防御性）战略方案：	WT（多元化）战略方案：
T₁：原材料价格上涨，成本增加，利润减少，容易受到经济萧条和燃油价格、国家税费的冲击；	①加大宣传力度，使产品的品牌观念深入人心，稳固低端市场；	①寻求强强联合；
T₂：面对同一市场定位的强大竞争对手；	②在原有的服务水平上做调整和提升，退出优质服务项目；	②加强资源整合，提高品牌竞争力；
T₃：客户需求的多样性和对汽车设计的需求；	③守住已经占领的市场，通过对江淮汽车技术、文化等进行改进，加大对中端市场的开发；	③开发新市场新产品； ④在新能源汽车市场上加大投入开发，进行技术创新，适应绿色能源政策，抢占新能源市场份额；
T₄：新能源车市场；	④加快科技研发，在国际竞争中获得一席之地； ⑤巩固国内市场，对国外市场谨慎动作，针对市场动向及政策的改变及时调整方案；	⑤依靠自身的成本优势和技术优势，继续稳固中低端市场的份额；
T₅：海外市场的不可控因素。	⑥发挥工艺优势，扩大规模，增加利润； ⑦准确市场定位，确定顾客导向性。	⑥在细分的产品线上进行多品种多层次定位，满足各消费群体的喜好。

（2）波士顿矩阵对江淮汽车战略分析有什么帮助？在波士顿矩阵图中，江淮汽车八项业务究竟处于什么的位置呢?、

① 波士顿矩阵对江淮汽车战略分析有什么帮助？

波士顿矩阵原理是将企业所有产品从销售增长率和市场占有率角度进行再组合。在坐标图上，以纵轴表示企业销售增长率，横轴表示市场占有率，各以 10％和 20％作为区分高、低的中点，将坐标图划分为四个象限。在使用中，企业可将产品按各自的销售增长率和市场占有率归入不同象限，使企业现有产品组合简单明了，同时便于对处于不同象限的产品做出不同的发展决策。其目的在于通过产品所处不同象限的划分，使企业采取不同决策，以保证其不断地淘汰无发展前景的产品，保持"问题"、"明星"、"现金牛"产品的合理组合，实现产品及资源分配结构的良性循环，针对销售增长率和市场占有率"双低"的产品群（瘦狗类产品）给予处

理，已提高产品的市场竞争力和企业的生存能力。

② 在波士顿矩阵图中，江淮汽车八项业务究竟处于什么的位置呢

运动型多用途乘用车（SUV）：江淮汽车的 SUV 一直保持较高的增长率，2016 年 1 月至 11 月累计销量接近 25 万台，相对 2015 年同期累计的 22 万台，同比增加 12.80％，并且其市场占有份额从 2014 年的 1.75％到 2015 年的 4.07％上升了 2.32 个百分点，因此定义其为明星业务。

多功能乘用车（MPV）：在 MPV 车领域，江淮汽车一直处于领先地位，2015 年的市场占有率为 2.78％，2016 年 1—11 月累计销量 5 万多台，比去年同期累计增加 8.61％，因此定义其为金牛业务。

基本型乘用车（轿车）：2007 年 11 月，江淮汽车旗下首款轿车"宾悦"正式上市，开启江淮轿车的探索之路，但是道路并非一帆风顺，江淮轿车 2016 年 1—11 月累计销量 2.3 万台，仅占江淮汽车总销量的 3.98％，相对去年同时期下降 27.88％，增长速度虽然开始放慢，但需求量一直很大，因此定义其为问题业务。

轻型、中型、重型货车：轻型载货车、中型载货车和重型载货车，增长率较慢，尽管其市场占有份额也较小，但江淮的货车销量一直稳定增长，2016 年 1—11 月江淮汽车的轻型货车销量是 17.9 万台，累计同比增长 15.47％，中型货车的销量是 1.2 万台，累计同比增长 30.52％，重型货车销量为 4 万台，累计同比增加 44.09％，因此定义其为金牛业务。

客车非完整车辆（专用底盘等核心零部件）：作为国内最大的客车专用底盘厂商，江淮汽车公司于 1990 年创造性生产出国内第一台客车专用底盘，填补了国内客车专用底盘生产的空白，结束了中国长期以来依靠载货汽车底盘改装客车的历史。2012 年江淮底盘市场保有量突破 40 万辆。而目前市场增长率缓慢，2016 年上半年国内客车非完整车辆销量累计同比降低 3.6％，因此定义为金牛业务。

多功能商用车：多功能商用车市场增长率低，江淮"星锐"欧系多功能商用车上市之后，在 2012 年上半年实现大幅逆市增长，但相对市场占有份额仍然不高，因此定义为瘦狗业务。

客车：在中国中型客车市场中，金杯汽车股份有限公司领先。在中国大型客车市场中，郑州宇通集团股份有限公司领先。江淮的上述业务，由于起步慢，相对增长率高，但是市场占有份额小，因此定义为瘦狗业务。

新能源车系列：新能源车系列是新型产业，故市场增长率高。2016 年全国新能源乘用车月度销量连续 4 个月保持万辆以上水平，其中，江淮汽车销量排名第二，相对市场占有份额高，因此定义为明星业务。

江淮汽车八项业务在波士顿矩阵图中的位置如图 4-26 所示。其中，A、B、C、D、E、F 对应的业务依次是 SUV，MPV，轿车，重型、中型、轻型货车，客车非完整车辆（专用底盘等核心零部件），多功能商用车，客车，新能源车系列。八项业务中 SUV 和新能源车系列都是明星业务，可以通过扩大投资使其成为金牛业务。专用底盘等核心零部件、MPV 及货车都是金牛业务，其产生的资金可以用于其他业务投资。对剩余的问题业务和瘦狗业务需要反思。

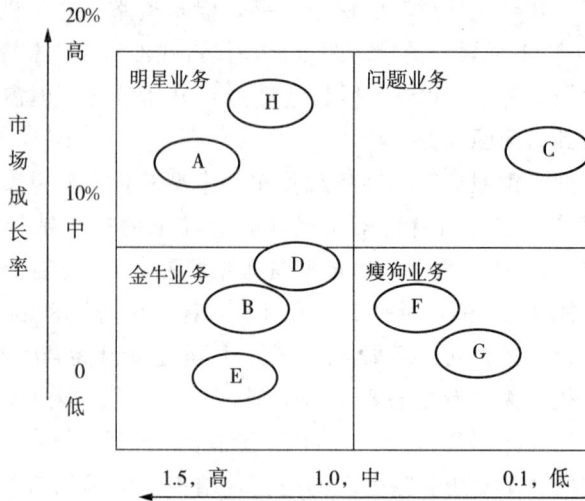

图 4-26   各业务对应波士顿矩阵位置图

（3）通用矩阵对江淮汽车战略分析有什么帮助？在通用矩阵图，江淮汽车的八项业务分别处在的哪个位置呢？请绘图解答。

通用矩阵对江淮汽车战略分析有什么帮助？

根据通用矩阵，我们可以确定企业的核心产业、战略产业、新兴产业和边缘产业，确定各类产业的投入和产出目标。GE 矩阵也提供了产业吸引力和业务实力之间的类似比较，GE 矩阵使用多个因素，可以通过增减某些因素或改变它们的重点所在，很容易地使 GE 矩阵适应经理的具体意向或某产业特殊性的要求，能够清楚地得到企业在行业中的吸引力水平和竞争力水平。

由案例中的通用矩阵分析可知：SUV、新能源业务市场吸引力和企业竞争力都很高，企业对于这部分产品应优先保证其发展所需要的资源，尽量扩大投资，以保证其有利的市场地位。轿车业务市场吸引力高而企业竞争力较弱，应该查找自身竞争力不足的原因，针对短板各个击破，MPV 和轻型、中型、重型货车及客车非完整车辆的业务市场吸引力一般，企业竞争力强，企业对于这部分产品可以选择细分市场，分配足够的资源，使其能适应市场的发展需要。多功能商用车业务市场吸引力和企业竞争力都一般，是可以盈利的市场，企业对这个部分的产品可以主打其明星款的多功能商用车，加大宣传力度，以市场调控产量，以影响力引导市场。客车业务市场吸引力一般，相对竞争力较弱，企业可以对其专门化生产，以谋求小块市场份额。

确定江淮汽车各业务在通用矩阵图中的位置：

将横坐标（竞争地位）和纵坐标（市场吸引力）各用两条线将数轴划分为三部分，得到一个九个象限的网格图（如图 4 - 27 所示），两坐标刻度按着 1～5 平均分配，在图中找到每个业务对应的位置。

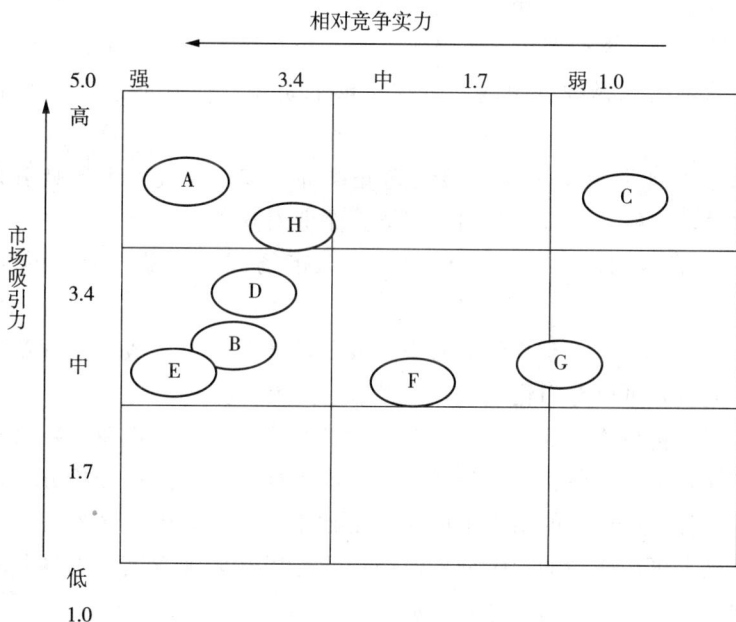

图 4 - 27　各业务对应 GE 矩阵位置图

目标市场分析：

通过推江淮汽车业务在矩阵上的位置分析，公司可以对应选择相应的战略措施。

① SUV（A）、新能源车（H）处于矩阵左上角，该位置表示市场吸引力和企业竞争力都很高。企业对这部分产品应优先保证其发展所需要的资源，尽量扩大投资，以保证其有利的市场地位。正如江淮汽车董事长安进所言："汽车工业要转型的话一定要抓技术创新，走内涵改造发展道路。其中，突破口就是大家热议的电动汽车。"

② 轿车（C）处于矩阵右上角，该位置表示市场吸引力高而企业竞争力较弱。企业对于这部分产品应该查找自身竞争力不足的原因，针对短板各个击破，如通过提升自身产品品质和服务来获得市场份额。安进曾坦言："技术不如别人，产能又多怎么办？企业要做的，也正是总理报告中提到的技术创新驱动、产品转型、中高端升级和供给侧改革。"

③ MPV（B）和轻型、中型、重型货车（D）及客车非完整车辆（E）处于矩阵右中，该位置表示市场吸引力一般，企业竞争力强。企业对于这部分产品可以选择细分市场，分配足够的资源，使其能适应市场的发展需要。

④ 多功能商用车（F）处于矩阵正中间，该位置代表市场吸引力和企业竞争力都一般，是可以盈利的市场。企业对这部分产品可以主打其明星款的多功能商用车，加大宣传力度，以市场调控产量，以影响力引导市场。

⑤ 客车（G）处于矩阵的右中，表示市场吸引力一般，相对竞争力较弱。企业对其可以专门化生产，以谋求小块市场份额。

根据分析矩阵，我们确定了企业的核心产业、战略产业、新兴产业和边缘产业，确定了各类产业的投入或产出目标。通过三种分析方法发现运用通用矩阵方法得到的结果不但与波士顿矩阵的结果保持基本一致，而且在此基础上更加详细的等级划分使得企业可以在多种方案中选择其战略发展方向，具体规划如图 4-28 所示。

（4）比较波士顿矩阵、通用矩阵分析的差异。通用矩阵改进了波士顿矩阵过于简化的不足，请解释它是如何改进的？通用矩阵有局限性吗？如

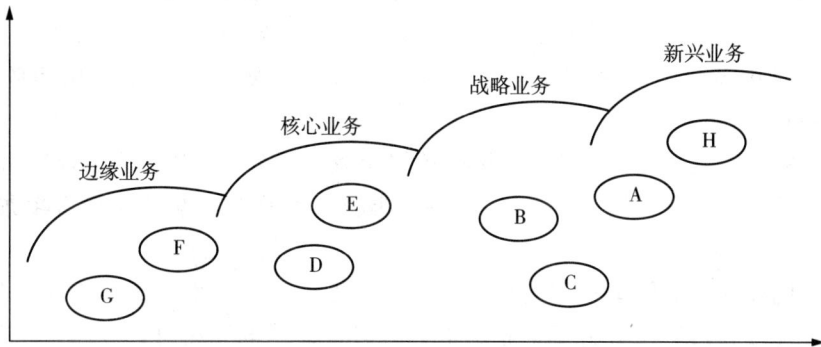

图 4 - 28 业务规划图

果有，又在哪里呢？用通用矩阵、波士顿矩阵分析江淮汽车发展战略，结果一致吗？

① 波士顿矩阵和通用矩阵相似之处：第一，两者基本假设是一样的，都是通过指标的分析即因素的量化，决定了企业业务组合应当采取何种战略。第二，两者的局限性也有着很多的相似之处，指标的最后聚合比较困难。第三，两者分析方式都是采用二维矩阵的分析方式，将影响因素写在一种二维的矩阵图上，分析得出结论。

② 波士顿矩阵和通用矩阵差异之处：通用矩阵是为了克服波士顿矩阵缺点所开发出来的。最大的不同就在于用了更多的指标来衡量两个维度。通用矩阵相比波士顿矩阵，通用矩阵提供了产业吸引力和业务实力之间的类似比较，不像波士顿矩阵只是单一指标，用市场增长率来衡量吸引力和用相对市场份额来衡量实力，而通用矩阵使用数量更多的因素来衡量这两个变量，纵轴用多个指标反映产业吸引力，横轴用多个指标反映企业竞争地位，同时增加了中间等级。也由于通用矩阵使用多个因素，可以通过增减某些因素或改变它们的重点所在，很容易地使通用矩阵适应经理的具体意向或某产业特殊性的要求。

③ 通用矩阵比波士顿矩阵在以下三个方面表现得更为成熟：

第一，市场、行业吸引力代替了市场成长，被吸纳进来作为一个评价维度，市场吸引力较之市场成长率显然包含了更多的考量因素。

案例分别估测了内部因素外部因素的影响，并确定权重，对影响市场吸引力和产品竞争能力的因素分别进行打分，并给出了市场吸引力多因素评定表，详细地记录了江淮汽车八大类型业务加权后的得分，用数量更多的因素来衡量变量，相对于波士顿矩阵来说，通用矩阵更为精确。

第二，竞争实力代替了市场份额作为另外一个评价维度，由此对每一个事业单元的竞争地位进行评估分析。同样，竞争实力较之市场份额亦包含了更多的考量因素。

同样的，案例里根据营销能力、知名度、技术开发能力、产品质量、行业经验分别加权给出了企业竞争力多因素评定的总得分，并相互比较，将其和市场吸引力多因素评定表结合起来，方便得出结论。

第三，通用矩阵有 9 个象限，而波士顿矩阵只有 4 个象限，使得通用矩阵结构更复杂、分析更准确。同时，波士顿矩阵和通用矩阵研究的侧重点是有区别的。波士顿矩阵主要研究目标市场的产品组合以及产品发展（从 question 到 rising star，再到 cash cow）。通用矩阵是通过分析市场行业吸引力和企业实力，帮助企业分析市场进入和投资组合策略。

根据案例中的矩阵分析，我们确定了企业的核心产业、战略产业、新兴产业和边缘产业，确定了各类产业的投入或产出目标。通过三种分析方法发现运用通用矩阵方法得到的结果不但与波士顿矩阵的结果保持基本一致，而且在此基础上更加详细的等级划分使得企业可以有多方案选择其战略发展方向。

通用矩阵改进了波士顿矩阵过于简化的不足：首先，在两个坐标轴上都增加了中间等级；其次，其纵轴用多个指标反映产业吸引力，横轴用多个指标反映企业竞争地位。这样，通用矩阵对不同需求、技术寿命周期曲线的各个阶段以及不同的竞争环境均可使用。9 个区域的划分，更好地说明了企业中处于不同地位经营业务的状态。

产业吸引力和竞争地位的值决定着企业某项业务在矩阵上的位置。

影响产业吸引力的因素包括市场增长率、市场价格、市场规模、获利能力、市场结构、竞争结构、技术及社会政治因素等。评价产业吸引力的大致步骤是，首先根据每个因素的相对重要程度，定出各自的权数；然后根据产业状况定出产业吸引力因素的级数；最后用权数乘以级数，得出每个因素的加权数，并将各个因素的加权数汇总，即为整个产业吸引力的加权值。

影响经营业务竞争地位的因素包括相对市场占有率、市场增长率、买方增长率、产品差别化、生产技术、生产能力、管理水平等。评估企业经营业务竞争地位的原理与评估产业吸引力原理是相同的。

通过对业务单位在矩阵上的位置分析，公司就可以选择相应的战略举措。可以将这种选择归结为简单的一句话，即"高位优先发展，中位谨慎发展，低位捞它一把"。从矩阵图九个方格的分布来看，处于左上方三个方格的业务最适于采取增长与发展战略，企业应优先分配资源；处于右下方三个方格的业务，一般就采取停止、转移、撤退战略；处于对角线三个方格的业务，应采取维持或有选择地发展的战略，保持原有的发展规模，同时调整其发展方向。

通用矩阵虽然改进了波士顿矩阵过于简化的不足，但是也因此带来了自身的不足：一是用综合指标来测算产业吸引力和企业的竞争地位，这些指标在一个产业或一个企业的表现可能会产生不一致，评价结果也会由于指标权数分配的不准确而带来偏差。二是分划较细，对于多元化业务类型较多的大公司必要性不大，且需要更多数据，方法比较繁杂。

通过分析方法发现，运用通用矩阵方法得到的结果与波士顿矩阵方法得到的结果是一致的。

五、关键要点

本案例有两个关键要点：

一是江淮汽车作为自主汽车品牌，在飞速发展中经历了两次重大战略转型。一次是实行单一集中战略，即聚焦客车底盘，并获得了巨大成就，成为其核心业务，也为其之后发展奠定基础；另一次是从单一制造"商用车"转型为"商用车＋乘用车"的综合型汽车公司，实行全面的多元化战略和国际化战略。两次转型对江淮的发展具有重要意义。

二是江淮汽车的各产品随时间的推进而发生的更新换代，要根据各产品在市场中的占有率以及为企业带来利润的情况把握各产品的主次，即新兴业务、战略业务、核心业务和边缘业务。如占重要比例的 SUV 和货车，不但为企业带来收益还为其他产业提供支持，但是其轿车近几年的销售情况不容乐观，实行低价策略只能够换取一时的销量，唯有坚持提高质量和服务才是自主品牌生存发展的关键法宝。

六、建议的课堂计划

由于案例信息量较大，涵盖的理论内容重要且繁多，且江淮汽车业务还在不断地发展建设过程中，因此建议将学习内容提前 1~2 周布置给学生。教师让学生结合案例内容，自己搜集最新资料，进行自主性思考，然后再组织学生在课堂上进行分小组讨论。

本案例课堂计划可以根据学生的差异，尤其是对案例的阅读和课前对相应知识的掌握程度来进行有针对性的设计。

A 计划：学生事先预习到位，全日制工程管理硕士学生可以将小组讨论布置在课外进行，因为这类学生实际工作经验少，因此案例讨论过程中需要教师引导的内容要相对多一些；

B 计划：工程管理或建筑与土木工程项目管理学生（在职），由于这部分学员群体的特殊性，他们的课前预习不一定完成得很好，或者学员之间预习差异较大，因此需要将小组讨论置于课堂讨论之中进行。

A 计划	B 计划
课前阅读相关资料和文献 2 小时，小组讨论 1~1.5 小时。 可虑到全日制 MEM 知识基础和对应用的理解，因此要适当增加讨论后知识总结的时间。 课堂安排 90 分钟：其中，案例回顾 10 分钟；集体讨论 40 分钟；知识梳理总结 30 分钟；问答与机动 10 分钟。	课前阅读至少 0.5 小时，考虑到在职建筑与土木工程项目管理学生课前阅读和讨论的可行性，因此建议将小组讨论置于课堂中进行。 课堂安排 60 分钟：其中，案例回顾 10 分钟；小组讨论 20 分钟；集体讨论 20 分钟；知识梳理 5 分钟；问答与机动 5 分钟。

实施这两种课堂教学计划时，在课堂上讨论本案例前，都应该要求学生至少通读一遍案例全文，精读其中的部分重点内容，并尝试对案例启发性思考题进行试探性回答，具备条件的教学课堂还要以小组为单位围绕着所给的案例启示的题目进行讨论。

本案例的教学课堂讨论提问顺序如下：

① 课堂开始的时候先做一个简单的举手调查，用来调动大家的积极性。调查内容为：你认为江淮汽车的哪个业务板块前景更好，原因是什么？

②　如何多角度的去评价江淮汽车在发展历史上的两次重要转型——第一次战略转型：精准定位，重点发展客车、货车底盘，适时发展整车；第二次战略转型：由单纯的商用车企业转向商用车和乘用车并举的综合型汽车企业，以国内市场为主转向国内国际两个市场并重的发展方向。

③　如何多角度的评价江淮汽车转型后的多模块共同发展？

④　江淮的新能源汽车业务发展如何？有何优劣势？未来面对可能出现的政策和市场变化，会如何面对？

⑤　江淮汽车未来会以什么业务为重点？针对江淮汽车未来的发展给出自己的建议。

⑥　在各个小组的讨论环节结束后，老师针对每组的讨论情况，结合材料和自己观点给出意见，也可交由小组间进行互评，以增进学员对问题的理解。

七、案例的后续进展

可以交由学生自己去跟踪与补充。

八、相关附件

参见案例文字后面的图表。

【案例正文附件】

江淮底盘

江淮汽车网上商城及产品展示

JAC 智能化技术：江淮汽车打造的智能化平台主要包括信息娱乐、车联网、智能控制及主动安全四个方面，以期望为消费者打造愉悦、便捷、安全、智能的产品。其中，信息娱乐主要包括智能语音、全数字仪表等方面；车联网包括车车互联、车机互联、可穿戴设备等；智能控制则包含 PEPS＋智能钥匙、AFS、智能雨刮等；而 ACC、ESC 等则是属于主动安全的范畴。2017 年智能化 2.0 全面投入市场，而未来江淮还将推出智能化 3.0 平台。与所有的车企一样，江淮的汽车智能化战略的最终走向将是智能驾驶或者是自动驾驶。

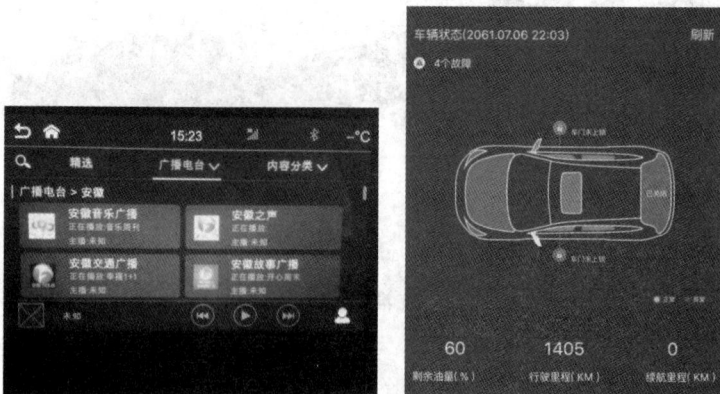

江淮汽车车联网部分界面功能

平台搭建：江淮汽车官网 APP 客户端早已上线，只要是江淮汽车车友，拿出手机，轻点 APP 客户端，就可以享受加油打折、住宿优惠、VIP 租车等种种待遇。江淮汽车还打造了汽车车友俱乐部平台，为会员客户提供增值服务。

江淮汽车 APP 界面

参 考 文 献

[1] 苏敬勤，孙源远. 商业案例、教学案例和案例研究的关系 [J]. 管理案例研究与评论，2010，3（03）.

[2] 何志毅. 中国管理案例教学现状调查与分析 [J]. 经济与管理研究，2002（06）.

[3] 何志毅，孙梦. 中国工商管理案例教学现状研究 [J]. 南开管理评论，2005（01）.

[4] 王淑娟，胡芬，马晓蕾. 案例开发与研究的现状与未来展望——首届"中国管理案例共享国际论坛"（2010）综述 [J]. 管理案例研究与评论，2010，3（03）.

[5] 郭文臣，代容，孙韶声. 中国管理案例研究的现状与趋势刍议 [J]. 管理学报，2016，13（05）.

[6] 侯治平，黄少杰，崔发生，张珏. 互联网背景下中国企业的管理理论研究与实践探索——第 8 届"中国管理案例学术年会"述评 [J]. 管理学报，2017，14（09）.

[7] 何志毅. 对中国企业管理案例库建设的思考 [J]. 当代财经，2003（01）.

[8] 叶永新. 基于 SWOT 分析的冠骏汽车战略选择研究 [J]. 中小企业管理与科技，2015（32）.

[9] 欧阳桃花. 中国企业的高起点经营——基于海尔的案例分析 [J]. 管理世界，2003（2）.

[10] 张丽华，刘松博. 案例研究：从跨案例的分析到拓展现有理论的解释力——中国第二届管理案例学术研讨会综述 [J]. 管理世界，2006（12）.

[11] 唐权. 混合案例研究法：混合研究法在质性－实证型案例研究法中的导入 [J]. 科技进步与对策，2017，6（12）.

[12] 毛基业，张霞. 案例研究方法的规范性及现状评估——中国企业管理案例论坛（2007）综述 [J]. 管理世界，2008（4）.

[13] 毛基业，陈诚. 案例研究的理论构建：艾森哈特的新洞见——第十届"中国企业管理案例与质性研究论坛（2016）"会议综述 [J]. 管理世界，2017（02）.

[14] 张东娇. 比较视野中的中国"案例教学"——基于毅伟商学院案例教学经验的分析 [J]. 比较教育研究，2016（11）.

[15] 史美兰. 体会哈佛案例教学 [J]. 国家行政学院学报，2005（2）.

[16] 任兵，楚耀．中国管理学研究情境化的概念、内涵和路径［J］．管理学报，2014，11（3）．

[17] 翁清雄，陈银龄，席酉民．员工离职决策多路径模型案例分析——基于离职倾向与外在事件的两维视角［J］．中国人力资源开发，2014（19）．

[18] 吕力．案例研究的目的与评价探析［J］．商业经济，2011（11）．

[19] 蔡建峰．谈加拿大毅伟商学院的一体化案例教学［J］．学位与研究生教育，2005（06）．

[20] 唐权，杨振华．案例研究的 5 种范式及其选择［J］．科技进步与对策，2017，34（02）．

[21] 颖一，宽地．"拷问"伊利潘刚哈佛案例库的中国身影［J］．英才，2008（04）．

[22] 叶平．美国 MBA 案例教学的泰山北斗——芝加哥式和哈佛式［D］．湖北省教育科学研究所，2012．

[23] 邹正一．美国哈佛商学院的案例教学法［J］．上海成人教育，1998．

[24] 豆丁网（转载）．哈佛大学及案例教学法［EB/OL］．http：//www.docin.com/p－1671288965.html．

[25] 李茂．刑法学案例教学的构建与反思［J］．中国校外教育，2016．

[26] 道客巴巴．范例教学法［EB/OL］．http：//www.doc88.com/p－4189689159176.html，2016．

[27] 刘建新．卢厚清．案例教学法的起源、特点与应用研究［J］．南京工程学院学报（社会科学版），2011，11（01）．

[28] 冯嘉．对影响国内高校实施案例教学因素的若干思考——兼与英国高校比较[J]．高教学刊，2017（02）．

[29] 张家军，靳玉乐．论案例教学的本质与特点［J］．中国教育学刊，2004（01）．

[30] 阿敏．加拿大的顶级商学院毅伟商学院［J］．出国与就业，2002（15）．

[31] 唐东方．战略规划三部曲［M］．北京：中国经济出版社，2009．

[32] Alain Verbeke, Lima Kano. The New Internalization Theory and Multinational Enterprises from Emerging Economies：A Business History Perspective［J］．Business History Review 2015.

[33] V. A. Zeithaml, M. J. Bitner, D. D. Gremler. Services Marketing：Integrating Customer Focus Across the Firm［M］．New York City, Mc Graw Hill, 2003.

[34] 陈莉．农业项目后评估问题研究［D］．合肥工业大学，2009．

[35] 王淑娟，胡芬．中国商学院管理案例库建设的现状及对策［J］．学位与研究生教育，2008（09）．

[36] 中国专业学位教学案例中心．http：//ccc.chinadegrees.com.cn/index/enterInd-

ex. do.

[37] 梁君. 教学案例库建设的问题与对策［J］. 科教文汇（下旬刊），2012（03）.

[38] 豆丁网（转载）. 毅伟商学院案例 Burgundy 资产管理公司案例分析［EB/OL］http://www.docin.com/p-538704080.html，2012..

[39] 肖毅. 高职院校学生学情研究：基于学习参与视角的实证调查［M］. 北京：知识产权出版社，2016.

[40] 邵文英. 思想政治教育情境资源论［M］. 石家庄：河北科学技术出版社，2014.

[41] 李斌，徐波锋. 国际教育新理念［M］. 福州：福建教育出版社，2015.

[42] 段鑫星，刘蕾. 公共管理案例教学的理论与实践［M］. 徐州：中国矿业大学出版社，2015.

[43] 杨光伟. 中学数学案例教学论［M］. 杭州：浙江大学出版社，2012.

[44] Bruner, J. S. The Act of Discovery. Harvard Educationa Review［M］.1961.

[45] 鲁纳. 邵瑞珍，译. 教育过程［J］. 北京：文化教育出版社，1982.

[46] 庄瑜. 高等师范院校师范生的课外活动研究［M］. 天津：南开大学出版社，2015.

[47] 曲振国，李天思，魏晨明，董守生. 高等院校应用型特色规划教材，当代教育学［M］.北京：清华大学出版社，2006.

[48] 戚万学，唐汉卫. 现代教育理论［M］. 济南：山东科学技术出版社，2004.

[49] 党乐群. 现代教育理论［M］. 昆明：云南教育出版社，1998.

[50] 郭强. 当代美国高校德育研究［M］. 上海：同济大学出版社，2014.

[51] 孙铮. 上海财经大学商学教育改革系列研究报告：财经类创新人才培养模式改革［R］.上海：上海财经大学出版社，2014.

[52] 韩立福. 当代国际教育教学模式导读［M］. 北京：首都师范大学出版社，2006.

[53] 陈江风，陈文涛. 创新教育的理论与实践［M］. 北京：中国文史出版社，2004.

[54] 刘洪涛. 开放式学校教育的理论与实践［M］. 青岛：中国海洋大学出版社，2017.

[55] 欧阳绍. 中学物理情境教学的理论与实践研究［M］. 厦门：厦门大学出版社，2012.

[56] 李祎，贾雪梅. 现代教学论专题研究［M］. 长春：吉林大学出版社，2010.

[57] DB34/1466-2011，安徽省居住建筑节能设计标准［S］.

[58] DB34/1467-2011，安徽省公共建筑节能设计标准［S］.

[59] JGJ134-2010，夏热冬冷地区居住建筑节能设计标准［S］.

[60] 田慧峰，张欢，阮建清，孙大明. 绿色超高层建筑研究与探索——以武汉中心为例［J］. 建设科技.2011（22）.

[61] 范宏武，韩继红，孙桦. 绿色建筑评价标准在超高层建筑中的适用性分析 [J].
绿色建筑，2011，3 (03).

[62] 韩继红，范宏武，方舟，孙桦. 对中国超高层建筑实现绿色低碳发展的思考和实
践 [J]. 建筑，2010 (10).

[63] 李宏军，宋凌，范宏武，韩继红. 绿色超高层建筑评价技术细则研究 [J]. 建设
科技，2012 (06).

[64] 特约撰稿人. 超高层"绿色建筑" VS 超高层建筑的"绿色化" [J]. 绿色建筑，
2011，3 (03).

[65] 侯恩哲.《绿色超高层建筑评价技术细则》明确提出"节能与能源利用"指标[J].
建筑节能.2012 (06).

[66] 翁士洪. 农村土地流转政策的执行偏差——对小岗村的实证分析 [J]. 公共管理
学报，2012，09 (1).

[67] 武少玲，王江华. "低碳经济"背景下的专用汽车战略转型 [J]. 商业经济评论，
2010 (02)：50—51.

[68] 叶永新. 基于 SWOT 分析的冠骏汽车战略选择研究 [J]. 中小企业管理与科技，
2015 (32)：144—145.

[69] 朱鹏. 安徽省汽车企业跨国经营研究 [D]. 安徽大学，2016.

[70] 魏庆峰. 安徽自主品牌汽车营销策略研究——基于奇瑞汽车和江淮汽车的对比[D].
安徽大学，2014.

[71] 余安霞. 江淮乘用车营销策略研究 [D]. 安徽大学，2014.

[72] 张云鸿. 江淮汽车经销商的顾客满意度提升策略研究 [D]. 昆明理工大
学，2014.

[73] 冯燕. 江淮汽车经济型轻卡市场竞争力分析及对策研究 [D]. 湘潭大学，2013.

[74] 刘学剑. 浅谈应用 SWOT、波士顿矩阵和通用矩阵分析选择企业战略 [J]. 饲料
博览（技术版），2008 (12).

[75] 安徽江淮汽车股份有限公司 2015 年年度报告 [EB/OL].JAC 江淮汽车网
站，2016.

[76] 安徽江淮汽车集团股份有限公司 2016 年 12 月产、销快报 [EB/OL]. 股吧网页
版，2017.

[77] 中国管理案例中心 [DB].

[78] 中国工商管理案例中心 [DB].

[79] 中国公共管理案例中心 [DB].

[80] 北京大学管理案例研究中心 [DB].

[81] 中国工商管理国际案例库 [DB].

［82］中国人民大学商学院案例中心［DB］.

［83］中国企业案例中心［DB］.

［84］刘艺工.苏格拉底与案例教学法［EB/OL］.http：//www.360doc.com/content/ 15/0827/15/27376010_495194243.shtml，2015.

［85］李政辉，美国案例教学法的批判历程与启示.南京大学法律评论（法律教育版）［J］，2012（2）.

［86］豆丁网（转载）.案例教学法起源［EB/OL］.http：//www.docin.com/p－ 613288921.html?docfrom＝rrela.

［87］黄锦章.案例教学法与美国实用主义哲学［J］.上海财经大学学报，2016.